Ernst Meckelburg

Das geheime Leben der Tiere

Ihre unglaublichen Fähigkeiten, Leistungen,
Intelligenz und magischen Kräfte

Vorwort von Franz Weber

Langen Müller

Vor- und Nachsatz

Die im Sprachforschungszentrum der Georgia State University,
Atlanta, gemeinsam aufgezogenen Schimpansen Panbanisha
und Panzee unterhalten sich unter Zuhilfenahme einer Bildsymboltafel
mit Verhaltensforscherin Karen Brakke. Sie lernen wie Kleinkinder.

Besuchen Sie uns im Internet unter
http://www.langen-mueller-verlag.de

Gedruckt auf chlorfrei gebleichtem Papier

© 2003 Langen Müller
in der F. A. Herbig Verlagsbuchhandlung GmbH,
München
Alle Rechte vorbehalten
Schutzumschlag: Wolfgang Heinzel
Umschlagfotos: Premium, Düsseldorf (1), Verlagsarchiv (4)
Herstellung und Satz: VerlagsService Dr. Helmut Neuberger
& Karl Schaumann GmbH, Heimstetten
Gesetzt aus der 11/13,3 Punkt Stempel-Garamond
Druck und Binden: Wiener Verlag, Himberg bei Wien
Printed in Austria
ISBN 3-7844-2904-1

Inhalt

Zum Geleit

Zahlreiche mit Tierschutz befasste Persönlichkeiten und Organisationen begrüßen dieses dem besseren Verständnis für Tiere und dem sorgfältigeren Umgang mit der Natur gewidmete Buch:

- Die *Animals Asia Foundation*, in Deutschland vertreten durch Frau Alexandra Oetker;

- der *Deutsche Tierschutzbund*, Bonn;

- die *Schweisfurth-Stiftung*, München;

- der englische Biologe und Verhaltensforscher Dr. Rupert Sheldrake, London;

- die Tierschützerin und Verlegerin Orith Tempelman, Matten/Interlaken (Schweiz);

- die Organisation *Tiere helfen Menschen*, vertreten durch ihren 1. Vorsitzenden Graham Ford, Würzburg;

- das Verleger-Ehepaar Judith und Franz Weber, *Stiftung Franz Weber* und *Internationaler Gerichtshof für Tierrechte*, Montreux (Schweiz).

Vorwort
von Franz Weber

Die Ethologie, die wissenschaftliche Tierverhaltensforschung, die nicht etwa darauf abzielt, Tiere zu beherrschen und auszubeuten, sondern von ihnen zu lernen, verändert die Ethik unserer Beziehungen zur gesamten lebenden Welt, denn sie bringt die Intelligenz, Sensibilität und die Gemütsbewegungen der Tiere an den Tag – also die Gesamtheit dessen, was beim Menschen als »die Seele« bezeichnet wird.

Es ist die Ethologie, die uns lehrt, dass wir Menschen keine außernatürlichen Wesen, sondern Geschwister der Primaten sind – Säugetiere wie sie, verwandt mit den Rindern und Schweinen, die wir in Fleischfabriken aufziehen. Verwandt mit den überzähligen Kälbern, die wir in Vernichtungsanlagen entsorgen, verwandt mit den Füchsen, die wir geflissentlich vergasen, mit den Seehunden, die wir lebendig (!) enthäuten, den Walen, die wir harpunieren, verwandt mit den Hirschen und Rehen, die Treibjagden zum Opfer fallen, den Hunden und Katzen, die wir in unseren Labors zu Tode foltern. Rotes, warmes Blut fließt auch in *ihren* Adern, ihre Lungen atmen die gleiche Luft wie wir. Ihr Herz schlägt im Rhythmus der gleichen Emotionen. Ihre Triebe, ihre Freuden, ihre Hoffnungen und Verzweiflungen, ihre Bedürfnisse unterstehen den gleichen fundamentalen Gesetzen wie jene des Menschen.

Ernst Meckelburg ist ein Anwalt der Tiere. Er gehört zu jener Elite, die für höhere moralische Maßstäbe in unseren Beziehungen zu den Tieren kämpft. Mit seinem ausgezeichnet recherchierten Werk legt er uns ein Buch in die Hand, das uns die erstaunlichste Fülle ethologischer Erkenntnisse auf fesselnde, lebendige, spielend leichte Art nahe bringt.

»Das geheime Leben der Tiere« ist ein Buch zum Lesen, zum

Nachschlagen, Überspringen und Immer-wieder-Lesen. Auf bunte Bilder hat der Autor verzichtet, dafür berichtet er faszinierend über die zahllosen wunderbaren geistig-mentalen und physischen Fähigkeiten unserer Mitkreaturen, beschreibt er, wie ähnlich sie in mancher Hinsicht dem Menschen sind, legt er anhand von Beispielen dar, dass sie über Arbeitsintelligenz und Bewusstsein verfügen. Durch Beleuchten des inneren, des *geheimen* Lebens der Tiere will er zeigen, dass der Mensch kein Recht hat, sich dem Tier gegenüber als *Herrentier* aufzuspielen, es auszubeuten, zu unterdrücken, zu demütigen, zu quälen, es als Versuchsobjekt zu missbrauchen.

Ernst Meckelburgs Buch ist ein erfolgversprechender Versuch, den denkenden Menschen von heute näher an das Mitwesen »Tier« heranzuführen und auf eine Ganzheitlichkeit der Natur hinzuweisen, wie sie die *»Stiftung Franz Weber«* und der *»Internationale Gerichtshof für Tierrechte«* seit vielen Jahren praktizieren. Es wird mir eine Ehre sein, »Das geheime Leben der Tiere« als unentbehrliches Handbuch in die Fachbibliothek des Tiergerichtshofs einzufügen.

Franz Weber

Franz Weber ist Begründer der »Stiftung Franz Weber« und des »Internationalen Gerichtshofs für Tierrechte«.

»Aliens« unter uns ...
Versuch einer Näherung an vertraute »Fremde«

Todmüde sitze ich, Kopf gesenkt, Hände gefaltet, auf meinem Lieblingshocker. Ich versuche zu entspannen. Den Blick zum Boden gerichtet, nehme ich etwas wahr, was ich im Stehen glatt übersehen hätte, das wie ein winziger Fleck, vielleicht auch wie ein Sandkorn aussieht. Auf den weißen Fliesen hebt sich das winzige, dunkle Etwas besonders gut ab.

Plötzlich kommt Bewegung in den »Mini-Fleck«. Er schiebt sich millimeterweise nach vorn, weg von mir. Oder täusche ich mich etwa, halluziniere ich?

Mein Erstaunen wächst, als das sandkorngroße Ding mit einem Mal von Boden abhebt und davonfliegt. Also, doch kein Fleck, kein Sandkorn, sondern ein winziges Tierchen, vielleicht eine jener flugfähigen wild lebenden Essigfliegen *Drosophila melanogaster*, vom Wind zum Boden geweht. Essig-, Frucht- oder Taufliegen, die überall da zu finden sind, wo Gärungsprozesse ablaufen, bewundere ich wegen ihrer Wendigkeit, ihrer akrobatischen Flugkünste – offenbar Teil ihrer Überlebensstrategie. Gerade in der Welt des Kleinsten, der Mikrowesen, zeigt sich einmal mehr das raffinierte Zusammenspiel zwischen organischer Materie, Formenzweckmäßigkeit, Lebensenergie und Anpassung an die Umwelt in höchster Vollendung. Wenn man bedenkt, dass diese Winzlinge – ähnlich uns Menschen und größeren Tieren – ebenfalls über ein Herz, eine Lunge, ein Verdauungssystem, Fortpflanzungsorgane, durchweg auch über optische, akustische, haptische und olfaktorische Wahrnehmungssysteme verfügen, überkommt uns ein Gefühl tiefster Ehrfurcht vor der Natur und dem, was sie erschaffen hat, was sie steuert.

Obwohl wir in den letzten Jahren auf den Gebieten der

Mikro- und Nanotechnik – sie umfassen komplette technische Geräte in den unvorstellbaren Größenordnungen von wenigen tausendstel bis millionstel Millimeter – beträchtliche Fortschritte erzielen konnten, ist es uns bis jetzt noch nicht gelungen, die Natur in ihrer Genialität perfekt zu imitieren, geschweige denn Roboter-Imitaten Leben einzuhauchen. Letzteres schon deshalb nicht, weil wir gar nicht einmal genau wissen, was Leben im eigentlichen Sinne bedeutet. Wir sind noch nicht einmal in der Lage, Begriffe wie Denken, Folgern, Kombinieren, Gefühle, Intelligenz und Bewusstsein usw., die wir vorschnell nur auf die Spezies »Mensch« beziehen, korrekt zu definieren. Schon deshalb nicht, weil wir arrogant unsere animalischen Mitkreaturen außen vor lassen.

Seit Jahrzehnten betreiben Astrophysiker mit immensem Aufwand die Suche nach extraterrestrischem Leben, nach E.T.s, die es in den für uns vorläufig unerreichbaren Weiten des Alls geben soll. Einige Wissenschaftler behaupten sogar, mit jenen Außerirdischen Kontakt gehabt zu haben. Bei all der Hatz nach vermeintlichen Nachbarn in Lichtjahresferne wird übersehen, dass die wahren »Aliens« – unsere Freunde in der Tierwelt – schon seit Erwachen unseres Planeten unter uns weilen. Wir alle kennen sie, ohne sie wirklich zu kennen, weil sie sich meist unauffällig geben, weil wir uns für die schweigende Mehrheit auf unserem Planeten nur oberflächlich oder gar nicht interessieren und sie entsprechend abwertend behandeln oder gar misshandeln.

So vieles deutet darauf hin, dass das »zivilisierte« Herrentier »Mensch« schon seit jeher anderen Tieren gegenüber ein gestörtes Verhältnis hat. Das mag, nicht zuletzt, in den falsch interpretierten, traditionell fortgeführten theologischen Philosophien begründet liegen, deren wir uns alibiheischend nur allzu gern bedienen, um uns zu Lasten der Tiere ein bequemes, genüssliches Leben zu verschaffen. Niemand wird ernsthaft bestreiten, dass der Mensch seit Anbeginn der irdischen Zivilisation dem Herrenmenschendenken verfallen ist. Vielleicht ist es genau dieses unser arrogantes Verhalten, das Moraltheologen als »Erbsünde« brandmarken. Das Tier – weil es leider der auch heute noch vorherrschenden Meinung nach »minder-wertig«, der menschlichen Rasse nicht ebenbürtig ist – hat seinem Herren und Gebieter bedingungslos zu gehorchen. Sein von ihm zugedachtes Schicksal besteht nicht selten darin, sich dressieren, quälen, ausbeuten und, was die so genannten Nutztiere anbelangt, letztlich schlachten, grausam schächten oder, wie jüngst von dubiosen Technokraten veranlasst, sinnlos »keulen« und verbrennen zu lassen. Wer aus verwerflichen Marktstabilisierungsgründen Lebewesen brutal vernichtet, wer sich, wie unlängst geschehen, im Rahmen einer nie zuvor da gewesenen Massentötungsaktion an der Natur vergreift, beschwört den Ungeist der Vergangenheit herauf. Heute sind es »nur« Tiere, morgen vielleicht schon wieder Menschen, die nicht ins Kalkül eines kriminellen Euro-Terminators passen. Wehren wir daher den Anfängen, versuchen wir als Allererstes die wunderbaren Fähigkeiten der Tiere zu verstehen und diese als Indiz für ihre uneingeschränkte Existenzberechtigung zu werten.

Der Autor dieses Buches versteht sich als »Anwalt« unserer Mitkreaturen, der den Leser auf die vielfältigen Begabungen, auf das unauffällige, geheimnisdurchdrungene Leben unserer »stummen Freunde« aufmerksam machen und ihn zum Nachdenken anregen möchte.

Erst wenn wir die Tiere nicht länger als »Sachen«, als wahllos manipulierbare Biomasse, sondern als Partner des Menschen begreifen, werden die schrecklichen Ereignisse unserer Tage der Vergangenheit angehören. Wir alle sind gefordert, dem Verbrechen der Naturzerstörung, der Missachtung jeglichen Lebens mit aller Entschiedenheit Einhalt zu gebieten, Tiere zu schützen, sie vor der Ausrottung zu bewahren.

1 Tiere sind keine »Bio-Roboter«

- *Die Forschung ist heute bemüht, komplexe Computer, künstliche Intelligenz und menschenähnliche Roboter zu entwickeln, hat aber große Schwierigkeiten, die oft verblüffenden Verhaltensweisen der Tiere zu verstehen, sie in ihr überholungsbedürftiges Weltbild einzuordnen.*

- *Tiere sind in der Lage, aus ihrer genetischen »Programmierung« auszubrechen und eigenständig, scheinbar überlegt zu handeln.*

- *Es gibt genügend indirekte Beweise für die Annahme, dass Tiere über die sie unmittelbar betreffenden Dinge und Vorgänge nachdenken.*

- *Taktik der Delphine, den todbringenden Netzen der Thunfischfänger zu entgehen.*

- *Warum Darwins Hypothese von der natürlichen Selektion auf Selbsttäuschung beruht und in der ursprünglichen Fassung nicht mehr zutrifft.*

- *Die »kognitive« Interpretation tierischen Verhaltens – sie beruht vorwiegend auf der Beobachtung von Tieren – setzt sich immer mehr durch.*

- *Verblüffende Ergebnisse des internationalen Human-Genom-Projekts: Mehr als 98 Prozent der Gene von Menschenaffen sind identisch mit denen des Menschen; die evolutionsbedingte Verbundenheit zwischen uns und der Tierwelt ist verblüffend eng.*

1.1 Das Vorurteil der »Herrenrasse«

Fortschrittliche Verhaltensforscher und Psychologen erkennen in zunehmendem Maße, dass viele ihrer Befunde überzeugende Beweise für bewusstes seelisches Erleben bei Tieren enthalten, haben doch Neurophysiologen im lebenden Gehirn der Tiere elektrische Potenziale identifiziert, die denen von Menschen ähneln und bei diesen grundsätzlich mit bewusstem Denken in Verbindung gebracht werden.

Zudem haben Wissenschaftler in den letzten Jahren herausgefunden, welche biochemischen Botenstoffe hinter bestimmten Empfindungen stecken. So hat der amerikanische Neurophysiologe Steven Silvy in den Gehirnen spielender Ratten große Mengen von Dopamin gefunden – ein Botenstoff, der auch bei Menschen Wohlgefühle auslöst. Als der Wissenschaftler diesen Ratten ein Mittel verabreichte, das den Effekt des Dopamins blockierte, fand die Spielfreude ein jähes Ende.

Genau wie Menschenbabys zehren auch Rattenjungen ein Leben lang von der Fürsorge ihrer Mütter nach der Geburt. So entwickeln die kleinen Nager, die von ihren Rattenmüttern besonders häufig und intensiv abgeschleckt werden, in ihren Hirnzellen eine erstaunlich hohe Anzahl bestimmter Rezeptoren – Empfangsorgane zur Aufnahme von Reizen –, die unter anderem zum Abbau von Ängsten beitragen. Gleichzeitig schütten die so Umsorgten auch weniger Stresshormone aus, was erklärt, warum sich die gehätschelten Jungratten im Erwachsenenalter wesentlich gelassener verhalten.

In den folgenden Kapiteln soll versucht werden, nachzuweisen, dass Tiere, anders als von orthodoxen Biologen, Zoologen und Psychologen behauptet, keine genetisch programmierten »Roboter« sind, keine komplexen »Maschinen«, Manipulationsmasse für die Spezies Mensch. Als solche spricht man ihnen leider auch die Fähigkeit ab, bewusst zu reagieren bzw. subjektive Empfindungen zu haben, was total hirnrissig anmutet, wenn man bedenkt, dass heute schon Computer entwickelt werden, denen Informatiker gewisse geistige Regungen und Künstliche Intelligenz (KI) zuschreiben. Die phantastische Entwicklung auf den Gebieten Elektronik und Computertechnik vor Augen, in deren Verlauf Wissenschaftler toter Materie gewissermaßen »Leben« – Intelligenz und vielleicht sogar Bewusstsein – einzuhauchen trachten, fragt man sich verwundert, warum die Mehrzahl der Verhaltensforscher heute immer noch glaubt, dass die oft verblüffenden Verhaltensweisen der Tiere *ausschließlich* durch genetisch festgelegte Instinkte hervorgebracht werden, warum diese so gar nichts mit bewusstem Denken zu tun haben sollen. Dieser starren, antiquierten Auffassung der Verhaltensforscher stehen Millionen stichhaltiger Beweise gegenüber, die erkennen lassen, dass selbst Klein- und Kleinsttiere durchaus artspezifisch zu denken, kombinieren, folgern und entsprechend zu handeln vermögen. So passen z. B. Wespen und andere Gliederfüßler ihre Aktivitäten häufig veränderten Umständen an, was darauf hindeutet, dass die Winzlinge aus ihrem angeblich exakt festliegenden genetischen Programm auszubrechen und durchaus eigenständig, d. h. »überlegt« zu handeln vermögen.

Mit Spinnen verhält es sich ganz ähnlich. W. S. Bristowe beschreibt in seinem 1976 erschienenen Buch »The world of spiders« (Die Welt der Spinnen), wie Haubennetzspinnen ihre stereotype Verhaltensfolge bei Bedarf ändern, wenn sich in ihrem Netz kleine Insekten verheddert haben. Hält der Experimentator mit der Pinzette eine zappelnde Fliege unmittelbar vor eine solche Spinne, so übergeht diese ganz einfach die Anfangsphase ihres normalen Verhaltens, am Netz entlangzulaufen, um die Fliege zu erreichen. Sie beißt nämlich sofort zu. Wenn sie bemerkt, dass die Fliege schon tot ist, lässt sie auch noch das Zubeißen und umwickelt das Opfer gleich mit Spinnfäden – eigentlich die Endphase des Beutemachens. Allgemein wird vermutet, dass Spinnen beim Herstellen ihrer höchst komplizierten Netze einer starren Reaktionskette folgen. Dieses Verhalten hält man für instinktbedingt, weil das erste von einem Weibchen gesponnene Netz nahezu vollkommen sei. Das Spinnenweibchen wird die Netzstruktur jedoch etwas verändern, wenn benachbarte Pflanzen bzw. die Abstände zwischen diesen unregelmäßig sind. Bristowe will beobachtet haben, wie Spinnen, die gewöhnlich symmetrische Netze bauen, zu extrem unsymmetrischen Konstruktionen übergehen, wenn dies der Zwischenraum zwischen den Blättern erforderlich macht.

In Netzmitte, von der aus sich die Fäden strahlenförmig zu den in der Nähe befindlichen Pflanzen erstrecken, lässt die Spinne eine Öffnung, durch die sie schnell von einer Netzseite zur anderen gelangen kann, sobald sich dort ein Insekt verfangen hat. Viele Verhaltensforscher halten Veränderlichkeiten bei Spinnennetzen für völlig bedeutungslos. Sie bestreiten, dass eine Spinne die Netzstruktur der Form des verfügbaren offenen Raumes zwischen zwei oder mehr Objekten bewusst anpassen könne. Dabei ist das Resultat, kleine fliegende Insekten zu fangen, so wirkungsvoll angepasst, dass Spinnen womöglich das Ergebnis ihres Netzspinnens »voraussehen« können.

Wie nicht anders zu erwarten war, widersprechen Insekten- und Verhaltensforscher dieser Hypothese mit allem Nachdruck, da auch sie in Gliederfüßlern genetisch programmierte »Roboter« sehen. Dem wäre allerdings entgegenzuhalten, dass wir viel zu wenig über Insekten wissen, um mit Bestimmtheit sagen zu können, ob »genetisch programmiertes Verhalten« nicht doch bewusstes Denken voraussetzt.

Selbst, wenn sich manche Insekten bei Beschädigung ihres Baues oft dumm und ausgesprochen hilflos verhalten, gibt es doch andere Spezies – z. B. Termiten –, die beschädigte Behausungen wieder instandsetzen. Als typisches Beispiel seien hier die Lehmwespen angeführt, die aus Lehmschlamm behälterförmige Gebilde bauen. In diesen »Behältern« lagern sie Nahrungsvorräte für künftige Larven. Sobald sie fast gefüllt sind, legen sie ein Ei dazu. Wird in ein solches Behältnis ein Loch gebohrt und etwas von den Vorräten weggenommen, bemerkt die Wespe bisweilen den Defekt, woraufhin sie den Schaden repariert. Wenn wir nun annehmen, dass eine Wespenart nicht denken kann, nur weil sie sich gelegentlich dumm verhält, müssten wir dann nicht zur gegenteiligen Auffassung gelangen, wenn wir feststellen, dass eine andere Spezies in einer vergleichbaren Situation klüger handelt? Leider besteht unter Verhaltensforschern auch heute noch die Tendenz, gerade die negativen Fälle hervorzuheben, logisches Verhalten von Tieren hingegen geflissentlich zu ignorieren.

Vielleicht sprechen wir Tieren die Fähigkeit bewusst zu denken vor allem deshalb ab, weil es eine bestimmte Situation nicht in gleicher Weise durchschaut, wie dies von einem Menschen erwartet wird. Wir gehen immer nur von unseren menschlichen Fähigkeiten, d. h. von falschen, überzogenen Voraussetzungen aus. Wenn ein kleines Kind etwas Unvernünftiges tut – etwas, dessen Folgen ein Erwachsener auf den ersten Blick erkennt –, sagen wir auch nicht gleich, dass jenes Kind nicht bewusst denken kann, es wohl nie lernen wird. Warum räumen wir Tieren nicht in gleicher Weise eine Chance ein? Nur weil sie klein, hilflos und scheinbar nicht kommunikationsfähig sind?

Dieses Buch bringt viele Belege für eine überlegte, bewusste Handlungsweise vieler Tiere – Beispiele, die all jene Lügen strafen, die mit kaum zu überbietender Arroganz tierisches Leben als minderwertig, dem Menschen hoffnungslos unterlegen, propagieren. Es ist ein Buch, das einmal mehr darlegt, warum unsere »stummen Freunde« im Tierreich unser aller Liebe und Respekt – Verständnis und Schutz – verdienen.

1.2 Können Tiere logisch denken?

Aufmerksam beobachten wir unsere Haustiere. Was geht in ihnen vor, wenn wir uns mit ihnen beschäftigen, wenn sie spielen oder scheinbar apathisch vor sich hindösen? Woran denken

Delphine, Affen, Krähen, Bienen oder Ameisen? Verfügen nicht-menschliche Kreaturen überhaupt über ein Bewusstsein, über irgendwelche Gedanken und Gefühle? Beim Beobachten der Tiere sind wir immer wieder versucht, uns in sie hineinzuversetzen, ihr Innenleben an allzu menschlichen Maßstäben zu messen. Freilich konnte uns bislang noch kein Tier sagen, ob, und wenn ja, was es fühlt und denkt. Zu groß ist die Empfindungs- und Kommunikationsbarriere zwischen Mensch und Tier. Und dennoch gibt es genügend indirekte Beweise für die Annahme, dass Tiere durchaus über sie unmittelbar betreffende Dinge und Vorgänge nachdenken, dass sie zu kombinieren und folgern vermögen. Und für solch einfache geistige Aktivitäten haben Verhaltensforscher schon vor Jahren den großzügig interpretierbaren Begriff »Arbeitsintelligenz« eingeführt.

Es gibt eine erstaunliche Fülle von Beispielen, die vermuten lassen, dass zahlreiche Tiere zumindest gewisse Ansätze von intelligentem Denkvermögen offenbaren. Noch vor wenigen Jahren verfingen sich in den Netzen japanischer Thunfisch-Fangboote auch Tausende von Delphinen, die dann als unerwünschte »Beigabe« von den Fischern brutal abgestochen wurden. Ihnen wurde zum Verhängnis, dass sie gemeinsam mit den Thunfischen auf Jagd gingen. Aus den sie umzingelnden Netzen gab es früher auch für Delphine kein Entrinnen. Inzwischen hat sich die Situation gründlich geändert und die Delphine geraten nicht mehr in Panik, wenn sie von einem der Netze eingekreist sind. Während die Thunfische nach unten wegtauchen und dort, auf der Suche nach einem Fluchtweg, verzweifelt gegen das Netz prallen, haben die Delphine aus Erfahrung dazugelernt und begriffen, dass Netze etwas anderes als Tang oder Seegras sind, durch die man sich mit einigem Kraftaufwand hindurcharbeiten kann. Schlau verharren sie an der Wasseroberfläche, um abzuwarten, bis das Fangschiff den Rückwärtsgang einlegt, um das Netz einzuholen. Dabei sackt nämlich der obere Rand des Netzes in Bordwandnähe für etwa 20 Sekunden nach unten weg. Durch die hierbei entstehende

Lücke können die Delphine nach draußen entweichen, sich dem tödlichen Zugriff der Fischer entziehen.

Die Delphine müssen die technischen Abläufe beim Einziehen des Netzes genau beobachtet und hieraus ihre Schlüsse gezogen, also nachgedacht haben, zumal die Flucht innerhalb einer äußerst kurzen Zeitspanne zu erfolgen hat, was exaktes Timing voraussetzt.

In diesem Buch werden wir mit zahlreichen weiteren Fällen intelligenten Verhaltens von Tieren konfrontiert, die sich, anders als uns eingefleischte Behavioristen – sie schließen bewusste Gedanken und subjektive Gefühle völlig aus – mit genetisch festgelegtem »Instinktverhalten« suggerieren möchten, nur mit gezieltem Beobachten und Nachdenken erklären lassen. Ganz gleich, ob wir die Jagdtaktik eines Löwenrudels beobachten – wie alle beteiligten Tiere ihr Handeln aufeinander, auf das Beutetier und die jeweiligen Geländeverhältnisse abstimmen –, ob wir das Werkzeugherstellen und die Zeichensprache der Schimpansen, das Spurenverwischen der von Jägern verfolgten Grizzlybären oder die intelligente Wasserregulierungstechnik der Biber an ihren selbst errichteten Staudämmen betrachten: Die einfachste Erklärung für diese Aktivitäten ist nicht etwa eine Kette roboterhafter Reaktionsweisen, sondern sinnvolles, bewusstes Vorgehen.

In diesem Zusammenhang wäre es interessant zu wissen, ob nur erlerntes Verhalten mit bewusstem Denken einhergeht und alles Instinktive unbewusst bleibt. Ein auf Beobachten beruhendes Beispiel soll diese Frage klären helfen. Sobald ein Hahn Futter entdeckt hat, lockt er durch Krähen seine Hennen herbei, ein Vorgang, der durchaus unbewusst erfolgen kann. Es hat sich allerdings gezeigt, dass der Hahn meist dann in Wut gerät, wenn die Hennen sein Signal missachten und nicht herbeieilen. Eine bewusste Mitteilungsabsicht kann demnach nicht ausgeschlossen werden.

Raffiniert bedient sich der Gockel auch des Futterlockrufs, wenn er Kopulationsabsichten hegt, jedoch zu faul ist, seinem »Harem« hinterherzulaufen. Man darf also annehmen, dass sich der Hahn der Wirkung seines zunächst instinktiv hervorgebrachten Lockrufs erst allmählich bewusst wird, gewissermaßen durch einen Selbsterfahrungsprozess.

Vom Menschen weiß man mit Sicherheit, dass instinktive Reaktionen ins Bewusstsein dringen können. So kann z. B. der so genannte Augengruß – das rasche Anheben und Senken der Augenbrauen, mit dem jemand einen Fremden empfängt –, bei diesem den Eindruck erwecken, dass er seinem Gegenüber willkommen ist und, dass es sich bei ihm um einen freundlichen Menschen handelt. Erst dann wird dem Fremden die zuerst gefühlsmäßig erfahrene Reaktion des Gegenüber vielleicht auch bewusst.

Bislang war hier nur vom durch Beobachten und Lernen ausgelösten Denken und Handeln der Tiere die Rede. Wie aber sollte man sich einen Fall erklären, der vor Jahren im Freundeskreis der englischen Autorin Sylvia Barbanell spielte und für den noch so kritisch eingestellte Verhaltensforscher keine Erklärung haben. Im Mittelpunkt des Geschehens stand Bill, der Foxterrier ihrer Freunde – ein ganz gewöhnlicher Hund, der sich zuvor nie auffällig verhalten hatte. Barbanells Freundin Lola hatte sich eines Morgens mit ihrem Mann George über eine unerwartete berufliche Verpflichtung unterhalten, der dieser unverzüglich nachkommen musste. Am gleichen Vormittag wollte Michael, ein naher Verwandter, vorbeikommen, um sich vor Antritt seiner Ferienreise zu verabschieden.

George war sichtlich enttäuscht, auf Michaels Besuch nicht warten zu können, weil er es sehr eilig hatte. Bill, der dieser Unterhaltung beigewohnt hatte, drängte kurz darauf, herausgelassen zu werden. Nur wenig später läutete Michael bei seinen Verwandten, Stunden vor der vereinbarten Besuchszeit. Er hatte Bill laut bellend vor seinem Haus entdeckt und ihn gleich zurückbringen wollen. Bemerkenswert ist die Tatsache, dass Michael in einer Straße mit fast identischen, kaum voneinander unterscheidbaren Reihenhäusern wohnt. Der Hund war bis zu jenem Tag nur zweimal dorthin mitgenommen worden.

Wenn Bill ganz bewusst losgezogenen war, um Michael noch vor der abgesprochenen Besuchszeit zu holen, müsste er die Unterhaltung zumindest dem Sinn nach erfasst haben. Könnte es sein, daß manche Tiere nicht nur denken, kombinieren und logisch handeln, sondern auch unseren Gesprächen folgen und daraus ihre Schlüsse ziehen? Wenn dies tatsächlich der Fall sein sollte, müssten wir dann nicht das Verhältnis zu unseren Mitgeschöpfen neu überdenken?

1.3 Darwins Erben – die Irrungen der Verhaltensökologen

Skeptiker unter den Verhaltensforschern (besagte Behavioristen) – sie verstehen unter dem Lernverhalten der Tiere einen schlichten, fast mechanisch ablaufenden Vorgang – gebrauchen Begriffe wie Suchen, Selektieren, Wählen, Entscheiden bzw. Unterlassen, um bestimmte, intelligent erscheinende Handlungen der Tiere, die den Eindruck von autonomem Denken erwecken könnten, zu vermeiden. Man fragt sich fast belustigt, warum ansonsten logisch denkende Wissenschaftler peinlich darauf bedacht sind, bei all ihren Ausführungen nur ja nicht anzudeuten, dass Tiere fühlen oder denken können, obwohl das geschilderte Verhalten geradezu bewusstes Denken suggeriert.

Wenn Verhaltensökologen glauben, dass im Existenzkampf erfolgreiche Tierformen einzig und allein aus der von Darwin postulierten »natürlichen Selektion« hervorgegangen sind, dürften sie einer gewaltigen Selbsttäuschung unterliegen. Vieles, was sie selbst in der Natur beobachten, müsste sie eigentlich veranlassen, anzunehmen, dass Tiere über die Resultate ihrer Tätigkeiten nachdenken. Trotz besseren Wissens verdrängen jedoch die meisten von ihnen logische Erklärungen, um ja nicht den Eindruck des Abweichens vom behavioristischen Monopol – von Neuorientierung – zu erwecken. Die Auffassung, Tiere hätten die optimale Anpassung an ihre Umwelt nur durch »natürliche Selektion« erreicht, verführt die Vertreter

der streng behavioristischen Denkweise nur allzu schnell zu
der unbegründeten Annahme, ihr intelligentes Verhalten sei
durch genetische Faktoren beeinflusst worden. Dabei vermeiden sie auf die Möglichkeit hinzuweisen, dass bestimmte
Handlungsweisen womöglich auch auf Lernprozesse und
Selbsterfahrung zurückzuführen sind. Behavioristen sind ganz
einfach davon überzeugt, die natürliche Selektion habe eine genetische Tierverfassung geschaffen, die bestimmte Verhaltensweisen – einschließlich ideale Voraussetzungen für das Lernen
– begünstige. Diese Vermutung, so logisch sie auch erscheinen
mag, ist nur schwer überprüfbar, weil sich viele solcher Selektionen über Hunderte von Generationen, d. h. über Jahrtausende oder gar Jahrmillionen erstreckten. Einerseits behaupten
die Erzbehavioristen, das heutige Verhalten der Tiere wäre ausschließlich das Resultat eines natürlichen Selektionsprozesses,
andererseits verurteilen sie jede Mutmaßung als unwissenschaftlich, hierbei seien auch Gefühle und bewusste Gedanken
beteiligt gewesen, obwohl sie selbst bei Experimenten immer
wieder mit intelligenten Aktivitäten der Tiere konfrontiert
werden. Geistige Einflüsse lehnen sie vor allem deshalb ab, weil
sich »Gefühle und Gedanken allein von dem betreffenden
Wesen selbst und nicht von Dritten wahrnehmen lassen«.

Außenstehende können nur die Reaktion der Tiere auf bestimmte Ursachen und Ereignisse beobachten und daraus
Rückschlüsse auf Gefühle und Denkvorgänge ziehen. Bedauerlicherweise lässt sich die Entwicklung des Tierverhaltens in
fernster Vergangenheit nicht rekonstruieren, um nachzuprü-
fen, wie der Reproduktionserfolg bei bestimmten Tiergattungen ausgefallen wäre, wenn sie sich unterschiedlich verhalten
hätten. Schon allein deshalb erscheint die behavioristisch geprägte Verhaltensökologie weniger überzeugend als die so genannte »kognitive Ethologie«, die mehr erkenntnismäßige
Wissenschaft vom Verhalten der Tiere.

Einen weiteren Weg, das Verhalten der Tiere vorwiegend
nicht-mechanistisch zu interpretieren, bietet der so genannte
»Funktionalismus«. Funktionalisten deuten seelisch-geistige

Vorgänge im Tier – z. B. seine Befürchtungen und sein Nachdenken über eine Sache – einzig und allein funktionell, d. h. zweckentsprechend. So kann z. B. ein Furchterlebnis – das Tier erinnert sich der Schmerzen, die ihm zuvor von einer anderen Kreatur beigebracht wurden – dazu führen, dass es beim erneuten Erscheinen derselben flüchtet oder sich versteckt.

Wenn auch der Funktionalismus dem Behaviorismus ähnelt, so glauben doch die Funktionalisten, dass auch Tiere seelische Empfindungen zeigen. Sie meinen: Die Furcht, die ein bedrohtes Tier empfinde, könne in ihm negative Erinnerungen wecken. Und ein solches Erlebnis könnte weiter dazu führen, dass das Tier dann irgendwo untertauche, um vor seinen Verfolgern sicher zu sein.

Wenn es um die eigentlichen, seelischen Vorgänge der Tiere geht, erscheint das funktionalistische Modell ebenso ungeeignet wie das behavioristische. Letzteres ist wissenschaftlich nicht länger aufrechtzuerhalten, nicht nur, weil es die Würde der Tiere verletzt, sie zu minderwertigen Kreaturen abstempelt, sondern weil uns der Behaviorismus ein unvollständiges und somit irreführendes Bild tierischen Verhaltens vermittelt.

Ganz allmählich setzt sich unter den fortschrittlich denkenden Verhaltensforschern eine andere, viel sachlichere Interpretation tierischer Aktivitäten durch: die »kognitive Ethologie«, die erkenntnismäßige Wissenschaft vom Tierverhalten. Sie geht davon aus, dass ein Tier, zumindest in einigen Fällen bzw. ansatzweise, darüber nachdenkt, was es tut. Sie versucht, akzeptable Informationen darüber zu sammeln, was andere, nichtmenschliche Arten fühlen und denken. Da Haustiere durch Abrichten und genetische Selektion ganz erheblich dem Einfluss ihrer Besitzer unterliegen, soll in der Folge hauptsächlich auf freilebende Tiere, solche, die ihr Leben noch unter natürlichen Bedingungen verbringen, eingegangen werden.

Bei der kognitiven Betrachtung tierischen Bewusstseins wird der aufgeschlossene Wissenschaftler mit zahlreichen Fragen konfrontiert, die ein sorgfältiges Abwägen aller möglicher Beweismittel erfordern. Unvoreingenommenheit und Neutralität in der Bewertung tierischen Verhaltens bei gleichzeitigem Verzicht auf festgefahrene Dogmen ist angesagt.

Die kognitive Betrachtungsweise beruht vorwiegend auf dem Beobachten der Tiere bei der Nahrungssuche, beim Beutemachen und Herstellen einfacher Gebrauchsgegenstände, beim Flüchten vor Raubfeinden und »Feindverleiten« (Weglocken von der Brutstätte) sowie bei der Kommunikation untereinander. Sie berücksichtigt ferner zahlreiche weitere Verhaltensparameter wie Werbung (z. B. Balz), Paarung, Aufzucht der Jungtiere, Standortwahl und Tierwanderung. Aus diesem Bündel unterschiedlicher Verhaltensweisen versucht der kognitiv forschende Wissenschaftler die seelischen und mentalen Vorgänge im Tier abzuleiten, ohne die genetisch festgelegten, reflexbedingten Handlungen außer Acht zu lassen. Nur die sorgfältige Trennung beider Verursacher dürfte uns eine vage Vorstellung von dem vermitteln, was in nicht-menschlichen Kreaturen vor sich gehen könnte.

1.4 Die Gen-Connection ... nur wenig mehr als ein Wurm

Zwei internationale Forscherteams haben mit den beiden bislang genauesten Genkarten des Menschen nie zuvor erreichte Einblicke in den Aufbau des Erbguts und die Funktionsweise vieler Gene gegeben. Mit den vor knapp zwei Jahren veröffentlichten detaillierten Erbgutkarten grenzten Forscher die Zahl der menschlichen Gene auf etwa 26 000 bis 39 000 ein. Das sind nur etwa doppelt so viel wie bei der Fruchtfliege und bei Würmern sowie viel weniger als die Hälfte früherer Schätzungen. Allerdings werden die Menschengene in wesentlich komplizierteren Prozessen als bei Tieren abgelesen.

Wissenschaftler des internationalen Human-Genome-Projekts (HGP) stellten Anfang Februar 2001 ihre Forschungsergebnisse auf den Internetseiten der britischen Wissenschaftszeitschrift »nature« und Craig Venter, Präsident der amerikanischen Biotech-Firma »Celera Genomics«, die seinen im US-Fachmagazin »Science« vor.

Die Bausteinreihenfolge des Erbguts ist nur eine Grundlage, um die chemischen Abläufe im Körper zu verstehen. In zahllosen Experimenten versuchen Wissenschaftler weltweit, die Funktion der Gene und der von ihnen codierten Proteine (Eiweiße) zu entschlüsseln. Bei den Genen handelt es sich um Baupläne für verschiedene Proteine – Werkzeuge und Bausteine des Körpers.

Aus einer winzigen befruchteten Eizelle kann sich nur deshalb ein erwachsener Mensch mit all seinen verschiedenen Organen entwickeln, weil die einzelnen Gene jeweils zu bestimmten Zeiten und Orten »angeschaltet« sind und die Zelle erst dann die entsprechenden Proteine produziert. So besitzt zwar auch jede Fingerzelle Gene für die Augenfarbe, sie sind jedoch dort nicht aktiv. Die Mehrzahl der Gene ist allerdings die meiste Zeit über »abgeschaltet«. Erbkrankheiten oder Krebs können dann entstehen, wenn der »Schalter« klemmt oder wenn defekte Gene zu Proteinen mit »eingebauten« Fehlern führen.

Darüber hinaus kann auch der genetische Ablesevorgang gestört sein. Ein Gen besteht aus einer langen Reihe von vier verschiedenen Bausteinen mit den Basen Adenin (A), Thymin (T), Guanin (G) und Cytosin (C). Ist ein Gen »angeschaltet«, erhalten die Eiweißerzeuger der Zelle (Ribosomen) eine Abschrift davon und produzieren mit diesen genetischen Informationen eine entsprechende Kette aus Aminosäuren, die sich zu einem Protein faltet. Dabei kann ein Gen durch Aufspalten und Zusammenbau beim Ablesevorgang Grundlage für mehrere verschiedene Proteine sein. Die Chromosomen, Träger des Erbgutes, verleihen diesem eine Struktur. Sie enthalten die langen Erbgutfäden und zahlreiche Struktur-Eiweißstücke.

Sowohl HGP als auch Celera Genomics hatten sich vor der Präsentation ihrer Forschungsergebnisse im Jahre 2001 ein aufwendiges Wettrennen um die Entschlüsselung der Erbgutkarten geliefert und bereits im Vorjahr eine grobe Karte des über drei Milliarden (!) Bauteile umfassenden Erbguts vorgestellt.

Craig Venter und HGP-Wissenschaftler veröffentlichten wenig später noch einige interessante Details zu ihren Forschungsberichten:
- Die Zahl der menschlichen Gene wird auf 26 000 bis 39 000 geschätzt. Zuvor war man von 100 000 bis 140 000 Genen ausgegangen Damit besitzt der Mensch nur zwei- bis dreimal so viel Gene wie die Fruchtfliege mit etwa 13 000 Genen bzw. einfache Würmer mit rund 18 000 Genen. Aus den komplizierter aufgebauten menschlichen Genen gehen jedoch mehr Proteine hervor, als bei denen der zuvor erwähnten Kleinsttiere.
- Jeder Mensch hat 99,99 Prozent seiner Erbanlagen mit anderen Menschen gemein.
- Ein Großteil der Genveränderungen (Mutationen) erfolgt beim Entstehen der Samenzellen. Die Mutationsrate ist dabei etwa zweimal so hoch wie bei der Eizellbildung.
- Ein Viertel des Genoms (der einfache Chromosomensatz einer Zelle) besteht aus »Wüsten«, in denen keine oder nur sehr wenige Gene liegen, die auch nur selten abgelesen werden. Die HGP-Forscher sprechen davon, dass nur zwei Prozent des menschlichen Genoms »aktiv« Proteine zur Steuerung der Körperfunktionen bilden. Andererseits haben die Wissenschaftler so genannte »Hot Spots« gefunden, wo besonders viele aktive Gene liegen.
- Interessant ist, dass 223 Gene des Menschen denen von Bakterien (!) ähneln. Sie wurden offenbar im Laufe der Evolution von den Vorfahren des Menschen aufgenommen und sind bis heute erhalten geblieben.

Wer bislang die »erhabene« Position der menschlichen Rasse allein von einer vermeintlich größeren Anzahl an Genen herleiten wollte, dürfte nun durch die sensationellen Ergebnisse des jüngsten Human-Genome-Projekts bitter enttäuscht sein. In Anbetracht der viel geringeren Genzahl des Menschen als ursprünglich angenommen, die der von Tieren recht nahe kommt, wäre es ausgesprochen töricht, das Verhalten der Kreaturen ausschließlich von der Anzahl der Gene abhängig zu machen. Es ist keinesfalls so, dass die Gene in unserem Erbgut in ihrer Gesamtheit menschliche und tierische Handlungen diktatorisch bestimmen. Auch sie sind wiederum von äußeren Einflüssen und nicht zuletzt von Denkprozessen abhängig. Im Leben der Menschen wie dem der Tiere sind genetisch programmierte instinktmäßige Reflexhandlungen ebenso ausschlaggebend wie seelisch-geistige Vorgänge.

Unlängst machten amerikanische Wissenschaftler eine erstaunliche Entdeckung: Sie verglichen die Gene eines Universitätsprofessors mit denen eines Menschenaffen und stellten fest, dass diese zu über 98,4 Prozent identisch sind. Hierzu der Genetiker Dr. Ed McConkey: »In dieser winzigen Abweichung von gerade einmal 1,6 Prozent verbirgt sich das Geheimnis, was Menschen zu Menschen macht – vom aufrechten Gang bis zur Poesie.« Computer-Tomographien von Gorillas zeigten, dass die beim Menschen für das bewusste Wahrnehmen und Wiedergeben von Gefühlen sowie Erfahrungen zuständigen Hirnregionen auch bei Primaten vorhanden sind. Wenn diese trainiert werden, können [wie aus späteren Kapiteln hervorgeht] Affen erstaunliche sprachliche und gedankliche Fähigkeiten entwickeln.

Rein physisch betrachtet, unterscheiden sich die Zellen des menschlichen Körpers in keiner Weise von denen des Tierkörpers. Und unser Knochengerüst besteht aus der gleichen Substanz wie das der Tiere. Auch weist die Anatomie des Menschen und die der höheren Wirbeltiere eine große Ähnlichkeit auf. Evolutionsmäßig sind wir mit der Tierwelt eng verbunden. Bezeichnenderweise spielt sich im Laufe einiger Monate vor der Geburt eines jeden Kindes die komplette Evolutionsgeschichte im Mutterleib ab. Der wachsende Embryo durchläuft nacheinander die Phasen des Fisches, der Amphibie und des Reptils, wobei er während der niederen Säugetierphase sogar einen Schwanz besitzt.

Aufgrund der zahlreichen genetischen und physischen Ähnlichkeitsmerkmale von Mensch und Tier fragen sich heute kognitiv forschende Ethologen ernsthaft, ob Gefühle und Gedanken ausschließlich beim Menschen vorkommen und, sollte dies zutreffen, warum nur wir mit diesen besonderen Gaben ausgestattet sind.

Da das Zentralnervensystem der Tiere ähnlich dem unsrigen aus Synapsen und Neuronen besteht, müssten in diesem auch irgendwie geartete seelisch-geistige Prozesse stattfinden. Es wäre interessant zu erfahren, wie sich das Bewusstsein bei nicht-menschlichen Kreaturen entwickelt hat, wie es sich von dem des Menschen unterscheidet.

Dass tierisches Bewusstsein anders als menschliches beschaffen sein dürfte, ist einleuchtend. Tiere, besonders die frei lebenden Arten, bewegen sich nun einmal in einem anderen Umfeld und haben daher andere Bedürfnisse als Haustiere und Menschen. Entsprechend diesen Gegebenheiten müsste sich ihr Bewusstsein entwickelt haben.

Es gibt Philosophen, die bewusstes Erleben von der menschlichen Sprache abhängig machen wollen. Sie sprechen sogar Kleinkindern die Fähigkeit des bewussten Denkens ab. Ihr Argument: Babys müssten erst Erfahrungen mit der Außenwelt gehabt haben, um Bewusstsein zu entwickeln. Dem widerspricht jedoch u. a. die häufig beobachtete Fähigkeit von Säuglingen, die Physiognomie ihres jeweiligen Gegenüber nachzuahmen. In gleicher Weise könnte es sein, dass sich nichtmenschliche Wesen in einer entsprechenden seelisch-geistigen Verfassung befinden.

Menschen, die in großen Städten wohnen, haben in der Regel den Kontakt zur Natur und zu den sie bevölkernden Tieren verloren. Die hierdurch verursachte Entfremdung ist ideologisch bedingt und vor allem auf theologische Einflüsse zurückzuführen. Um die Idee von der Einmaligkeit des Schöpfungsaktes – vom Menschen als »Krone der Schöpfung« – durchzusetzen, haben die frühen Kirchenväter befunden, dass Tiere keine Seele hätten. Diese an sich unchristliche Philosophie ist seltsamerweise nirgendwo in der Bibel angemerkt. Die Folgen dieser verwerflichen, aus der Luft gegriffenen Feststellung wirken sich auf das Verhältnis Mensch/Tier verheerend aus. Selbst Theologen versuchen uns glauben zu machen, dass Tiere einzig und allein zur Entlastung und zum Vergnügen des Menschen erschaffen wurden, dass sie keine Rechte besäßen und man sie je nach Bedarf töten könne. Wer glaubt, dass sie in neuerer Zeit ihre Meinung revidiert hätten, muss sich leider eines Besseren belehren lassen. Ich erinnere mich noch gut an den Religionsunterricht in unserer Abiturklasse, als es bei Diskussionen über den seelischen Zustand der Tiere wiederholt zu ernsten Meinungsverschiedenheiten zwischen einem katholischen Geistlichen und meinen Klassenkameraden kam. Er versuchte uns allen Ernstes davon zu überzeugen, dass *Tiere keine Seele hätten*, weil es ihnen an Vernunft mangele. Punktum! Im Eifer seiner dogmatisch vorgebrachten Scheinargumente bemerkte der Geistliche gar nicht einmal, wie sehr er sich in die Rolle eines Verfechters antichristlichen Gedankenguts verirrte.

Östliche Philosophien messen, anders als die christlichen Lehren, der Einheit alles Lebendigen, ob Mensch, Tier oder Pflanze, große Bedeutung bei. Diese Einstellung erscheint durchaus verständlich, da die heiligen Schriften nichtchristlicher Religionen über Jahrhunderte weder verfälscht noch unterdrückt wurden, um sie dem Verlangen einer egozentrischen Theologie anzupassen. Der große Religionsstifter Buddha, Siddharta Gautama (etwa 560–480 v. Chr.), wird mit dem Ausspruch zitiert: »Ich lehre nur eines: Leiden und das Ende der Leiden. Güte gegenüber allen lebenden Kreaturen ist die einzig wahre Religion.«

Die Philosophie des elsässischen Theologen Albert Schweitzer (1875–1965), einer der prominentesten Tierschützer des vorigen Jahrhunderts, gipfelte in der Feststellung, dass Liebe die engen ethischen Systeme überwinden müsse und dass die Ehrfurcht vor allem Leben im Mittelpunkt unseres Wirkens zu stehen habe.

Tiere könnten uns, was Friedfertigkeit zumindest innerhalb der eigenen Spezies anbelangt, Vorbild sein. Die meisten von ihnen verhalten sich im Umgang miteinander rücksichtsvoller als wir Menschen. Sie töten nur zum Zweck der Nahrungsbeschaffung und der Selbstverteidigung, der Mensch hingegen auch aus purer Besitzgier, aus Hass, Neid und Eifersucht oder gar aus Sport und Vergnügen. Sein krankhafter Tötungstrieb macht selbst vor Vertretern der eigenen Rasse nicht Halt. Kannibalische Orgien waren auf manchen Pazifikinseln noch bis vor nicht allzu langer Zeit an der Tagesordnung.

Schlimmer noch: Immer wieder wird – vorwiegend aus den USA und Russland – über perverse Massenmörder berichtet, die Körperteile ihrer Opfer verspeisen, diese sogar konservieren oder in Kühltruhen aufbewahren. Man fragt sich entsetzt, was in diesen »Bestien« in Menschengestalt vorgehen mag, was sie zu ihrem perversen Tun veranlasst. Sind es genetisch falsch programmierte Reflexhandlungen oder liegen ihrem Tun krankhaft veränderte Denkprozesse zugrunde?

»Ethisches« Verhalten scheint, zumindest bei Säugetieren, einen höheren Stellenwert einzunehmen als beim Menschen. Noch nie wurde über höher entwickelte Tiere wie Wale, Delphine, Löwen, Katzen, Hunde usw. berichtet, die ihre Artgenossen töten, um sie anschließend aufzufressen. Sie würden eher verhungern, als das Fleisch ihrer eigenen Spezies anzurühren. Natürlich ist, nach Ansicht orthodoxer Behavioristen, auch diese Verhaltensweise der Tiere genetisch festgelegt. Gefühle wie Artenverbundenheit, Mitleid und Trauer darf es entsprechend deren Argumentation bei nicht-menschlichen Kreaturen schon deshalb nicht geben, weil diese womöglich auf Denkprozesse schließen lassen.

In den Folgekapiteln soll anhand zahlreicher Beispiele intelligenten tierischen Verhaltens dargelegt werden, warum die rein behavioristische Theorie für die moderne Verhaltensforschung nahezu bedeutungslos geworden ist, warum die mehr praxisbezogene kognitive Methode bessere Chancen zur Erkundung der Tierseele bietet.

2 Sie denken anders

- *Erstaunliches Seh- und Wiedererkennungsvermögen der Tauben, das sich nicht über Jahrtausende durch Selektion entwickelt haben kann.*

- *Tauben und andere Vogelspezies sind keine genetisch »programmierte« Automaten, sondern hoch entwickelte Lebewesen.*

- *»Wundertiere«, die Rechenaufgaben lösen und Fragen logisch beantworten.*

- *Nachvollzogene »Gedankengänge« einer Katze.*

- *Tiere, die sich in Extremsituationen zu helfen wissen.*

- *Indizien für »einsichtiges Handeln«.*

- *Jagdtaktiken von Raubtieren – nicht allein durch Selbstlernprozesse und Instinkthandlungen erklärbar.*

- *»Konstruktionsgenie« Köcherfliege; Reparaturarbeiten beruhen kaum auf starren Reflexen.*

- *Raffinierte Strategien beim so genannten Feindverleiten der Vögel deuten auf Denk- und Kombinationsansätze hin.*

- *Gebrauch von Ködern und primitiven Werkzeugen bei der Futterbeschaffung lassen zweckausgerichtete Denkprozesse der Tiere erkennen.*

- *Bienen mit gedächtnisgespeicherten »Landkarten« können sich blitzschnell orientieren.*

- *Tiere mit integriertem Ortungs- und Orientierungssystem.*

2.1 Erstaunliche Denkleistungen

Logische Handlungen – Vorgänge, die willentlich erfolgen – setzen Denkprozesse und damit letztlich ein gewisses Maß an Bewusstsein voraus. Das meiste, was alle Lebewesen tun, geschieht unbewusst, also in Abwesenheit von bewusstem Denken. So arbeitet z. B. der gesunde Körper weitgehend autonom, ohne dass wir über dessen Funktionieren sonderlich nachdenken müssen. Unser Herz pumpt z. B. in einem uns zuträglichen Rhythmus, Magen und Darm befördern und verarbeiten die zugeführte Nahrung, ohne dass wir dies besonders gewahr werden bzw. willentlich beeinflussen, und unser Immunsystem arbeitet unabhängig vom Wachbewusstsein rund um die Uhr, um schädliche Eindringlinge abzuwehren.

Nach dem, was Neurologen bislang experimentell ermitteln konnten, dringen pro Sekunde von einer Million Bits – ein Bit gilt als Einheit für den Informationsgehalt einer Nachricht – gerade einmal etwa 20 über die Sinnesorgane in unser Bewusstsein ein. Mit mehr wäre unser Denkapparat ohnehin überfordert. Wenn man aufgrund der erkenntnismäßigen Erfahrung davon ausgehen kann, dass auch Tiere sich ihrer mannigfachen Handlungen bewusst sind, dürfte es hierbei doch um sehr einfache Bewusstseinsinhalte gehen, um rudimentäre Gefühle, Wahrnehmungen und Gedanken. Und dieses Minibewusstsein würde sich vermutlich nur auf unmittelbar bevorstehende Belange – Erfassen einer Gefahrensituation, Schutz der eigenen Brut bzw. Sinnieren über die Futterbeschaffung usw. – beschränken.

Was sich in der Vorstellungswelt der Tiere – in ihrem geistigen Bereich – nun wirklich abspielt, wissen wir ebenso wenig wie von der unserer Mitmenschen. Wir können es nur vermuten oder durch Beobachten des Verhaltens bei experimentell herbeigeführten Situationen grob ableiten. Besonders interessant erscheinen in diesem Zusammenhang die Vogelexperimente des berühmten deutschen Ethologen Otto Köhler, in deren Verlauf Tiere mit Aufgaben konfrontiert wurden, die für sie völlig neu waren und für die es in ihrer Stammesgeschichte keinen vorausgegangenen Musterfall gab. Köhlers Vögel hatten Aufgaben zu lösen, die so genanntes »unbenanntes Denken« bedingen. D. h., sie mussten über Gegenstände und Zusammenhänge »sinnieren«, ohne »Worte« zu benutzen. Eine dieser Aufgaben bestand darin, aus einer Reihe von Gefäßen dasjenige herauszusuchen, das auf seinem Deckel mit einer bestimmten Anzahl von Punkten markiert war. Bei späteren Experimenten wichen die Punkte auf den Deckeln in Größe, Form und Stellung von denen auf der Vorlage ab, die man den Vögeln als Instruktion gegeben hatte, damit sie bestimmte Deckel abheben sollten. Köhler machte im Verlauf seiner Experimente die Beobachtung, dass gut ausgebildete Raben den Topf mit beliebigen Zahlen von einem Punkt bis zu sieben zuverlässig auswählen konnten. Er schloss daraus, dass diese Vogelspezies ein Konzept »unbenannter Zahlen« besitzt, das sich bis sieben erstreckt.

Nachdenken über »unbenannte Zahlen« dürfte in der entwicklungsgeschichtlichen Vergangenheit der Tiere wohl kaum so viel Vorteile gebracht haben, dass es durch natürliche Selektion in erheblichem Maße gefördert wurde. Dies besagt, dass auch im vorliegenden Fall eine genetische Programmierung ausscheidet und bewusstes »Nach-Denken« über eine neue Situation wahrscheinlicher sein dürfte.

Obwohl das Gehirn einer Taube gerade einmal kirschkerngroß ist und so gut wie keine Großhirnrinde enthält, besitzt sie ein hervorragendes Sehvermögen. Das Wiedererkennen von Personen und beliebigen Figuren auf Bildern (Dias), selbst wenn man diese den Tauben im verdrehten Zustand präsentiert, ist erstaunlich. Mitarbeiter der Universität Harvard hatten Tau-

ben beigebracht, aus Urlaubsdias bestimmte Personen auszu-
wählen, die sie auch dann noch wieder erkannten, wenn diese
anders gekleidet, geschminkt bzw. im Profil zu sehen waren,
mit Hüten posierten oder wenn sie sich unter Tausenden von
Zuschauern in einem Sportstadion aufhielten.

Wiederholungsexperimente wurden in Harvard nicht nur
anhand abstrakter Figuren oder mit Personen, sondern auch
unter Verwendung moderner Gegenstände wie Möbel oder
Autos unterschiedlicher Marken erfolgreich durchgeführt. Da
es sich bei ihnen um Objekte der jüngeren Vergangenheit handelt, dürfte sich das exzellente Sehvermögen dieser Tiere sowie
das Tempo, mit dem sie alle diese Gegenstände erkennen, wohl
kaum über Tausende von Jahren durch natürliche Selektion
entwickelt haben.

Wissenschaftler des Psychologischen Instituts der Ruhruni-
versität Bochum wollen herausgefunden haben, dass Tiere z. B.
auch von der Form und Farbe bestimmter Objekte eine Vorstellung entwickeln und dass sie zwischen symmetrischen und
asymmetrischen Formen zu unterscheiden wissen. Entsprechende Experimente waren so angelegt, dass die Tauben immer
dann mit Futter belohnt wurden, wenn sie symmetrische Muster herauspickten. Sie erpickten sogar bei neuen, zuvor nie
gesehenen Mustern bis zu 80 Prozent der vorgelegten symmetrischen Objekte. Gleiches funktionierte auch mit asymmetrischen Gegenständen. Anfangs wollten es die Bochumer
Wissenschaftler nicht wahrhaben, dass Tauben mit ihrem Mini-
gehirn ein einfaches Abstraktionsvermögen entwickeln, dass
sie offenbar mühelos Symmetriebeziehungen herzustellen vermögen. Ihr ausgeprägter Symmetriesinn beweist einmal mehr,
dass Tauben und viele andere Vogelspezies keine genetisch programmierte Automaten, sondern hoch entwickelte Lebewesen
sind.

Man hat herausgefunden, dass viele Tiere, darunter Kolkraben, Eichhörnchen, Papageien, Elstern usw. Mengen zwischen
fünf und sieben Elementen auf einen Blick erfassen können.
Was darüber liegt wird selbst für Menschen schon schwierig.

Papageien mit »Sprachbegabung« sind sogar in der Lage, die Menge der erfassten Objekte auch noch zu artikulieren (auszusprechen). Was sich dabei in den Gehirnen der Tiere abspielt – ihre evtl. Vorstellung von dem, was sie gerade auszählen – wissen wir nicht. All denen, die aus diesen Aktivitäten gleich gedankenloses Dahinplappern eines Tier-»Automaten« ableiten möchten, sei gesagt, dass auch niemand von uns seinem Mitmenschen »ins Gehirn«, sprich Bewusstsein, zu schauen vermag. Subjektive Vorstellungen anderer Wesen – Mensch oder Tier – lassen sich nun einmal nicht in messbaren Größen darstellen, allenfalls mutmaßen, erahnen. Wir wissen nicht, was sich Tiere im Einzelnen vergegenwärtigen, wie für sie die inneren Bilder von Vertretern ihrer eigenen Spezies, ihrer Feinde, Umgebung und Beute aussehen. Wir können nur mit ihrem Verhalten, mit ihren Reaktionen auf bestimmte natürlich eintretende oder experimentell ausgelöste Situationen Erfahrungen sammeln und daraus Rückschlüsse ziehen, wobei wir uns allerdings davor hüten sollten, allzu menschliche Verhaltensmaßstäbe anzulegen.

So manche tierischen Verhaltensmuster setzen uns jedoch immer wieder in Erstaunen. Da erscheint auf der Fensterbank eines Hauses in Nottingham (England) plötzlich ein völlig erschöpfter, hungriger Sittich, der kaum noch einen Laut hervorzubringen vermag. Rhythmisch hämmert sein Schnabel an die Fensterscheibe. Bestimmte Klopfsequenzen scheinen sich zu wiederholen, irgendwie Sinn zu machen. Aufmerksam verfolgt eine Hausbewohnerin das merkwürdige Gebaren des Vogels, bis ihr ein Licht aufgeht.

Sie notiert die zusammenhängenden Klopfzeichen und erhält eine Zahlenfolge, hinter der sie, einer spontanen Eingebung folgend, eine örtliche Telefonnummer vermutet. Obwohl ihr die Idee, dass der Sittich gerade eine Telefonnummer übermittelt hat, völlig absurd erscheint, unternimmt sie dennoch einen Versuch, den betreffenden Teilnehmer anzurufen. Tatsächlich meldet sich der glückliche Besitzer des intelligenten Vogels, den er schon seit elf Tagen vermisst hat.

Zweifellos haben manche Tiere nicht nur ein gut funktionie-
rendes Gedächtnis, sondern besitzen auch ein gewisses Erinnerungsvermögen sowie die Fähigkeit des Nachdenkens. Rolph,
der berühmte Airedaleterrier der Mannheimerin Paula Möckel
konnte gut mit Zahlen umgehen. Seine rechnerische Begabung
wurde rein zufällig entdeckt, als Frau Möckel ihre kleine Toch-
ter rügte, weil sie im Schulunterricht bei einer leichten Rechenaufgabe versagt hatte. Sie meinte, die Aufgabe sei so leicht, dass
selbst Rolph damit keine Mühe gehabt hätte. Rolph, der aus der
Hundeperspektive unter dem Schreibtisch die Zurechtweisung
des Kindes aufmerksam verfolgt hatte, wurde von Frau Möckel
mehr im Scherz gefragt, ob er denn wisse, wie viel zwei und
zwei ergäbe. Prompt baute sich Rolph vor ihr auf und klopfte
ihr mit der Pfote viermal auf den Arm. Frau Möckel war
sprachlos. Durch diesen Zufallserfolg angeregt, begann sie,
ihrem Hund Rechenunterricht zu erteilen, ihm zunächst die
Zahlen bis hundert beizubringen.

Mit Rolphs Zutun entwickelte sie ein etwas umständliches
Klopfalphabet, dessen Buchstaben sich der Hund erst einmal
gut einprägte, während Frau Möckel selbst auf Merkzettel angewiesen war. Rolph lernte rasch zwischen »ja« und »nein« zu
unterscheiden: Zweimal klopfen bedeutete »ja«, dreimal hingegen »nein«.

Im Sommer 1913 begaben sich zwei Wissenschaftler der
Universität Berlin, die Dres. Schöller und Ziegler, nach Mann-
heim, um Rolphs Fähigkeiten »vor Ort« zu untersuchen. Sie
fanden heraus, dass der Hund einfache Additions- und Sub-
traktionsaufgaben sowie Multiplikationen mit maximal zwei-
stelligen Zahlen durchführen konnte. Sein »Lesevermögen«
entsprach nach Ansicht der Forscher dem einer aufgeweckten
Zehnjährigen. Rolph konnte Worte suchen und finden sowie
Gegenstände und Bilder, die man ihm vorlegte, definieren. Als
ihm Dr. Ziegler einmal einen Blumenstrauß in einer Vase zeigte, stutzte er für einen Augenblick. Dann klopfte er die korrekte Bezeichnung: »Glas mit kleinen Blumen«.

Rolph vermochte auch Farben voneinander zu unterscheiden, Geld zu zählen sowie Mark und Pfennig auseinander zu halten. Während einer Testserie, die Prof. William von der Universität Genua mit ihm durchführte, um festzustellen, wie viel Worte der Hund interpretieren konnte, wurde Rolph nach der Bedeutung des Begriffs »Herbst« gefragt. Zur Verblüffung der Anwesenden signalisierte er völlig korrekt »Zeit für Äpfel«.

Der Vizepräsident der »Societé Universelle d'Etudes Psychique«, Paris, Edmond Duchatel, ließ es sich nicht nehmen, mit dem »Wunderhund« ebenfalls eine Reihe von Tests durchzuführen, die letztlich die vorangegangenen Untersuchungsergebnisse seiner Kollegen vollauf bestätigten. So komisch es sich auch anhören mag: Rolph schien sogar über eine spaßige Natur zu verfügen. Als er von Duchatels Sekretärin, einer etwas zimperlichen Dame mittleren Alters gefragt wurde, was sie für ihn tun könne (sicher eine freundlich gemeinte Geste), klopfte er die Antwort »wedeln«.

Seit unserer Kindheit wissen wir, dass Papageien und Wellensittiche die menschliche Sprache gelegentlich verblüffend echt nachahmen, dass sich durch geduldiges Zureden auch Krähen, Elstern und Dohlen zum Nachplappern von Namen, Begrüßungsfloskeln und ganzen Sätzen animieren lassen. Der bekannte österreichische Ethologe und Tierpsychologe Konrad Lorenz ist der Auffassung, dass einige Papageien die menschliche Stimme nicht nur nachahmen, sondern mit ihren Äußerungen gelegentlich sogar klare Gedankenassoziationen (Gedankenketten) herstellen können. In seinem Buch »König Salomons Ring« behauptet er, dass viele Graupapageien nur zur passenden Zeit und auch nur einmal am Tag Personen einen Gruß entbieten. Lorenz' Freund, der Ethologe Otto Köhler, besaß einen solchen alten Graupapagei, der auf den Namen »Geier« hörte. Geier hatte ungewöhnliche Sprechtalente. Immer wenn ein Besucher das Zimmer, in dem der Käfig aufgestellt war, mit der festen Absicht verließ, sich endgültig zu verabschieden, sagte er »Na, auf Wiedersehen«. Hatte hingegen der Gast das Bedürfnis, das Zimmer nur für kurze Zeit zu verlassen, um später zurückzukehren, verzichtete Geier auf den

Abschiedsgruß. Es konnte somit niemand, der Köhlers Haus endgültig verlassen wollte, sich unbemerkt aus dem Zimmer stehlen.

Das Kombinieren von Worten in der richtigen, sinngebenden Reihenfolge wurde von Monsieur Hachet-Souplet, Direktor des Instituts für Tierpsychologie, Paris, an einem dort gehaltenen Papagei beobachtet. Er hatte das Tier dazu gebracht, das Wort »Schrank« immer dann zu artikulieren, wenn er ihm einen kleinen Kasten zeigte, in dem sich sein Futter, nämlich der von ihm bevorzugte Hanfsamen, befand.

Diesen Futterkasten hängte man eines Tages an einer Wand direkt neben dem Papageienkäfig auf, so dass Hachet-Souplet zur Fütterungszeit eine kleine Leiter anstellen und hochklettern musste, um den Kasten herunterzuholen. Der Papagei war darauf abgerichtet, jedes Mal, wenn er Hunger verspürte, das Wort »klettern« zu artikulieren. Bei dieser Gelegenheit brachte man ihm gleich den Begriff »Leiter« bei. Nach einigen Tagen der Gewöhnung an diese Situation entfernte man die Leiter und stellte sie in eine Ecke des Raumes. Der Papagei war nun mit dem Problem konfrontiert, wie er seinen Betreuer veranlassen könne, an den Kasten mit dem Hanfsamen heranzukommen, denn nach dem Wegstellen der Leiter fütterte man ihn nur noch mit Hirse. Und diese mochte er offenbar nicht. Am ersten Tag schrie der um sein Lieblingsfutter betrogene Vogel mit penetranter Stimme »Schrank, Schrank, Schrank …«, während er mit seinem Schnabel wütend die Käfigstangen bearbeitete. Tags darauf, nachdem er sich beruhig hatte, konzentrierte sich seine Aufmerksamkeit ganz auf die Leiter. Dann aber, mit einem Mal, artikulierte er mehrfach in aller Deutlichkeit die sinngebende Wortfolge »Leiter, klettern, Schrank«. Demzufolge muss er über die richtige, zum Ziel führende Vorgehensweise nachgedacht haben.

Ein weiterer Fall tierischen Kombinationsvermögens soll sich im Papageienzoo der in Florida gelegenen Stadt Miami zugetragen haben. Zu den Bewohnern des »Parrot Jungle« gehörte auch ein Ara – ein Langschwanzpapagei –, den man am Eingang direkt neben der Kasse postiert hatte. Eines Tages geriet ein Besucher wegen des Eintrittspreises mit Mrs Scherr, der Besitzerin des Kleinzoos, in Streit. Als der Mann anzüglich wurde und sie beleidigte, mischte sich der Ara mit einem erregt hervorgestoßenen »go to hell« (fahr zur Hölle) in das hitzig geführte Wortgefecht ein. Dabei imitierte er Mrs Scherrs Stimme offenbar so perfekt, dass der verblüffte Grobian ihr einen giftigen Blick zuwarf, um gleich darauf zu verschwinden. Kombinationsprozesse wie dieser gehen zwangsläufig mit ganz bewussten Denkvorgängen einher. Zu ähnlichen Überlegungen gelangt man bei Berücksichtigung all der Fälle, in denen Tiere ihre Scheu vor Menschen überwandten und in Notsituationen, in denen sie sich befanden, ganz bewusst deren Hilfe in Anspruch nahmen. Über Vorkommnisse dieser Art soll in der Folge berichtet werden.

2.2 Sie wissen sich zu helfen – Indizien für Denkansätze

Unruhig steht unsere Katzendame vor der großen Schiebetür zur Terrasse und zum Garten. Abwechseln schaut sie mich und dann die Tür an. Ich weiß: Sie muss unbedingt nach draußen. Gelegentlich bekräftigt sie ihre Absicht noch durch ein sanft hingehauchtes »Ä«. Sie – unser Julchen – »adoptierte« uns vor etwa neun Jahren unter recht ungewöhnlichen Umständen und wurde im Laufe der Zeit von einer uns zugelaufenen wilden, auf dem weiträumigen Gelände einer benachbarten Holzhandlung hausenden, scheuen Katze zur zahmen Stubentigerin, die sich am liebsten in unserer unmittelbaren Nähe aufhält.

Über die Jahre hat Julchen uns beigebracht, ihre Gebärdensprache zu verstehen, und sie wiederum scheint begriffen zu haben, dass wir auf diese auch reagieren. Einmal, als außer mir niemand zu Hause war und Julchen offenbar dringend ins Freie musste, kam sie treppab zu mir in mein im Kellergeschoss gelegenes Arbeitszimmer geschlichen, um durch penetrante Krählaute (sie kann infolge einer Kehlkopfanomalie nicht miauen) auf sich aufmerksam zu machen. In dem Augenblick, als ich mich erhob, machte sie kehrt und rannte vor mir her, die Treppe hoch, um sich schließlich vor der Terrassentür niederzulassen. Ihr stummes Signal »Tür öffnen« war bei mir angekommen. Sie hatte sich deutlich genug geäußert.

Fragen wir uns, was in ihrem kleinen Köpfchen wohl vorgegangen sein mag, als sie treppab gelaufen war, um mich zu holen, damit ich ihr die Terrassentür öffne. In menschliche Gedankengänge »übersetzt« müsste sie folgende Überlegungen angestellt haben:

- Außer »der Person« da unten ist sonst niemand zu Hause, der mir die Tür öffnen könnte (womöglich war sie vorher schon bis zum zweiten Stock hochgerannt, um meine Frau zu suchen);
- ich höre Geräusche im Kellergeschoss, also muss ich nach unten, weil dort jemand ist …
- und »die Person« durch penetrantes »Rufen« aufscheuchen.
- Ich muss, sobald sie mich erblickt und aufsteht, vor »ihr« herlaufen und »ihr« den richtigen Weg weisen;
- dann muss ich mich vor der Tür postieren …
- und »sie« dadurch, dass ich »sie« und die Tür abwechselnd anschaue, zum Öffnen der Tür veranlassen.

So ungefähr könnte Julchen gefolgert haben, als sie mich aus dem Büro holte. Es war dies eine bislang einmalige logische Handlung, die ihr niemand zuvor angelernt und die sie sich auch nicht durch ständiges Probieren selbst beigebracht hatte.

Denken zeigt sich vorwiegend in neuen, ungewohnten Situationen. Es geht, wie im Fall der Katzendame Julchen, mit dem Begriff der Einmaligkeit einher. Julchen dürfte nämlich vor ihrer aktiven Entscheidung eine Reihe von Ereigniseintritten durchgespielt haben, die ausschließlich in ihrer Vorstellung existierten. Und jedes dieser Geschehnisse in ihrer »geistigen Welt« bildete die Ursache für das anschließende Handeln. Das Erstaunliche: Julchen hat die Kette aus Ursache und Wirkung folgerichtig auf das Endresultat hin bewertet, was fraglos auf kausales Denken hindeutet.

Für artspezifisches bewusstes Denken gibt es zahlreiche Indizien, mit denen wir uns in der Folge etwas ausführlicher befassen wollen. Es sind dies hauptsächlich:

– Fälle von gelegentlicher Inanspruchnahme menschlicher Hilfe: Tiere suchen manchmal von selbst Menschen auf, um sich von ihnen helfen zu lassen;
– Futterbeschaffung und Brutaufzucht;
– logisches Vorgehen beim Beutejagen;
– Sichverstecken und Aufsuchen von Schutzvorrichtungen;
– Feindverleiten (Ablenkung) bei Bedrohung der eigenen Jungtiere durch andere Tiere oder Menschen;
– Benutzung von Köder beim Beschaffen von Lebendfutter;
– Gebrauch primitiver Werkzeuge und »Waffen«.

Captain D. G. Shaw, ein in Surrey (England) ansässiger Tierarzt, war erstaunt, als er eines Tages Besuch von einem Airedaleterrier erhielt, der schmerzhafte Bekanntschaft mit einem Bienenschwarm gemacht hatte. Der arg zerstochene Ruff hatte den Veterinärarzt nämlich ganz allein, ohne Wissen seines Besitzers aufgesucht, um sich helfen zu lassen. Er kannte zwar Dr. Shaw durch vorangegangene Behandlungen, war aber stets mit dem Wagen in die Praxis gefahren worden, hatte den Weg dorthin auch sonst nie »zu Fuß« zurücklegen müssen.

Eine telefonische Rückfrage bei Ruffs Besitzer ergab, dass dieser die weite Wegstrecke zwischen seinem Zuhause und Dr. Shaws Praxis in kürzester Zeit zurückgelegt haben musste, zumal man sein Verschwinden noch gar nicht bemerkt hatte. Auf einen spezifischen Denkprozess deutet auch das weitere Verhalten des Hundes hin, der beim Öffnen der Tür zum Operationsraum sofort auf den Behandlungstisch sprang.

Katzen scheinen sich als ausgesprochen anhängliche Haustiere in Notfällen ebenfalls gern von Menschen helfen zu lassen. Ein Tierarzt berichtet in der englischen Verbandszeitschrift »The Cat« über einen bemerkenswerten Fall, der die Frage berechtigt erscheinen lässt, woher die hier zitierte Katze wusste, dass sie gerade von einer wildfremden Person Hilfe zu erwarten hatte: »Als ich eines Mittags von meiner Visite bei Patienten in meine Praxis zurückkehrte, sah ich vor meiner Haustür eine Katze sitzen und warten. Sie folgte mir kläglich miauend ins Haus. Ich glaubte erst, sie habe Hunger und bot ihr Milch an. Sie aber wandte der Schale den Rücken zu und jammerte weiter.

Als ich mich zu ihr niederbeugte und sie streichelte, entdeckte ich an ihrem Unterkiefer einen großen Abszess. Ich brachte sie in mein Behandlungszimmer, öffnete den Abszess und behandelte die Wunde. Dabei verhielt sich das Tier vollkommen ruhig und unternahm keinen Versuch zu kratzen. Kaum war die Behandlung beendet, sprang die Katze auf den Boden, schnurrte und schmiegte sich dankbar an meine Beine. Dann ging sie nebenan, trank die Milch und wollte hinausgelassen werden. Am darauf folgenden Tag zur gleichen Stunde war sie wieder da. An drei Tagen hintereinander erschien sie pünktlich zur Mittagszeit, um sich behandeln zu lassen, bis die Wunde so gut wie verheilt war. Danach blieb sie verschwunden.« Woher, fragt man sich, wusste die Katze, dass sie gerade in dem von ihr aufgesuchten Haus Hilfe zu erwarten hatte?

Aber auch Delphine scheinen aufgrund erwiesener Sympathie für Menschen in Notfällen deren Hilfe zu erwarten. Russische Fischer haben Anfang der achtziger Jahre unweit der im Pazifik gelegenen Kurilen-Inseln einem verletzten Delphin geholfen, der allem Anschein nach selbst versucht hatte, an Bord des Trawlers »Ardamatowo« zu springen. Wie die Moskauer Nachrichtenagentur TASS zu berichten wusste, hatte das Tier auf einer Seite eine große Fleischwunde.

Während der eineinhalbstündigen Operation durch den Schiffsarzt hatte sich der »Patient« vollkommen ruhig verhalten. Nach erfolgreicher Behandlung wieder von Bord gelassen, wurde der Delphin von seinen Artgenossen »mit einem Freudentanz begrüßt«.

Abgesehen von den mit echten Denkleistungen verbundenen Vertrauensbezeigungen gegenüber Menschen, gibt es zahlreiche ständig praktizierte Verhaltensweisen der Tiere, die auf artspezifische Überlegungen hindeuten.

Was geht z. B. in einem Zugvogel vor, der nach langer Flugstrecke entscheiden soll, an welcher Stelle er am besten sein künftiges Territorium einrichtet? Sind hierbei Ungestörtheit und Reichhaltigkeit von Futter »vor Ort« ausschlaggebend? Und nach welchen Kriterien sucht sich der Vogel seinen künftigen Partner aus? Sind es wirklich nur genetisch festliegende Verhaltensmuster, wie engstirnige Verhaltensökologen zu glauben wissen? Es ist kaum vorstellbar, dass die Vielfalt an Möglichkeiten hinsichtlich Nahrungsbeschaffung, Sicherheit in Nestumgebung, Partnerwahl usw. ganz ohne einfache Denkprozesse, nur durch über Millionen von Jahren erworbene natürliche Selektionen vor sich gehen soll.

Man hat z. B. beobachtet, dass Vogeleltern, die in Nestnähe Futter sammeln, häufiger mit kleineren Portionen zurückkommen, da der Rückflug weniger Zeit in Anspruch nimmt und die Jungen diese kleinen Futtermengen inzwischen schon verdaut haben. Da auch das Fütterungsverhalten der Vogeleltern zahlreiche Variationsmöglichkeiten bietet, fällt es schwer, rein evolutionstheoretische Erklärungen wie z. B. Sicherstellung der Fortpflanzung durch ständiges Füttern zu akzeptieren.

Es wäre interessant zu wissen, was Vogeleltern empfinden, wenn die ausgebrüteten Eier endlich aufbrechen und die lärmenden, hungrigen Jungen freigeben, die mit ständig aufgesperrten Schnäbeln Hunger signalisieren. Wenn der Fütterungsprozess nun doch nicht ein ausschließlich genetisch vererbter, automatisch ablaufender Vorgang ist – wenn er nur in groben »Umrissen« (und nicht in variablen Details) durch natürliche Selektion festliegt – könnte es nicht sein, dass die Vogeleltern bewusst kombinieren (denken): Die Jungen brauchen Futter, das ich herbeischaffen muss, um es ihnen in die offenen Schnäbel zu stecken und so ihr Schreien zu stoppen? Sture Behavioristen mögen dies mit der nichtssagenden Floskel »einsichtiges Handeln« abtun: gemeint ist allemal »Durchspielen im Kopf« oder denken.

Auch während der Jagd könnten sowohl beim Raubtier als auch beim Beutetier Gefühle und bewusstes Denken eine Rolle spielen. Beobachtungen auf freier Wildbahn zeigen, dass z. B. Löwinnen offenbar ihre Jagdtaktiken planen, dass sie bei der Verfolgung von Beutetieren mitunter wirkungsvoll zusammenarbeiten. Es mag beim Jagen Situationen geben, die vielleicht häufig wiederkehren, die aber aufgrund der unterschiedlichen Beschaffenheit des Jagdterrains, des variablen Verhaltens der Beutetiere, der Witterung usw. zumindest in Details doch jedes Mal anders, d. h. unvorhersehbar sind, und die sich daher nicht mit Lernprozessen oder Instinkthandlungen, sondern eher mit durchdachten Strategien erklären lassen.

Löwinnen streben beim Jagen öfters U-Gruppierungen an, um ihre Beute zu umzingeln. In einer solchen Formation bewegen sich die Tiere an beiden Flanken schneller, nehmen so eine vorgezogene Position ein, während sich die Löwin in der Mitte etwas zurückfallen lässt, um ein gewisses Desinteresse an der Beute vorzutäuschen. Auf diese Weise sind seitliche Ausbruchsversuche des Opfers so gut wie ausgeschlossen. Die Jägerinnen sind praktisch überall und dem Beutetier bleibt nur noch die Flucht nach vorn übrig.

Und dieses Jagdverhalten mit zahlreichen Unwägbarkeiten und Variationsmöglichkeiten sollte nur durch genetische Programmierung oder durch einen Lernprozess zustande kommen? Es fällt schwer zu glauben, dass dies alles ohne Überlegen und Zusammenarbeit, d. h. ohne zweckorientiertes Denken abläuft, zumal sich die Situation »vor Ort« ständig ändert. Auch müsste die Rollenverteilung vor der Jagd festliegen, was eine gewisse »gedankliche« Übereinkunft der Jagdbeteiligten voraussetzen würde.

Einige aufgeschlossene Verhaltensforscher bringen das Sichverstecken der Tiere vor ihren Feinden oder menschlichen Eindringlingen mit bewusstem Denken in Verbindung. Sie wollen z. B. beobachtet haben, wie sich Bären so verstecken, dass sie selbst nicht gesehen werden, andererseits aber das Territorium, aus dem sich etwas Verdächtiges nähert, stets im Auge behalten. Schutzvorrichtungen schützen nicht nur vor äußeren, z. B. Witterungseinflüssen, sondern dienen den Tieren auch als Versteck. Ihr Zustandekommen wird von Behavioristen, wie nicht anders zu erwarten war, ebenfalls mit genetisch festliegenden Mustern erklärt.

Betrachtet man z. B. einmal die von den Larven der Köcherfliege sinnvoll gefertigten »Etuis« und deren Gebrauch etwas genauer, kommt die behavioristische Theorie arg ins Wanken. Bei der großen Köcherfliege (*Phryganea grandis*) handelt es sich um ein mottenähnliches Insekt mit dachartig über dem Hinterleib gefalteten Flügeln, Körperlänge etwa 3,5, Flügelspannweite etwa 6 Zentimeter. Die flugfähigen Tiere sitzen vorzugsweise an Borken in Nähe der Wohngewässer. Die wassernah lebenden Larven bauen Köcher aus spiralig angeordneten Pflanzenteilen. Sie umgeben ihre Körper mit Sandpartikeln, kleinen Blattstückchen usw. und verbinden diese miteinander durch eine Art Seide aus den Kopfdrüsen.

Aus diesen homogenen Teilchen formen sie einen zylindrischen Köcher, der die sonst schutzlose Larve vor dem Zugriff von Fischen und Insektenlarven bewahrt. Natürlich muss der Köcher mit zunehmender Larvengröße erweitert werden. Bei der Suche nach geeignetem »Baumaterial« nimmt die Larve mit den Beinchen geeignet erscheinende Objekte auf, die sie mit dem Mundwerkzeug befühlt und bei Gutbefund für den Erweiterungsbau benutzt. Entfernt man einen Teil des kunstvoll gefertigten Köchers, wird die Larve aus einem Blatt Stücke gleicher Größe und Form herausschneiden und damit die Fehlstelle ausbessern.

Insektenforscher (Entomologen) wollen herausgefunden haben, dass die Abmessungen dieser Stücke stets im Verhältnis zur Größe des Kopfes und der Frontextremitäten der Larve stehen. Sie schließen daraus, die Größe des Mundwerkzeugs würde die Blattstückgröße bestimmen und leiten daraus ab, dass die Larve keine bewusste Wahl treffen würde, dass auch hier ein genetisch programmiertes Verhalten vorläge. Der Entomologe M. H. Hansell, der eine andere Larvenart (*Lepidostoma hirtum*) untersuchte, die aus Blättern rechteckige Stücke heraustrennt und hieraus ein hausähnliches Gebilde fertigt, konnte nachweisen, dass diese Tiere bei ihren »Restaurierungs-arbeiten« durchaus flexibel, also offensichtlich nicht genetisch programmiert sind. Sie schneiden auch andere Blattformen als die üblichen rechteckigen Konfigurationen zurecht und passen sie mit ihrem Seidenkleber in die defekte Stelle ein, um so die für diese Larvenart typische gestaffelte Anordnung herzustellen. Wer bei dieser Larvenart vermutet, dass deren Reparaturarbeit ausschließlich auf nur wenigen starren Reflexen beruht und zumindest primitive zweckorientierte »Denkprozesse« völlig ausschließt, übersieht die Komplexität des Verhaltens der Winzlinge.

Kommen wir zu einer anderen wichtigen Spielart der Bewertung tierischen Denkens und Schlussfolgerns: der Feindablenkung (Feindverleiten). Wenn sich z. B. ein Vogel einem ihm erfahrungsgemäß feindlich gesonnenen Wesen einer anderen Spezies gegenübersieht, das für seine Eier oder Jungen eine ernsthafte Gefahr bedeutet, unternimmt er meist gewisse Anstrengungen, um den Raubfeind vom Nestbereich wegzulocken. Dabei bedienen sich die einzelnen Vogelarten häufig ausgesprochen »intelligent« anmutender Manöver. Mitunter geschieht dies, indem sie einfach vom Nest wegfliegen und durch laute, penetrante Schreie die Aufmerksamkeit der näher kommenden »Räuber« auf sich lenken. Verzweifelte Elterntiere stürzen sich notfalls auch kämpferisch auf die Eindringlinge, attackieren sie mit Schnabel, Flügel oder Krallen und entleeren Mageninhalt bzw. Kloake auf sie. Auf diese Weise versuchen sie, selbst größere Nesträuber in die Flucht zu schlagen. Zwar dürfte das Ablenkungs- und Abwehrverhalten der Vogeleltern eine instinktive Reaktion und somit genetisch programmiert sein. Die Vielzahl der möglichen Verleittaktiken und ihre zweckentsprechende Anwendung legt jedoch den Schluss nahe, dass dennoch einfache Denkvorgänge im Spiel sind, so etwa: »Ich muss den Angreifer ablenken oder vertreiben, da er sonst meine Brut tötet.« Die Grenzen zwischen genetisch festliegendem Instinktverhalten und bewusstem Denken scheinen mitunter fließend zu sein.

Wenn sich Vögel beim Feindablenken besonders auffällig verhalten – langsam flattern, Pfeif- oder Piepslaute ausstoßen, den Boden entlang kriechen und dabei den Schwanz auf der Erde schleifen lassen, ihre Flügel leicht abspreizen und eine Verletzung vortäuschen – verstärkt sich die Vermutung, dass sie diese Täuschungsmanöver ganz bewusst unternehmen. Interessant ist, dass das Ablenkungsverhalten je nach Art des Feindes unterschiedlich sein kann. Dieser Verschiedenheit liegt eine Bewertung, d. h. ein Denkvorgang zugrunde.

Der raffinierte Trick mit dem scheinbar »gebrochenen Flügel« wird vom Sandregenpfeifer – ein starengroßer Strand- und Dünenvogel, der seine Eier in einer flachen Sandmulde (als Nest) ablegt – geradezu meisterhaft beherrscht. Der Brütvorgang dauert beim Sandregenpfeifer etwa einen Monat. Flugfähig wird die geschlüpfte Brut nach drei Wochen. Somit sind die Jungtiere etwa zwei Monate zu ebener Erde fast schutzlos allen möglichen Feinden ausgesetzt. Ihre Eltern unternehmen in dieser Zeit alles, um die Aufmerksamkeit von sich nähernden Wesen zu erregen, diese vom gefährdeten Nest fern zu halten.

Die Vogeleltern mimen gegenüber Näherkommenden gekonnt die Verletzten. Scheinbar hilflos, mitleiderregend, taumeln sie mit gespreiztem, »gebrochenem« Flügel vor dem Eindringling her, stets darauf bedacht, zu diesem einen gewissen Abstand zu wahren, um im Falle eines plötzlichen Angriffs rasch entfliehen zu können. Sobald es dem »Simulanten« gelungen ist, den potenziellen Feind weit genug vom Nest wegzulocken, gibt er seine Verletztenpose auf, um sich in elegantem Flug zu entfernen.

Feldversuche mit Sandregenpfeifern haben eine erstaunliche Verhaltensbandbreite offen gelegt. Während des Verleitvorgangs wendet der Vogel öfter den Kopf, um sich zu vergewissern, ob der Eindringling ihm noch folgt. Bleibt der Betreffende allerdings zurück oder nähert er sich gar dem Nest, sieht sich der Vogel veranlasst, seine Ablenkungsstrategie zu »überdenken«. Manche Vögel fliegen dann zurück und bauen sich noch dichter vor dem vermeintlichen Feind auf und intensivieren ihre »Gebrochene Flügel«-Schau. Dabei registrieren sie pausenlos jede Bewegung und jeden Blick ihres Gegenüber – Maßnahmen, die über dessen weiteres Verhalten Aufschluss geben könnten.

Es würde sicher zu weit gehen, wollte man diese Ablenkungsmanöver in ihrer Gesamtheit als bewusste und durchdachte Handlungen bezeichnen. Denkverdächtig sind jedoch Anlass und Zeitpunkt des Einsatzes der unterschiedlichen Simulationsmanöver, die Entscheidung für Strategiewechsel, falls sich eine Taktik als unzureichend erweisen sollte. Flexibilität und Variationsbreite im Verhalten des Sandregenpfeifers lassen zumindest eine gewisse Einsicht in Gefahrensituationen erahnen, die sich noch am besten mit Denk- und Kombinationsansätzen beschreiben lässt.

Regenpfeifer, aber auch andere Vogelspezies wie Stelzvögel (Reiher, Rohrdommel, Ibisse usw.) und Säbelschnäbler, haben einen weiteren Trick auf Lager, um Störenfriede von ihren Brutstätten fern zu halten. Sie machen in einiger Entfernung vom eigentlichen Nest eine Vertiefung im Boden und hocken sich darüber, tun so, als ob sie Eier ausbrüten würden. Mit dieser Maßnahme wollen sie die Aufmerksamkeit potenzieller Feinde auf das Scheinnest lenken. Auch diese raffinierte Taktik lässt vermuten, dass die Vögel vom Zweck und Resultat ihrer Handlung eine Vorstellung haben.

Auf durchdachtes, beabsichtigtes Tun deutet auch der Gebrauch jeglicher Art von Köder hin. Verschiedentlich will man beobachtet haben, wie Schwarze Milane und Stelzvögel (z. B. Grünreiher) von Touristen zurückgelassene Brotreste benutzen, um diese über Gewässer fallen zu lassen und dadurch Fische an die Wasseroberfläche zu locken, die sie sich dann mühelos greifen können. Verschmähen die Fische den Köder, holen die Vögel die Brotstückchen gelegentlich auch wieder aus dem Wasser, um sie an anderer Stelle auszuwerfen. Sie scheinen durchaus auch rationell zu denken.

Der australische Ornithologe G.J. Roberts beobachtete einmal einen Schwarzen Milan, wie er Brotstückchen, die er auf

einem Campingplatz gefunden hatte, über einem nahe gelegenen Flüsschen abwarf, um dort vorkommende Krebse anzulocken. Diese Handlung ist umso erstaunlicher, als dass Schwarze Milane normalerweise nur Aas und keine Wassertiere
fressen. Vielleicht hatte er zuvor zufällig beobachtet, wie Cam-
per mit Brotresten Flusskrebse anlockten und diese nach ihrer
Zubereitung verzehrten.

Indem der Vogel sein Futterverhalten – die Umstellung auf
Krebse – kreativ veränderte, könnte man annehmen, dass er
nicht nur eine gute Beobachtungsgabe besaß, sondern über den
erfolgversprechenden Fang mit einem Köder auch »nachgedacht« (kombiniert) hatte.

Der Gebrauch primitiver Werkzeuge und »Waffen« dürfte
ebenfalls ein Indiz für einfache, zweckausgerichtete Denkprozesse sein. So präparieren z. B. Schimpansen Stöcke, um damit
nach Termiten zu stochern und diese aus ihrem Bau herauszu-
locken oder unerreichbar an der Käfigdecke aufgehängte Bana-
nen herunterzuschlagen.

Die Larven der zu den Netzflüglern gehörenden Ameisenlö-
wen legen im Sand Fangtrichter an, in die kleine Beutetiere hin-
einrutschen, die dann durch Bisse gelähmt und ausgesaugt werden. Fallen errichten auch die Larven verschiedener echter
Fliegen, die zudem ihre flüchtenden Opfer noch mit Sandkörnern bombardieren. Behavioristen sehen im Graben solcher
Trichter und Werfen von Sandkörnern natürlich keine bewusste Handlung. Dabei übersehen sie allerdings, dass Ameisenlö-
wen beim Werfen die Sandpartikel nicht wahllos nach allen Seiten, sondern stets nur in Richtung der flüchtenden Beute
schleudern. Diese Aktivitäten lassen eine Bandbreite von Möglichkeiten erkennen, die auf zielgerichtetes, bewusstes Handeln
und nicht auf roboterhaftes, instinktives Herumexperimentie-
ren schließen lassen.

Stewart W. James und Mitarbeiter beobachteten zahlreiche
auf Felsenklippen gelegene Rabennester aus nächster Nähe, um
das Verhalten der Jungvögel zu studieren. Beim Abstieg wurden sie von den Vogeleltern lautstark angeflogen und wieder-

holt mit Felsbröckchen bombardiert, die sie weiter oben losgepickt hatten. Es liegt auf der Hand, dass sie mit ihren Attacken die Eindringlinge von den Nestern fernhalten wollten. Solch seltene Fälle findigen Verhaltens lassen auf unabhängiges bewusstes Denken schließen.

Van-Lawick-Goodall berichtet über eine Geier-Spezies in Ostafrika, die Eier von Bodenbrütern mit dem Schnabel ergreifen und sie durch Wegwerfen zum Aufbrechen bringen, um dadurch an ihren Inhalt zu gelangen. Große Straußeneier knacken sie mit einem Stein als Werkzeug, mit dem sie so lange auf der Schale herumhämmern, bis sie aufplatzt. Wenn sie des Hämmerns überdrüssig sind, lassen sie mitunter auch Steine bis zum Aufbrechen der Schale auf das Ei fallen.

Auf den Galapagosinseln benutzen Darwinfinken Kaktusdorne bzw. kleine Zweige, um aus Ritzen Insekten herauszuschaben oder -stechen. Aufmerksame Verhaltensforscher haben herausgefunden, dass manche Tiere sogar Gegenstände bearbeiten, um daraus bessere Werkzeuge herzustellen. Viele der hier angedeuteten Werkzeuganwendungen mögen durch beobachtendes Lernen zustande gekommen sein, was schon erstaunlich genug wäre. Doch gibt es auch Fälle einmaliger Handlungen, die eigene bewusste Denkansätze vermuten lassen, wie z. B. Wolfgang Köhlers bereits 1917 stattgefundenes Kistenexperiment mit Schimpansen. Köhler befestigte an der Decke des Affenkäfigs eine Banane in einer Höhe, die seine Affen selbst durch noch so verwegene Luftsprünge nicht erreichen konnten. Nach mehreren vergeblichen Versuchen, die Banane aus eigener Kraft zu erreichen, entdeckten die Schimpansen eine in der Ecke des Käfigs »zufällig« deponierte Kiste, die sie – offenbar einer spontanen Eingebung folgend – zielsicher zu der Stelle schoben, über der die Banane aufgehängt war. Einer der Affen bestieg die Kiste und pflückte mühelos die Frucht.

Köhler bezeichnete diesen offenbar von einem autonomen Denkprozess begleiteten Vorgang bescheiden als »einsichtiges Handeln«, weil er den in Ethologenkreisen verpönten Begriff

»bewusstes Denken« vermeiden wollte. Man war damals der Meinung, dass Tiere Probleme ausschließlich durch umständliches Hin- und Herprobieren oder einfach durch Zufall und nicht durch vorheriges Überlegen zu lösen vermögen. Im Fall der Köhler'schen Schimpansen meinten die neunmalklugen Kritiker, dass die Tiere vielleicht zuvor schon andernorts den Gebrauch von Kisten erlernt oder ihn sich von anderen Affen abgeschaut hätten. Für das kluge Verhalten der Schimpansen hatten die unverbesserlichen Kritiker auch gleich eine neue nichtssagende »Formulierung« parat: »Anwendung im neuen (anderen) Kontext«. Die Schöpfer dieser »Luftblase« vergaßen allerdings, dass auch viele, wenn nicht gar die meisten Erfindungen auf vorangegangene Entdeckungen und Erfahrungen aufbauen. So wurde z. B. das von dem deutschen Physiker Philipp Reis (1834–1874) erfundene »Gerät zur Übertragung von Tönen durch elektromagnetische Wellen« (Telefonprinzip) von dem Amerikaner Alexander G. Bell (1847–1922) 1876 nur »nacherfunden«, zum richtigen Telefon weiterentwickelt und damit zur kommerziellen Reife gebracht. Und viele der von dem genialen amerikanischen Physiker Nicola Tesla (1856 bis 1943) angedachten bzw. nur in groben Umrissen entwickelten Erfindungen wurden später von anderen aufgegriffen, nachempfunden und als *Neuentwicklungen* gewinnbringend vermarktet.

Selbst in den exakten Naturwissenschaften und in der Kunst – z. B. in der Musik – geschieht vieles »im neuen Kontext«, baut das Neue sinnvoll (oder auch nicht) auf dem Vorherigen auf. Fundamental Neues, geniale geistige »Lichtblitze«, gibt es auch in unserer Welt recht selten. Es ist schon merkwürdig, dass man zur Bestätigung des Vorhandenseins selbstständigen bewussten Denkens von unseren tierischen Mitgeschöpfen geistige Leistungen fordert, die man von menschlichen »Nach«-Erfindern offenbar nicht verlangt. Das Kapitel über Indizien für bewusstes tierisches Denken wäre unvollständig, wollte man die Gattung der staatenbildenden Hautflügler, der Bienen, außer Acht lassen. Diese Spezies verdient es, aufgrund ihrer enormen Verbreitung und ihres komplexen, auffallend intelligenten Verhaltens genauer betrachtet zu werden.

2.3 Das »GPS-System« der Bienen – Tiere mit gedächtnisgespeicherten Landkarten

Während sich der berühmte deutsche Zoologe und Nobelpreisträger Professor Karl von Frisch vorzugsweise mit dem Zeitsinn der Bienen (und dem anderer Tiere), ihrer Chronometrie, befasste, erforschte der Princeton-Biologe James L. Gould in neuerer Zeit vor allem deren Orientierungsverhalten, auch unter schwierigen Umgebungsbedingungen. Gould glaubte anfänglich, dass sich Honigbienen auf ihren Such- und Sammelflügen – ähnlich wie manche Sport- und Segelflieger – an irgendwelchen markanten Punkten im Gelände (Geländemarken) orientieren. Dieses Orientieren und Fortbewegen von Punkt zu Punkt ist auch unter der Bezeichnung »Schnappschussmethode« bekannt.

Ein sorgfältig ausgetüftelter Feldversuch sollte ihn jedoch davon überzeugen, dass sich Bienen weniger von punktuellen Geländemarken leiten lassen, sondern dass sie von der gesamten Topographie ihrer Umgebung eine Vorstellung entwickeln. Der Biologe hatte seine Bienen dazu gebracht, täglich eine Futterstelle auf einer Waldlichtung anzufliegen, wo sie mit Zuckerwasser gefüttert wurden. Eines Morgens fing er mit einem Netz die Sammlerinnen ab, verfrachtete sie in einen geschlossenen Kasten und brachte sie an einen entfernten Ort, von dem aus die Bienen die Waldlichtung mit der Futterstelle nicht einsehen konnten. Als einzige Orientierungspunkte könnten einige auffällige Bäume gedient haben, die sie möglicherweise von früheren Erkundungsflügen her kannten. Zu Goulds Überraschung flogen die Sammlerinnen direkt, d.h. auf kürzestem Wege, zum Futterplatz am Waldrand. Dies bedeutet, dass Bienen nicht nur Fixpunkte im Gelände wiedererkennen, sondern diese auch korrekt zueinander in Beziehung zu setzen vermögen – mit anderen Worten: Sie erstellen ein Geländemodell. Sie können demnach mit ihren Minigehirnen sogar eine echte Vorstellung von dem Terrain entwickeln, über dem sie operieren. Indem sie mit den in ihrem Gedächtnis gespeicherten Landkarten die richtige, d. h. kürzeste Flugroute zusammenstellen – die jeweilige Situation »im Kopf« durchspielen –, vollbringen sie noch vor Antritt des Flugs eine mentale Leistung, die wir gemeinhin als »denken« bezeichnen. Es sind dies natürlich ganz einfache, zweckgebundene Denkprozesse, die den Belangen der anspruchslosen Winzlinge genügen. Und für mehr braucht das stecknadelkopfgroße, nur wenige Milligramm wiegende Gehirn der Bienen denn auch nicht zu reichen.

Um seine Theorie von den »denkenden« Bienen weiter zu erhärten, verlegt Gould die künstliche Futterquelle auf einen Kahn, den er mitten auf einem See ankern lässt. Schon nach kurzer Zeit entdecken die ersten von Gould markierten Sammlerinnen die neue, ungewöhnliche Futterstelle und informieren ihre Stockgeschwister per Schwänzeltanz (vgl. Kapitel 6 »Dialoge – Kommunikation zwischen Lebewesen«) über Richtung, Entfernung und Ergiebigkeit derselben. Die Meldung wird jedoch von den Daheimgebliebenen geflissentlich »überhört«. Offenbar erscheinen ihnen die mitgeteilten Koordinaten, verglichen mit ihren »inneren Landkarten«, äußerst suspekt. Ein »Futter-Paradies«, das nach ihren Geländekarten inmitten eines Sees liegen soll, hält das Bienenvolk schlichtweg für abwegig. Ergo verweigert es den Kundschafterinnen die Gefolgschaft. Erst als Gould den Futterkahn dicht am Ufer stationiert, werden die Bienen zutraulich, nehmen sie auch hier das angebotene Futter an.

Da seine Kritiker womöglich behaupten könnten, der Wassergeruch habe die geruchssensiblen Bienen vom Anfliegen des in Seemitte ankernden Kahns abgehalten, ersinnt der clevere Gould ein weiteres Experiment, mit dem er geruchssensorische Faktoren ausschließen kann. Er wählt als Fütterungsstandort eine Wiese aus, die in ihrer äußeren Form (Umrissen) einem See ähnelte und platziert den Futterkahn mitten auf die Grünfläche. Den Stock selbst stellt er nachts am Rand der Wiese auf. Am darauf folgenden Morgen verweigert das Bienenvolk den Sammlerinnen erneut die Gefolgschaft. Es ist, mit wenigen Ausnahmen (vielleicht einige »Frühaufsteher«, die schon einmal rausgeschnuppert hatten), nicht bereit, die Futterstelle auf dem Kahn aufzusuchen. Die Bienen wähnen sie noch immer mitten auf dem See ... dort, wo sie sich entsprechend ihrer Erkenntnis vom Vortag niemals hätte befinden können. Der Geruch von Wasser konnte es demzufolge nicht gewesen sein, der die Bienen vom Besuch des Kahns abhielt. In ihrer Erinnerung ist immer noch die negative Information gespeichert, die sich aus dem Vergleich zwischen ihrer inneren Landkarte und den von den Sammlerinnen übermittelten Kahnkoordinaten ergab. Bienen scheinen vor ihrem Abflug tatsächlich darüber nachzudenken, wohin sie ihr Flug führen wird, ob dieser mit dem topographischen Muster ihres integrierten GPS- Systems übereinstimmt.

Gould geht noch einen Schritt weiter und arbeitet sogar mit einer mobilen Futterstation. Diese versetzt er täglich um die gleiche Distanz. Jedes Mal teilen die Sammlerinnen ihren »Genossen« den neuen Standort mit. Doch schon nach wenigen Tagen können sie sich die Mühe sparen: Das Bienenvolk weiß offenbar im Voraus, wo die Station anderntags stehen wird und dreht bereits bei Ankunft des Futterwagens dort munter seine Runden.

Um den Bienen die Vorabermittlung des neuen Standorts weiter zu erschweren, baut Gould in den Versuchsablauf eine »mathematische Komponente« ein: Er erweitert jetzt die Distanz vom alten zum nächsten Standort nicht gleichmäßig, sondern verlängert die Strecke täglich um 25 Prozent. Sie beträgt demzufolge bei einer bisherigen täglichen Streckenverlängerung von beispielsweise 100 m nunmehr 125 m am 2. Tag, 156,25 m am 3. Tag, 195,31 m am 4. Tag usf. Doch, immer wenn Gould mit seiner mobilen Futterstation am errechneten neuen Standort eintrifft, sind die Bienen bereits »vor Ort«, drehen sie dort, wie selbstverständlich, ihre Warteschleifen. Selbst kritisch eingestellte, erfahrene Verhaltensforscher stehen vor einem Rätsel, können sich nicht erklären, was die Winzlinge befähigt, geometrische Progressionen derart exakt zu errechnen und genau über der Stelle zu kurven, an der Gould auftauchen musste. Jeder noch so raffiniert konstruierte flugfähige Mini-roboter wäre mit einem derart komplexen Programm hoffnungslos überfordert.

Interessanter noch als diese eher ermüdenden wissenschaftlichen Experimente zur Ermittlung der Lern- und Erinnerungsfähigkeit von Bienen, ist deren Gesamtverhalten im Staatsgebilde, in dem es durchaus »demokratisch« zugeht. Wenn die Kopfzahl eines Honigbienenvolkes so enorm angestiegen ist, dass der Stock nicht mehr ausreicht, treten neue Bienenköniginnen in Erscheinung, was durch die Arbeiterinnen bewerkstelligt wird, die einige der Larven mit andersartigem Futter versorgen. Dieses Verhalten der Arbeiterinnen löst beim Bienenvolk den Drang zum Schwärmen aus. Die alte Königin hört mit dem Eierlegen auf und verlässt den Bienenstock mit einem Großteil der Arbeiterinnen. Zusammen bilden die emigrierenden Bienen einen kompakten, klumpenförmigen Schwarm, der am Stock, einem nahe gelegenen Baum oder einer Pflanze hängt. In diesem Fall greift der Imker helfend ein, indem er direkt unter dem Schwarm einen leeren Korb aufstellt, in dem das heimatlose Volk einziehen und ein neues Staatsgebilde gründen kann. Ist hingegen der abziehende Schwarm ganz auf sich gestellt, starten erfahrene Spurbienen als Scouts – meist ältere Arbeiterinnen, die bislang Futter sammelten – in alle Himmelsrichtungen, um die bestmögliche Unterkunft zu suchen, ein Vorgang, der oft mit einem »Wahlkampf« verglichen wird. Sobald eine der Kundschafterinnen einen ihr günstig erscheinenden Standort gefunden hat, kehrt sie zum provisorischen »Biwak« zurück, um jenen in der Bienen eigenen »Tanzsprache« anzupreisen. Sie vollführt ihren Tanz auf den zu einer Traube zusammengepressten Leibern ihrer Genossen. Hierbei gibt der Rhythmus des Tanzes die Entfernung und der Winkel zwischen Schwänzeltanz und Schwerkraft die Richtung zum Ziel an. Damit ist der vorgeschlagene neue Standort geometrisch beschrieben. Nachdem mehrere Kundschafterinnen ihre »Wahlvorschläge« tänzelnderweise dem Volk unterbreitet haben, treten die Sammlerinnen in Aktion, um die vorgeschlagenen neuen Nistplätze zu inspizieren. Auch sie teilen ihre Beurteilung der besichtigten Unterkünfte dem Schwarm tanzend mit, ein Prozess, der einige Tage dauern kann und von weiteren Inspektionsflügen begleitet wird. Die Quartiermacherinnen achten bei ihrer Suche sorgfältig auf die Qualität des neuen Standorts. Er muss ausreichend Platz für Tausende von Bienen bieten, windgeschützt, gut wärmeisoliert, trocken und frei von Ameisen sein. Man hat beobachtet, dass sich Kundschafterinnen auch von ihren Mitbewerberinnen überzeugen lassen, wenn deren Vorschläge besser sind. An ihrem eigenen Vorschlag zweifelnde Spurbienen sollen angeblich weniger lebhaft als andere, von der Richtigkeit ihrer Empfehlung überzeugte Scouts tanzen und dadurch auch nur eine geringere Anzahl von Parteigängerinnen mobilisieren können. Am Schluss kristallisiert sich unter den Wählerblöcken eine Mehrheit für einen bestimmten Nistplatz heraus, der sich auch die bisherigen Opponenten anschließen. Die Bienentraube löst sich auf und das Volk fliegt mit seiner Königin in der Mitte dem neuen Standort entgegen, dem bestmöglichen in der näheren Umgebung.

Die gesamte Prozedur und auch das im Zentralnervensystem der Bienen vorhandene Suchbild stellen ein Szenarium dar, das die als Scouts fungierenden Arbeiterinnen nie zuvor kennen gelernt haben, da sie nur in der wärmeren Jahreszeit für ein paar Wochen leben. Erfahrungen mit vorangegangenen Verhaltensweisen konnten sie nicht sammeln, da seit dem letzten Schwärmen Monate oder gar Jahre vergangen sein können. Die Kundschafterinnen haben demnach stets ein neues Suchverhalten zu entwickeln. Die einzelnen Arbeitsgänge beim Aufspüren einer sämtlichen Anforderungen gerecht werdenden Behausung sind äußerst komplex. Ohne gewisse Denk- und Kombinationsprozesse, ohne Folgerungen und deren korrekte Umsetzung dürfte der Exodus ganzer Bienenvölker kaum realisierbar sein. Genetisch programmierte »Bio-Roboter« wären mit den verzwickten Abläufen im Bienenstaat total überfordert. Bienen sind nun einmal keine stupiden »Reflexautomaten«, wie uns rückständige Verhaltensforscher immer wieder glauben machen wollen.

Nicht nur Bienen, auch viele andere Tiere verfügen über das eingangs beschriebene Orientierungssystem, über eine nach Meinung von Biologen im Hippocampus – einem Teil der Großhirnrinde – angesiedelten »geistigen Landkarte«. Zwar lässt sich ein Gutteil von dem, was von tierischem Verhalten zunächst intelligent erscheint, nach dem Prinzip von »Versuch und Irrtum« erklären, doch ist man heute davon überzeugt, dass sich gewisse Aufgaben nur durch Nachdenken lösen lassen. Der Gebrauch »geistiger Landkarten« beim Orientieren im Gelände ist viel komplexer als bloßes Probieren, als die plumpe Vorgehensweise durch »Versuch und Irrtum«, dafür aber auch umso erfolgreicher, da zielstrebiger und weniger zeitaufwendig.

In Wüstengebieten, die von Elefantenherden durchquert werden, müssen die Tiere bei lang anhaltenden Dürreperioden und glühender Hitze täglich bis zu sechzig Kilometer zurücklegen, um zum nächsten rettenden Wasserloch zu kommen. Länger als vier Tage halten es die Tiere in der lebensfeindlichen Umgebung nicht ohne Wasser aus. Das Vergessen der Lage dieser Wasserstellen, die selbst aus nächster Nähe nicht zu erkennen sind, würde den sicheren Tod der Herde bedeuten. Auch Elefanten bedienen sich »geistiger Landkarten«, nach der sie den Marsch durch die Wüste genau planen.

Labyrinthexperimente haben ergeben, dass selbst Ratten ein integriertes geistiges Orientierungssystem besitzen, mit dem sie neue Routen ausfindig machen, und dieses zeugt von einer höheren geistigen Leistung als einfaches antrainiertes Verhalten. In einem Experimentallabyrinth, das zu einer Futterstelle führt, soll eine Ratte zeigen, ob sie anhand ihrer »geistigen

Landkarte« eine neue Laufstrecke planen kann. Die meisten Wege zum Futter sind versperrt, und es gibt nur eine einzige Möglichkeit, dorthin zu gelangen.

Zunächst hat es den Anschein, als ob die Ratte den Weg zur Futterstelle durch »Versuch und Irrtum« lernt. Doch sie scheint auch die Situation zu überprüfen, bevor sie den gelernten Weg einschlägt. Dann kommt der entscheidende Moment: Der Experimentator sperrt mit einem Schieber den bisherigen Weg. Neue Zugänge sind offen. Gespannt verfolgen die Wissenschaftler die Reaktion der Ratte – ob diese sich wohl ihrer »geistigen Landkarte« bedienen wird, um einen neuen Weg zur Futterstelle zu suchen. Tatsächlich gelingt das Experiment auf Anhieb, was bedeutet, dass Laborratten zu mehr als Lernen durch »Versuch und Irrtum« fähig sind. Einen ähnlichen Effekt konnten Verhaltensforscher an Kolibris im Gebiet der Rocky Mountains beobachten. Um zu überleben, muss der Kolibri täglich bis zu tausend Blüten anfliegen und deren Nektar schlecken.

Mitarbeiter der Universität Newcastle (USA), die das Orientierungsverhalten von Kolibris testen wollten, stellten kleine, blütenkelchähnliche Gefäße auf, die sie mit winzigen Portionen Nektar füllten. Wenn Kolibris bei ihrer Sammeltätigkeit unterbrochen wurden, flogen sie bei ihrer Rückkehr konsequent die zuvor noch nicht geleerten Gefäße an. In der Praxis wären Irrtümer summa summarum tödlich. Das bedeutet, dass auch Kolibris mit ihren reiskorngroßen Gehirnen über eine integrierte virtuelle Landkarte verfügen.

3 Arbeitsintelligenz – wenn die genetische Programmierung ausgetrickst wird

- *Nicht nur Tiere, sondern auch Menschen zeigen in Ausnahmesituationen instinktive Verhaltensweisen.*

- *Tiere können sich ihrer erlernten Reaktionen durchaus bewusst sein.*

- *Intelligentes Verhalten von Krähen und Kolkraben.*

- *Täuschung und List der Raubwanzen beim Ködern von Termiten.*

- *Intelligentes, logisches Verhalten des Zwergschimpansen »Kanzi«.*

- *Quasi-intelligentes Verhalten von Amöben bei der Fortpflanzung.*

- *Kommunikationsexperimente mit hochintelligenten Delphinen.*

- *Ameisenkolonien repräsentieren eine »Kollektive Intelligenz«.*

- *Multitalente garantieren für Ordnung im Ameisenstaat.*

- *Im winzigen Zentralnervensystem der Ameisen können nur die allerwichtigsten Verhaltensmuster gespeichert sein; Ausnahmesituationen erfordern einfache autonome Denkleistungen.*

- *Die Fähigkeit des abstrakten Denkens ist bei bestimmten Spezies – Affen, Papageien und Delphinen – besonders stark ausgeprägt.*

3.1 Instinktverhalten ist nicht alles

Das Verhalten von Mensch und Tier bedeutet deren aktive Auseinandersetzung mit Natur und Umwelt. Zu den wichtigsten tierischen Verhaltensformen zählen Orientierung in Raum und Zeit, Nahrungsbeschaffung, Körperpflege, Fortbewegung, soziale und Sexualkontakte, Angriff, Abwehr und Flucht, Aufsuchen des optimalen Lebensraumes, Errichtung von Wohn- und Brutstätten, Revierverteidigung, Brutpflege usw.

Einfachste Verhaltensweisen sind schon bei einzelligen Organismen und Pflanzen zu beobachten. Bei mehrzelligen Tieren sind sie ungleich komplizierter: Sie werden von Nervensystemen gesteuert und reguliert, denen Mechanismen zugrunde liegen, die mit Programmen von Informationsverarbeitungsprozessen in Computern verglichen werden können. Die Programme sind als Ergebnisse der Verschaltung von Neuronen (Impulsfolge von Nervenzellen) zu verstehen.

Reflexe verkörpern die einfachsten Verhaltensmuster mehrzelliger Tiere. In monotonem Ablauf löst jeweils ein ganz bestimmter Reiz eine durch das Erbgeschehen vorherbestimmte, verhältnismäßig unkomplizierte Effektorreaktion aus. Effektoren oder Erfolgsorgane sind Körperorgane, die auf aufgenommene und weitergeleitete Reize ausführend reagieren. Solche Reflexe erfüllen entweder interne Elementarfunktionen, wie z. B. die Muskel- und Gefäßwandreflexe bzw. die reflektorische Drüsensekretion im Magen-Darm-Trakt oder sie haben eine spezielle Schutzfunktion wie z. B. Gleichgewichtsreflexe, Husten- und Lidschutzreflexe.

Instinktive Verhaltensweisen sind, ähnlich den Reflexen, angeboren. Sie weisen jedoch eine höhere Komplexität auf, sind an besondere Antriebsmechanismen gebunden und können auch spontan ablaufen, d. h. ohne erkennbare äußere Anregung. So erfolgt z. B. das allgemeine Nestbauverhalten der Vögel, entsprechend der orthodoxen Lehrmeinung, rein instinktiv. Isoliert, von Eiern aufgezogene Vögel (sog. Kaspar-Hauser-Tiere), die keinerlei Gelegenheit hatten, von Artgenossen zu lernen, bauen die gleichen Nester wie ihre frei lebenden Geschwister. Dieses angeborene, genetisch festgelegte Wissen und Können informiert sie charakteristisch und biologisch kompatibel über Nistplatz, Nistmaterial, Verarbeitung desselben und Nestbau.

Eine Mehlschwalbe, die Erde und Lehm mit ihrem Speichel vermengt und dieses Verbundmaterial kunstgerecht an steilen, ja sogar überhängenden Hauswänden in Form einer Viertelkugel verklebt, wäre nie in der Lage, ein Amsel- oder Meisennest zu bauen, selbst wenn sie Gelegenheit hätte, den anderen Vogelspezies beim Nestbau zuzuschauen. Angeborene Verhaltensweisen sind artcharakteristisch wie körperliche Merkmale. Ausschlaggebend hierfür sind Programme, die, ähnlich wie bei den Reflexen, durch genetisch festgelegte Verschaltungen von Nerveneinheiten (Neuronen) zu neuronalen Wirkungsgefügen zustande kommen.

Bei den wirbellosen Tieren, die mit bis zu zwei Millionen Arten den Hauptanteil innerhalb des Tierreichs stellen, spielt das Instinktverhalten eine wichtige Rolle. Hierauf führt man letztlich auch die Fähigkeit der Bienen zurück, Waben zu bauen, die Brut zu füttern und pflegen, Pollen und Nektar zu sammeln sowie durch Schwänzeltänze mit ihren Artgenossen zu kommunizieren. Im vorangegangenen Kapitel wurde nachgewiesen, dass Bienen über die hier beschriebenen angeborenen Fähigkeiten hinaus auch ein Verhalten zeigen, das auf gewisse zweckspezifische Denkprozesse schließen lässt.

Bei den höher entwickelten Tieren, vor allem bei den Säugetieren, sind Verhaltensprogramme meist nur anteilig ererbt. Zusammen mit erlernten Verhaltenskomponenten und einfachen

Denkmustern werden sie zu hochkomplexen Verhaltensweisen gekoppelt.

Wie zuvor schon angedeutet, unternehmen orthodoxe Verhaltensforscher alles, um tierisches Verhalten ausschließlich auf ererbte Reflexe, genetisch festliegende Instinkte, allenfalls auf erlernte (Dressur) oder selbst erlernte Handlungsmuster zurückzuführen. Und noch bis vor wenigen Jahren glaubten behavioristisch geprägte Ethologen, alles tierische Tun mit dem von ihnen mehr abwertend gebrauchten Terminus »Instinkt« erklären zu können. Das Wort »Instinkt«, vom Lateinischen »instinctus naturae« abgeleitet, bedeutet so viel wie »Anreizung der Natur«. Hierunter versteht man »eine angeborene, keiner Übung bedürfende Verhaltensweise und Reaktionsbereitschaft der Triebsphäre, meist im Interesse der Selbst- und Arterhaltung« (Duden).

Verbunden mit der Instinktreaktion ist der fast automatisch erfolgende Ablauf einer einmal eingeleiteten Handlung. Besonders in Gefahrenmomenten handeln nicht nur Tiere, sondern auch Menschen vorwiegend instinktiv. Die Betreffenden überlegen nicht lange, was zu tun ist, stellen keine zeitraubenden Überlegungen an, sondern folgen ihrem Instinkt, einer spontanen Eingebung, die unter Umständen lebensrettend sein kann.

Beim Menschen ist in einem solchen Augenblick das Denkvermögen nie völlig ausgeschaltet, sondern wird lediglich für eine bestimmte Dauer von reflexartigen Instinktreaktionen überlagert, die abklingen, sobald die Sinne die Entschärfung einer Gefahrensituation melden. Umgekehrt dürften, zumindest bei hoch entwickelten Spezies, die hier aufgeführten genetisch programmierten Verhaltensabläufe zeitweilig von ausgesprochen intelligent anmutenden Handlungen, denen Denk- und Kombinationsprozesse zu unterstellen sind, überlagert werden.

Wer in Tieren ausschließlich instinktorientierte gedanken- und gefühllose »Automaten« sieht, vergisst, dass sich auch Menschen in Ausnahmesituationen notgedrungen zu reinen »Instinktwesen« wandeln können. Der amerikanische Autor Jim Phelan, der vierzehn Jahre im Gefängnis verbracht hatte, schildert seine Anpassung an das Anstaltsmilieu, die Schärfung aller Sinne für normalerweise unerhebliche Kleinigkeiten, recht anschaulich: »Der Neuankömmling hat sich nicht nur mit einer anderen ›Umgangssprache‹ und mit kleineren Gaunereien vertraut zu machen. Er muss auch neue Sinne und ein animalisches Feingespür für tausenderlei Dinge entwickeln, die unserer Zivilisation nicht geläufig sind. Schon lange vor Beendigung des zweiten Jahres meines Aufenthalts im Gefängnis konnte ich im Dunkeln und auf Distanz allein durch Atemgeräusche, Körperausdünstungen und das kaum wahrnehmbare Knacken der Gelenke einen Wärter von dem anderen unterscheiden. Ich war in der Lage, eine Zigarette in der Tasche eines Mitgefangenen aus zwei Meter Entfernung zu riechen, beim Gottesdienst in der Gefängniskirche ein hingehauchtes Murmeln zu verstehen, das selbst geschulte Wärter nicht vernehmen konnten. Aus der Art, wie ein Wärter sich räuspert, vermag ein Langzeithäftling zu sagen, ob jener ihn später für unerlaubtes Rauchen anzeigen würde. Ein jahrelang Einsitzender ist keine Person [im landläufigen Sinn], sondern ein wachsames, kampfbereites Raubtier.«

Über eine ähnliche »animalische« Schärfung seiner Sinne, die letztlich ein gesundes Misstrauen gegen alles und jeden zur Folge hatte, weiß der Autor aus seiner eigenen Kriegsdienstzeit bei der Flugabwehr im Raum Frankfurt zu berichten. Wochenlange schwere Luftangriffe, pausenlose Einsätze an unterschiedlichen Gerätschaften, die ständigen Flugblatt-Drohungen der Alliierten, mit denen unsere bevorstehende Vernichtung angekündigt wurde, schikanöse Vorgesetzte und permanente Rangeleien unter Kameraden, hatten ein Klima geschaffen, das die Überlebensinstinkte in uns weckte. Wir entwickelten in jener schlimmen Zeit Sinne, die uns heute, in Gesprächen mit Beteiligten während jährlicher Klassentreffen, schier unverständlich erscheinen. Und dennoch: Einigen von uns dürfte diese Hypersensibilität, diese Instinktreaktionen sogar das Leben gerettet haben.

Wer es sich leicht macht und Tiere reinen Instinktwesen gleichsetzt, übersieht geflissentlich, dass wir nicht nur in bestimmten Lebenssituationen ebenfalls von Instinkten geleitet werden. Genetisch vorprogrammiertes instinktives Verhalten gehört nun einmal zum menschlichen Alltag wie Essen, Trinken und Schlafen. Auch viele Alltagsreaktionen laufen automatisch ab, d. h. unabsichtlich, ohne zu denken und ohne einen Lernprozess absolviert zu haben, und wenn sie stattfinden, nehmen wir sie auch wahr. Zu diesen Reaktionen gehören unter anderem das Niesen, Augenzwinkern, Schrecklaute und der Kniesehnenreflex. Aufgrund unserer eigenen Erfahrungen nehmen wir an, dass auch Tierverhalten kein Lernen, kein bewusstes Denken erfordert. Zeigt ein Tier ein komplexes Verhalten wie z. B. beim Nestbau, Feindverleiten und Beutefang, ohne diese Fähigkeiten gelernt zu haben, werden orthodoxe Ethologen sie durchweg auf genetische Programmierung zurückführen, obwohl es schwer fallen dürfte, zu beurteilen, wo das durch natürliche Selektion Ererbte endet und Gelerntes bzw. durch Denkprozesse Erworbenes beginnt. Bislang herrschte in der Ethologie die Auffassung vor, dass Instinktverhalten nicht mit bewusstem Denken einhergehen kann. Jüngste Experimente zeigten allerdings, dass sich Tiere ihrer erlernten Reaktionen durchaus bewusst sein können, der nichterlernten jedoch nicht. Bewusstes Denken und subjektive Gefühle könnten demnach allemal beteiligt sein.

Eine generelle, für sämtliche Spezies geltende Klassifizierung in »rein instinktiv funktionierende« (dumme) und intelligente Tiere gibt es ebenso wenig wie beim Menschen. Erfahrene Haustierhalter wissen zu berichten, dass jedes Tier seine Eigenheiten hat, ein Individualist ist. Manche Hunde werden sofort gewahr, wenn ihr Besitzer nach Hause kommt, andere nicht, manche Haustiere scheinen die Gedanken ihrer Halter zu erraten, andere wiederum nicht. Viele Tiere warnen ihre Besitzer vor drohenden Gefahren, andere lassen den Dingen einfach ihren Lauf.

Es ist müßig, Tiere nach menschlichen Kriterien wie Instinkt- und Intelligenzwesen unterscheiden zu wollen. Tierische Denkvorgänge, Intelligenz und Bewusstsein müssen an artspezifischen, einfachen Bedürfnissen gewertet werden. Hinzu kommt, dass instinktiven Verhaltensmustern – die Programmierung – vielleicht sogar einmal Denkprozesse zugrunde lagen. Die Evolution hat einen langen Atem. Wer vermag schon zu beurteilen, was über Millionen von Jahren tatsächlich geschah? Auch menschliches Denken und Erkennen entstand nicht schlagartig und vollzieht sich auch heute nicht immer computerflink.

3.2 Das Intelligenz-Dilemma

Mein langjähriger Geistesfreund, der bekannte amerikanische Journalist und Buchautor John Keel, fragte einmal in einer der früheren Ausgaben des US-Magazins »FATE« hintergründig, mit welcher intelligenten Lebensform Außerirdische beim erstmaligen Besuch der Erde wohl Kontakt aufnehmen würden. Da wahre Intelligenz auf unserem Planeten doch Seltenheitswert besäße – und er meinte dies nicht einmal zynisch – wäre es nicht ausgeschlossen, dass sich außerirdische Ankömmlinge mehr auf Kontakte mit hochintelligenten tierischen Lebensformen statt mit unberechenbaren Menschen einstellten.

Er nennt dann in der Rangfolge intelligenter Kreaturen vor allem Delphine, Wale und Elefanten, mit Abstand gefolgt von Primaten (Herrentiere) und ... Menschen.

Wissenschaftler sind im Definieren des Begriffs »Intelligenz« schon etwas anspruchsvoller, und sie wollen im Rahmen groß angelegter Versuchsreihen beträchtliche Unterschiede im intelligenten Verhalten der einzelnen Spezies erkannt haben. Die wichtigste Funktion der Intelligenz müsste nach Auffassung der Verhaltensforscher die Verbesserung der Überlebenschancen gewesen sein, sonst hätten sich die einzelnen Arten wohl kaum weiterentwickeln können.

Während der Dauer des Existierens einer Tierspezies in einer unveränderten Umgebung erfährt das »eingebaute« Verhaltensmuster, das durch natürliche Selektion im Zeitraum von mehr als fünf Millionen Jahren optimiert wurde, im Leben eines jeden einzelnen Vertreters dieser Spezies keine wesentliche Veränderung.

Eine solche bedingt den zufälligen Ersatz eines Teils des integrierten Verhaltensmusters durch Anomalien, die örtlich erfolgreicher als das Fünf-Millionen-Jahres-Optimum sein müssen. Dies wiederum ist an drei wichtige Voraussetzungen gebunden:

– Ein gutes Erinnerungsvermögen an Ereignisse im Leben von Einzeltieren wie z. B. die zufällige Entdeckung einer neuen Futterquelle bei einem unbeabsichtigten Streifzug durch eine normalerweise gemiedene Umgebung bzw. knappes Entkommen auf ungewöhnliche, bislang nicht praktizierte Weise bei einer nie zuvor aufgetretenen Gefahr;

– die Fähigkeit, den Wert einer Wiederholung der Erfahrung zu erkennen;

– sich über das »eingebaute« Verhaltensmuster hinwegsetzen zu können (es zu überspielen).

Der Mensch überschritt eine lebenswichtige Schwelle, als er zum ersten Mal eine bearbeitete, spitze Steinwaffe mit sich führte. Eine Gruppe von mit solchen Steinwaffen ausgerüsteter Männer wurde für Raubtiere uninteressant, und das Überleben hing fortan von der Beherrschung des besten nahrungsspendenden Territoriums ab. Das machte die frühen Menschen nicht gerade toleranter, trug aber wesentlich zur Steigerung ihrer Intelligenz bei. Eine weitere Schwelle, deren Überwindung den Weg zur Intelligenz ebnete, war die Entwicklung der Sprache. Ihr Wert für die Übermittlung von Gedanken und Kenntnissen war geradezu überwältigend.

Intelligenz darf nicht allein am Erinnerungsvermögen gemessen werden. Die Fähigkeit einer Ratte, sich in einem Labyrinth schnell zurechtzufinden, ist zwar bestens geeignet, um ihr Erinnerungsvermögen zu testen. Es wäre aber besser, der Ratte eine Chance für »laterales Denken« – Denken, das alle Seiten eines Problem betrifft – einzuräumen, indem man sie die Wand in der Mitte eines jeden geraden Abschnitts auf der Seite, an der sie zur nächsten Gabelung abbiegen soll, markieren lässt. Wenn dann die Ratte bei gleicher Markierungstechnik in einem anderen Labyrinth eine höhere Lerngeschwindigkeit entwickelt, dürfte dies wohl kaum auf irgendein »eingebautes« Muster zurückzuführen sein. Ähnliche Problemstellungen lassen sich z. B. auch mit Schildkröten, Goldfischen und Schimpansen arrangieren. Zusammenfassend kann man sagen, dass sich bei den einzelnen Tiergattungen unterschiedliche Intelligenzgrade nachweisen lassen. Man sollte bei Intelligenztests auch mehr zwischen dem Erinnerungsvermögen und der Fähigkeit, zwischen Erfahrungen Wechselbeziehungen herzustellen, unterscheiden. Beachtung verdient ferner die Fähigkeit eines Tieres, aus normalen (üblichen) Verhaltensmustern auszubrechen. Man beobachtet dies in freier Natur vorzugsweise bei Vögeln, die ihre Findigkeit und Klugheit besonders bei der Futtersuche ständig neu unter Beweis stellen.

Krähen und Kolkraben gehören in unseren Breiten zu den klügsten Vögeln überhaupt. Kürzlich stellte der TV-Sender ARTE den zahmen Kolkraben »Loki« vor, der, nachdem man ihm gezeigt hatte, wie an einer Kordel befestigtes Futter aus einem Gewässer gezogen wird, dies sofort imitieren konnte. Dabei sicherte er mit einer Kralle geschickt das mit dem Schnabel herbeigezogene Stück Schnur, damit dieses nicht wieder ins Wasser zurückrutscht, und holte so, nach und nach, das begehrte Futter an Land.

In einem anderen TV-Film wird gezeigt, wie wild lebende Raben Ortsansässige beim Eislochangeln beobachten, um dann selbst aktiv zu werden. Die Angler schlagen zunächst ein Loch in die Eisdecke, hängen eine Angelschnur mit Köder ins Wasser und entfernen sich dann für eine Weile, um die Fische in Ruhe anbeißen zu lassen. Bei ihrer Rückkehr machten sie immer wieder die Beobachtung, dass Schnur und Beute verschwunden waren. Schon vermutete man einen Dieb in den eigenen Reihen, bis es sich herausstellte, dass Raben auf die zuvor geschilderte Weise Beute gemacht hatten.

Niemand hatte den Tieren das »Angeln« beigebracht. Sie hatten es sich von den Einheimischen ganz einfach abgeschaut. Geradezu genial ist die Vorgehensweise der Tiere beim Hochziehen der Beute, die Schnur mit der Kralle zu sichern. Verhaltensforscher sprechen hier von »einsichtigem Handeln«, was aufhorchen lässt, da unter dem Begriff »Einsicht« gewöhnlich das Lösen eines unbekannten Problems durch Nachdenken verstanden wird.

Natürlich wusste man im Fall der gefiederten Fischdiebe nichts über deren vorangegangenen Erfahrungen mit Anglern. Vielleicht hatten die schlauen Raben ihre Fähigkeit nur nach dem Prinzip von »Versuch und Irrtum« gelernt. Von einsichtigem Handeln kann jedoch nur dann gesprochen werden, wenn Tiere zum ersten Mal mit einem Problem konfrontiert werden und dieses auf Anhieb lösen. Und genau das hat unlängst der Zoologe Bernd Heinrich von der Universität Vermont (USA) mit einem wohl durchdachten Experiment nachgewiesen. Als Versuchstiere dienten ihm junge Raben aus eigener kontrollierter Aufzucht, die mit dem Problem der Futterbeschaffung nach Art der Eislochangler nie konfrontiert waren. Sein Test hat mit dem Eislochangeln große Ähnlichkeit: Am Ende von Schnüren hängt Futter, so dass die Raben gezwungen sind, zwischen Futter, Schnur und Ast eine gedankliche Verbindung herzustellen. Heinrich platziert zwischen den Schnüren mit Futter auch solche, an denen er Steine befestigt hat. Er will herausfinden, ob die Raben wahllos an den Schnüre ziehen und nur rein zufällig solche mit Futter erwischen. Dann aber müssten sie genau so oft einen Stein wie Futter hochziehen. Sie würden nach dem Zufallsprinzip vorgehen.

Erstaunlicherweise zogen die Raben stets die Schnüre mit dem Futter hoch. Von Zufall kann keine Rede sein. In der Folge erschwerte Heinrich die Versuchsanordnung: Er überkreuzte (!) zwei Schnüre. An einer Schnur befestigte er einen Stein, an der anderen einen Fleischbrocken. Der Rabe sollte das Problem durchschauen und entscheiden, an welcher Schnur nun das Fleisch hängt. Da auch dieses Experiment auf Anhieb gelang, lag der Schluss nahe, dass diese Tiere »einsichtig« zu handeln vermögen.

Kolkraben verfügen zudem über einen ausgeprägten Gemeinschaftssinn. Sie versammeln sich allabendlich an ihrer Schlafstelle, wo sie sich nach Meinung von Verhaltensforschern über günstige Futterplätze »austauschen«. Es wird berichtet, dass sie – vielleicht aus Hunger – gelegentlich einander beklauen und die von ihren Artgenossen angelegten Verstecke plündern. Die gemeinsame Schlafstelle wird auch aufgesucht, um zum Verjagen tyrannischer Revierverteidiger Verstärkung herbeizuholen.

Greifen wir nun nochmals die Idee des Gebrauchs von Ködern als quasi-intelligente Handlung auf, wie sie bereits in Kapitel 2.2 kurz angedeutet wurde. Hinter diesem Verhalten lässt sich, wie die folgenden Beispiele zeigen, ebenfalls ein zweckgebundener Denkvorgang vermuten. Mr W. Tombleson aus New South Wales (Australien) beobachtete eine Katze auf Schlangenjagd. Die Schlange hatte sich in dichtes Unterholz geflüchtet, wo sie sich vor dem Zugriff ihrer Verfolgerin sicher wähnte. Nachdem die Katze eine Zeit lang geduldig vor dem Versteck ausgeharrt hatte, ohne dass die Schlange zum Vorschein kam, schleppte sie eines ihrer Jungen als Köder herbei, platzierte es in unmittelbarer Nähe des Gestrüpps und legte sich auf die Lauer. Kurze Zeit später kroch die Schlange nichts ahnend aus ihrem Versteck, um sich dem hilflosen Jungtier zu nähern. Im gleichen Augenblick schoss die Katzenmutter aus ihrem Versteck hervor, um die Schlange mit einem Biss zu erledigen. Der unvoreingenommene Beobachter einer solchen Szene muss den Eindruck gewinnen, dass die Katze nach einem wohl überlegten Plan vorging und somit unabhängiges Denken demonstrierte.

Wie im Großen, so auch im Kleinen. Die in tropischen Regenwäldern beheimateten Raubwanzen haben für das Fangen von Termiten mittels Köder eine raffinierte Methode entwickelt. Zunächst statten sie sich mit einer perfekten Tarnung aus, indem sie auf ihre Körper kleine Stückchen eines Termitennestes kleben, die für Termiten vertraut riechen und beim Eindringen ihrer Träger in den Termitenbau keinen Alarm auslösen. Die für die Abwehr eingesetzten Termitensoldaten vermögen die geruchsmäßig getarnten Raubwanzen nicht als Feinde zu erkennen, so dass die kleinen Räuber ungestört in den Bau vordringen, einen der Arbeiter ergreifen, töten und draußen ungestört verzehren können. Dieser an sich schon raffiniert angelegte Trick mit der Tarnung wird von dem nachfolgenden Coup übertroffen, den man aufgrund der berechnenden Taktik als geradezu genial bezeichnen muss. Die Raubwanze benutzt nämlich das Skelett der aufgezehrten Termite rationell als Köder, um ihren Beutezug fortzusetzen. Sie bugsiert es in die Öffnung des Termitenbaus, fuchtelt mit ihm so lange herum, bis sich ein weiterer Arbeiter an ihm zu schaffen macht, entweder, um die Überreste verhaltensbedingt zu verschlingen oder fortzuschaffen. Genau diesen Moment nutzt die Raubwanze, um das Skelett des ersten Opfers zusammen mit dem dranhängenden Arbeiter nach draußen zu zerren, wo ihn das gleiche Schicksal wie sein Vorgänger ereilt. Wissenschaftler der Universität von North Carolina (USA) wollen beobachtet haben, dass Raubwanzen nach dieser Methode in einem Beutezug bis zu 30 Termiten geködert hatten.

Die komplexe Technik der Nahrungsbeschaffung als eine ausschließlich genetisch programmierte, roboterhafte Handlung darzustellen, erscheint geradezu abenteuerlich. Hinter dem Vorgehen der Raubwanzen offenbart sich nämlich ein System, das auf Täuschung und List beruht, ein fast »menschliches« Verhalten, das Überlegungen und zweckorientierte Arbeitsintelligenz erfordert.

Seit Jahren erobern die nachtaktiven robusten Biber ihre angestammten Lebensräume in Mitteleuropa zurück. Viele ihrer Verhaltensweisen – der Bau und die Reparatur von Burgen und Dämmen, das Fällen von Bäumen beachtlicher Größe, das Anlegen von Vorratslagern auch unter Wasser und das Aufstauen von Gewässern – mögen genetisch verankerte Aktivitäten oder durch Lernprozesse erworbene Fähigkeiten sein bzw. nach dem Prinzip von »Versuch und Irrtum« ablaufen. Doch viele beim Dammbau entfaltete Tätigkeiten treten unvermittelt bei Jungtieren auf, die nie zuvor einen Damm gesehen oder älteren Bibern bei einschlägigen Arbeiten zugeschaut hatten. Man darf annehmen, dass rein genetisch programmierte Biber wahllose Anhäufungen dammähnlicher Gebilde mitten in einem Fluss errichten würden, die nie ihre Funktion erfüllen könnten. Zum Bau funktionsfähiger Dämme und Burgen gehört offenbar mehr als das bloße Herbeischaffen von geeignetem Baumaterial. Es sind ja auch die vielen Unwägbarkeiten, die beim Errichten haltbarer Konstruktionen im oder unter Wasser auftreten können, Ereignisse, mit denen ein Biber nie zuvor konfrontiert wurde, die also weder genetisch, noch durch Lernen »gespeichert« und bei Bedarf abrufbar sind. In solchen Extremfällen dürften ererbte Fähigkeiten von intelligenten Überlegungen überlagert werden, müssten eigene Denkprozesse einsetzen.

Ausgesprochen intelligent verhält sich der im Sprachforschungszentrum von Atlanta getestete »sprachbegabte« Zwergschimpanse Kanzi. Dortige Experimentatoren hatten in seiner Anwesenheit eine der von ihm bevorzugten Leckereien in einem Kasten versteckt und diesen abgeschlossen. Den Schlüssel legten sie in einen zweiten Kasten, den sie mit einem reißfesten Band verschnürten.

Kanzi erinnerte sich an Feuersteine, die er bei einem Ausflug gesammelt und mitgenommen hatte. Er holte sie herbei, zerkleinerte sie auf hartem Zementfußboden und suchte aus den Trümmern den schärfsten Splitter heraus, mit dem er die Schnüre des Schlüsselkastens durchschnitt. Der geöffneten Box entnahm er den Schlüssel, mit dem er den Kasten mit den Leckereien öffnen konnte.

Man muss sich einmal die Logik des Ablaufs der Ereignisse vor Augen halten, um die intelligente Vorgehensweise von Kanzi zu würdigen:
- Da sieht ein »aufgeweckter« Affe, wie seine Lieblingsspeise in einem Kasten untergebracht wird;

- er sieht, wie der Kasten mit einem Schlüssel zugeschlossen wird, wie sein Inhalt für ihn zunächst unerreichbar ist;
- er beobachtet, wie der für ihn wichtige Schlüssel in einen anderen Kasten gelegt und dieser fest verschnürt wird;
- Kanzi folgert, dass er den Kasten mit den Leckereien nur mit Hilfe des Schlüssels öffnen kann, der im zweiten Kasten liegt und dass er diesen in seinen Besitz bringen muss;
- um den zweiten Kasten zu öffnen, muss er sich ein Werkzeug beschaffen ... Feuersteine, die er irgendwo einmal aufgelesen hat;
- er holt die Steine herbei und stellt fest, dass diese im Originalzustand unbrauchbar sind, dass er sie zunächst einmal bearbeiten (zertrümmern) muss;
- natürlich sucht er sich aus den Trümmern das schärfste Stück heraus, da nur mit einem solchen die Schnur aufzutrennen ist;
- Kanzi holt nach dem Zerschneiden der Schnur den Schlüssel heraus und öffnet mit diesem den Kasten mit den Leckereien.

Wer diese Kette logischer Gedankengänge nicht als intelligentes Verhalten wertet, argumentiert bewusst unwissenschaftlich, muss den Begriff »Intelligenz« neu definieren.

Selbst primitive Einzeller scheinen über eine gewisse Intelligenz zu verfügen. Professor DDr. L. G. Tirala beschrieb die Lebensweise von Amöben, die von vielen Biologen als Stammbaum allen Lebens betrachtet werde, als einen komplexen Vorgang: »Aus einem mikroskopisch kleinen, haardünnen Chitinbäumchen fällt eine junge einzellige Amöbe (Klasse der Wurzelfüßler) zu Boden, die herumkriecht, sich ernährt, häufig teilt und zahlreiche Nachkommen erzeugt, die sich wiederum alle der Ernährung hingeben.

Dann, wie auf einen Schlag, hören sie allesamt zu fressen auf. Sie werden zu länglichen Wanderzellen, die dann nicht mehr fressen können. Sie kriechen zusammen. Jede kennt – woher, wieso? – ihre besondere Bestimmung. Ein Teil übernimmt die Aufgabe, ein Stützgerüst zu bauen. Sie werden zu Stützzellen und bilden aus ihren Körpern eine Leiter. An diesem haarförmigen Gebilde klettern andere hinauf. Die letzten bilden dann einen kleinen Schirm, den Fruchtkörper, der die Samenkapseln trägt. Die allerletzten Wanderzellen bleiben darin liegen, bis der Wind sie verweht und der Vorgang andernorts von neuem anlaufen kann …

Wer ordnet die Einzelzellen, die ja nicht in einem Zellverband leben, so dass nun eine der anderen hilft, um das Fruchtbäumchen aufzubauen? Wer sagt ihnen: Baut hoch genug? Und wer auf der folgenden Stufe: Baut den Fruchtkörper? Und wer sagt den letzten: Samenkapseln bilden? Und wer den allerletzten, hineinzuschlüpfen, sich niederzulegen und zu schlafen?«

Solche Handlungen werden vorschnell mit dem Begriff »Instinkt« belegt. Aber woher kommt dieser »Instinkt«? Hierzu macht Tirala einen übergeordneten »Dirigenten« verantwortlich, dem die Amöben folgen müssten: »Der muss ja denken, beurteilen, verteilen und kann durch die von der Kybernetik erfundene ›dritte Entität der Information‹ nicht ersetzt werden. Wir stehen vor einem Rätsel.«

Tierische Intelligenz zeigt sich, je nach Zweck und Bedürfnis, in unterschiedlicher Form und Ausprägung, unabhängig von Gestalt und Größe eines Lebewesens. Bevor wir uns umstrittenen Abstrakta wie Bewusstsein oder gar Ich-Bewusstsein nicht-menschlicher Kreaturen zuwenden, wollen wir anhand von Fallbeispielen das Verhalten einiger als besonders intelligent geltender Spezies betrachten.

3.3 Denker der Meere

In ihrem Buch »Smarter Than Man?« (Schlauer als der Mensch?) definieren die schwedischen Autoren Karl-Eric Fichtelius und Sverre Sjolander Intelligenz als »die Fähigkeit unterscheiden, kombinieren, allgemeine Schlüsse ziehen, analysieren und zuordnen, Kontinuität wahrnehmen, den Begriff von Ursache und Wirkung verstehen, die Resultate beabsichtigter Maßnahmen sich vorstellen, abwägen und die Mittel zum Erreichen eines gewünschten Zieles finden zu können.«

Als Beispiel für eine solche Intelligenz führen die Autoren zwei Delphine an, die mit einem Aal spielen. Dieser entkommt ihnen, indem er sich in eine kleine Öffnung im Meeresboden flüchtet. Einer der Delphine schnappt sich einen Fisch mit einem giftigen Stachel, den er in das Versteck des Aales bugsiert. Fluchtartig verlässt dieser die schützende Unterkunft und das Fangspiel geht munter weiter.

Schon vor Jahren machten Meeresbiologen die Entdeckung, dass Delphine eine größere Gehirnrinde als wir besitzen, dass diese faltenreiche Hülle, die unser gesamtes Gehirn umschließt und uns mit einem qualifizierten Folgerungsvermögen ausstattet, beim Delphin viel komplexer als beim Menschen entwickelt ist.

Die amerikanische Marine führte vor einiger Zeit in ihrem Kommunikationsforschungsinstitut auf den Jungfraueninseln an den großen Meeressäugern Untersuchungen durch, unter anderem, um durch das Studium der eleganten, effizienten Schwimmtechniken der Delphine bessere Tauchboote bauen zu können. Die Untersuchungen unter der Leitung des bekannten Neurophysiologen Dr. John C. Lilly zeigten geradezu sensationelle Ergebnisse, mit denen niemand gerechnet hatte.

Dr. Lilly musste einen Computer heranziehen, um mit den Aktivitäten der Delphine Schritt halten zu können. Er fand heraus, dass ihr Gehirn, verglichen mit dem des Menschen, unglaublich schnell arbeitet. Colin Taylor, Kurator des Port Elizabeth Ozeanariums in Südafrika schätzt, dass Delphingehirne sechzehnmal schneller als die des Menschen arbeiten. Fraglich ist allerdings, ob sie auch ebenso viel Informationen speichern können.

Dr. Lilly pflanzte im Rahmen seiner Experimente in das Lustzentrum von Delphingehirnen Elektroden. Er fand heraus, daß die feinfühligen Delphine das Einschalten des Stromes schon in nur einem Durchgang lernen. Affen benötigen hingegen mehrere hundert Versuche, um diese Technik zu erlernen.

In seinem Buch »Man and Dolphin« (Mensch und Delphin) berichtet Dr. Lilly von einem jungen Delphin, der aus Sichtweite seiner Gruppe geraten war und von drei Haien gleichzeitig angegriffen wurde. Das Jungtier gab eine Anzahl »Notsignale« von sich, stieß kurze Zweifach-Pfeiflaute aus. Der erste stieg in der Tonhöhe scharf an, die zweite Hälfte des Tons fiel ebenso abrupt ab. Das Signal zeigte eine geradezu verblüffende Wirkung. Mehr als zwanzig Delphine, die gerade lebhaft miteinander »diskutierten«, stellten augenblicklich ihre Unterhaltung ein. Für einen Moment herrschte absolute Stille. Dann rasten die Tiere mit Höchstgeschwindigkeit – etwa 70 Stundenkilometer – zum Ort des Überfalls. Ohne ihre Geschwindigkeit zu drosseln rammten die männlichen Delphine die überraschten Haie, und schon bald sah man deren leblosen Körper zu Boden sinken.

Inzwischen eilten die weiblichen Delphine dem arg geschundenen Jungtier zu Hilfe, das die Wasseroberfläche aus eigener Kraft nicht erreichen konnte. Zwei der Tiere schoben links und rechts ihre jeweilige Schwimmflosse unter den Verletzten und brachten es auf diese Weise an die Oberfläche, so dass es, mit seinem Nasenloch über Wasser, wieder atmen konnte. Dieses Manöver wurde sorgfältig ausgeführt, wobei Pfeifsignale der Verständigung dienten. Von Zeit zu Zeit lösten die weiblichen Delphine einander ab. Es sind Fälle bekannt, in denen verletzte Tiere so Tag und Nacht zwei Wochen über Wasser gehalten wurden, bis sie wieder völlig hergestellt waren.

Vitus B. Dröscher zitiert den Psychiater G. Pirelli, der behauptet, dass »das Gehirn des Delphins einen Zentralisierungsgrad erreicht hat, der weit über dem des Menschen rangiert«. Wörtlich heißt es hier: »Innerhalb der Klasse der Mammalia (Säugetiere) wird der ultimate Rang des menschlichen Gehirns immer umstrittener.« Und der Physiker und Biologe Leo Szilard sinniert in »The Voice of the Dolphin and Other Stories« (Die Stimme des Delphins und andere Geschichten), dass, wenn der Mensch jemals mit Delphinen eine echte wechselseitige Unterhaltung führen sollte, jene »Intellektuellen der Meere alle Nobelpreise für Physik, Chemie und Medizin sowie, darüber hinaus, auch noch den Friedensnobelpreis verliehen bekämen.«

Dr. Lilly lieferte einen recht überzeugenden Beweis dafür, dass Delphine auch aktuelle Dialoge miteinander führen können. Er installierte zwischen zwei in einem Bassin schwimmenden Delphinen eine Trennwand und beobachtete die Reaktion der beiden auf diese Maßnahme. Zuerst veranstalteten die beiden ein schrilles Pfeifkonzert. Obwohl sie einander nicht sehen konnten, erkannten sie sich doch an ihren jeweiligen Pfeiflauten. Dann versuchten sie, hoch genug zu springen, um einander sehen zu können, was ihnen allerdings nicht gelang. Danach trat Stille ein. Nach einer Weile begann der Delphinmann sein Gegenüber zu ermuntern, sich mit ihm zu unterhalten. Er ergriff die Initiative und begann mit einem ausführlichen Monolog, bevor das Delphinweibchen schließlich antwortete. Immer, wenn einer der beiden sprach, schwieg der andere … ließ er diesen ausreden, eine Höflichkeitsgeste, die man bei vielen Menschen – vor allem bei unseren Politikern – häufig vermisst.

Man hat herausgefunden, dass Delphine für Laute bis zu 150 000 Hz empfänglich sind. Sie selbst vermögen Laute bis zu 120 000 Hz auszustoßen. Im Prinzip unterscheidet man zwischen zwei Primärlauten: Pfeifgeräusche und eine Serie sich rasch wiederholender Klicks mit Frequenzen bis zu 120 000 Hz, ähnlich wie beim Echolotorten.

Laborversuche haben gezeigt, dass das Sonarsystem der Delphine besser als das der Fledermäuse funktioniert. Man deckte die Augen der Delphine mit Gummitassen ab, so dass sie absolut nichts sehen konnten. Trotz dieser Sichtbehinderung schwammen die Delphine mit konstanter Geschwindigkeit in ihrem Bassin herum, ohne die Wände zu berühren. Sie konnten in diesem Zustand zielsicher Fische aufschnappen, die ihnen ihre Trainer zuwarfen. Maurice Burton erwähnt in seinem Buch »The Sixth Sense of Animals« (Der 6. Sinn der Tiere) einen Delphin, der trotz der Augenabdeckung mit seinem Sonarsystem zwischen einem Fisch und einer wassergefüllten Kapsel gleicher Größe zu unterscheiden vermochte.

Man nimmt an, dass die Evolution der Sprache mit der Entwicklung des Großhirns einherging. In dem zuvor erwähnten Werk »Smarter Then Man?« stellen Fichtelius und Sjolander fest: »Vieles deutet darauf hin, dass es eine absolute kritische Gehirngröße gibt, unter der sich keine Sprache entwickeln kann und oberhalb der Sprache nicht nur möglich, sondern sogar wahrscheinlich ist.« Weiter führen die Autoren aus: »Die moderne Informationstheorie besagt, dass die Anzahl der miteinander verbundenen aktiven Elemente die funktionale Kapazität bestimmt. Das normale sprechende und schreibende menschliche Gehirn enthält etwa 13 Milliarden untereinander verbundene Neuronen und 65 Milliarden Glia (auch ›Neuroglia‹; das in den Zwischenräumen liegende Zellgewebe des Nervensystems). Und was die Anzahl der Elemente anbelangt, ist das Delphingehirn dem des Menschen überlegen.«

Fichtelus/Sjolander sind der Auffassung, die Entwicklung einer Sprache setze voraus, dass es doch überhaupt etwas zu kommunizieren gäbe, und daran dürfte es bei den Meeressäugern sicher nicht mangeln. Zudem habe die neuroanatomische Forschung gezeigt, dass Delphine visuell und akustisch ebenso viel Informationen aufzunehmen vermögen, wie der Mensch. Sie wären, wie wir, soziale Wesen und sollten zumindest so viel zu kommunizieren haben wie der prähistorische Mensch, der mit Sicherheit eine Sprache besaß.

Dr. Lilly ermittelte experimentell, dass Delphine viereinhalb mal höhere Frequenzen als wir anwenden und dass sie pro Zeiteinheit viereinhalbmal mehr Informationen als der Mensch bewältigen. Da Delphine zwei separate lautproduzierende Organe besitzen – je eines in jeder Hälfte des Nasenlochs, die sie gleichzeitig betätigen können – glaubt Dr. Lilly, dass die Tiere, pro Zeiteinheit neunmal so viel Informationen wie der Mensch zu übermitteln vermögen.

Dr. Kenneth S. Norris vom Makapuu Oceanographic Institute auf Hawaii ließ seine Pazifikdelphine über Telefon mit

Delphinen der Atlantikspezies im Marinelabor in Miami einen Dialog führen. Bei diesem Experiment benutzte man Unterwassermikrofone und ebensolche Lautsprecher. Die Versuche verliefen erfolgreich, und jeder Delphin ließ, wie üblich, sein telefonisches Gegenüber erst »aussprechen«, bevor er antwortete, anders als wir es von TV-Talkshows gewohnt sind.

Durch das gelungene Telefonexperiment ermutigt, führten die beiden Marineingenieure T. G. Lang und H. A. P. Smith von der U.S. Naval Ordnance Test Station in Pasadena, Kalifornien, weitere Tests mit zwei Delphinen durch, um deren »Sprachfertigkeit« ausführlicher zu testen. Ein Delphinpärchen – Doris und Dash (das Männchen) – wurde in zwei schalldichte Tanks verfrachtet, die mit Unterwassertelefonen ausgestattet waren. Die Experimentatoren konnten die Telefonverbindung, je nach Erfordernis, jederzeit kappen. Doris und Dash merkten sofort, wenn die Telefonverbindung stand und wenn sie unterbrochen war. Bei ihrem wechselseitigen Lautaustausch äußerten sich beide Delphine nur sehr knapp. Keiner der beiden »sprach« jedes Mal länger als fünf Sekunden. Wenn keine Antwort kam, verfiel der andere in Schweigen. In gewissen Intervallen stießen die Tiere jedoch ein paar Laute aus, vielleicht, um zu überprüfen, ob der andere noch empfangsbereit war.

Die Wissenschaftler Dres. John Dreher, William E. Evans und J.H. Prescott von der Lockheed Aircraft Corporation hörten mit sensitiven elektronischen Abhörgeräten die »Unterhaltung« von fünf Flaschennasen-Delphinen ab. Sie hatten in Abwesenheit einer Delphinkolonie entlang der Mündung der Scammonlagune, etwa dreihundert Meilen südlich von San Diego, wo die Tiere beheimatet waren, 15 Bojen platziert. Als die Delphine von ihrer Expedition im Ozean zurückkehrten, bemerkten sie gleich die fremden Objekte. Sie hielten inne, wandten sich von der vermeintlichen Gefahrenquelle ab und drängten sich in sicherer Entfernung zusammen. Nachdem sie etwa eine Minute hin und her palavert hatten, näherte sich einer der Delphine, der offenbar als Scout fungierte, den Bojen, indem er diese vorsichtig umschwamm. Anschließend kehrte er zu seiner Gruppe zurück, die mit schrillen Pfeiflauten die Lage »diskutierte«. Alsdann begab sich ein weiterer Delphin auf Inspektionstour. Nach dessen Rückkehr erfolgte eine zweite lebhafte Pfeifunterhaltung. Erst als alle offenbar von der Ungefährlichkeit der Objekte überzeugt waren, glitten die Tiere lautlos und behutsam an den Bojen vorbei Richtung Lagune.

Die Intelligenz der Delphine, ihr Wunsch, mit Menschen sogar in deren Sprache zu kommunizieren, drückt sich nicht zuletzt im Nachahmen der menschlichen Stimme aus. Eines Tages imitierte ein Delphin die von Dr. Lillys Laborgeräten ausgehenden Geräusche. Lilly hatte ein Geräuschband mit 25 Prozent der Normalgeschwindigkeit abgespielt. Als er in Englisch laut »drei – zwei – acht« zählte, wiederholte der Delphin diese Zahlen augenblicklich in hoher Tonlage, klar und deutlich vernehmbar. Dr. Lilly hat anhand weiterer Versuche herausgefunden, dass Delphine im Labor auch andere Geräusche – einschließlich Gelächter – nachmachen können. Ihre Wiedergabe erfolgt jedoch achtmal so schnell wie wir zu sprechen gewohnt sind.

In der Zeitschrift »National Geographic« berichtet Robert Conly, er habe einmal einen Delphin deutlich (in Englisch) sprechen gehört. Zu Beginn einer Übungsstunde habe dieser zu seinem Trainer fröhlich (sic) gesagt, »All right, let's go« (Schön, denn mal los). Besagter Delphin vermochte zudem von eins bis zehn zu zählen.

Was die Sprachanstrengungen der Delphine anbelangt, wird Dr. Lilly mit den Worten zitiert: »Man kann mit einsatzfreudigen Delphinen nicht monatelang Tag für Tag eine halbe Stunde einen schnellen Stimmenaustausch praktizieren, ohne allmählich zur Überzeugung zu gelangen, dass diese Tiere unbedingt kommunizieren möchten. Sie versuchen es nicht nur, sondern verrichten auch einen besseren Job als ihre menschlichen Kommunikatoren. Delphine ahmen nicht nur nach, sondern benutzen sogar verschiedene Charakteristika der menschlichen Rede derart überzeugend, dass es manchmal unheimlich ist, ihnen zuzuhören.«

Der Wissenschaftler führte mit dem Delphin »Elver« auch Silbensprechexperimente durch, wobei entsprechende Laute in einer gewissen Reihenfolge geäußert wurden. In 82 bis 92 Prozent aller Fälle vermochte »Elver« die Silben korrekt und in der richtigen Reihenfolge einer Zehnerserie »auszusprechen«. Anzumerken wäre noch, dass dies selbst für viele Menschen sehr schwierig zu duplizieren ist. Vielleicht haben wir die Intelligenz der Tiere bislang unterschätzt, weil wir glaubten, dass auf unserem Planeten nur menschliche Leistungen zählen, dass die technologische Entwicklung und die Gründung einer komplexen Zivilisation die einzigen Indikatoren für Entwicklung und Fortschritt sind. Wir geben uns der falschen Vorstellung hin, dass nur wir Menschen Intelligenz besitzen. Da wir uns einbilden, dass so genannte »niedere Kreaturen« uns nichts zu lehren vermögen, versäumen wir es permanent, ihnen zuzuhören. Wegen unserer geistigen »Kurzsichtigkeit« und Unzulänglichkeit leben wir zwar in dieser Welt, aber ein Gutteil von ihr zieht unbemerkt an uns vorüber.

In dem zuvor erwähnten Buch »Man and Dolphin« fragt Dr. Lilly, was wohl geschehen würde, wenn es zu einer echten zweiseitigen Konversation zwischen Delphin und Mensch käme. Sollte dies jemals geschehen, so Lilly, würden Delphine zu einem ethischen, sozialen und rechtlichen Problem. Dann hätten sie die Schwelle des Menschseins erreicht, und wir befänden uns in echten Schwierigkeiten. In der Bevölkerung würden sich starke Gruppierungen formieren, die den Schutz des Lebens der Delphine und anderer intelligenter Säuger sowie ein striktes Verbot für jegliche Experimente mit diesen geistig hoch entwickelten Tieren fordern. Sie werden darauf bestehen, dass wir ihnen Rechtsschutz und medizinische Betreuung zuteil werden lassen.

All dies erscheint gar nicht einmal so weit hergeholt zu sein, mussten sich doch schon vor einigen Jahren zwei Amerikaner, Steve Sipman und Kenny Levasseur, wegen der Befreiung zweier Delphine aus einem Betonaquarium auf Hawaii vor Gericht verantworten. Der Tatbestand war ungewöhnlich. Dr.

Louis Herman, Professor an der Universität von Hawaii, arbeitete im ozeanischen Freiluftlabor des Kewala-Basin-Marine-Research-Institute mit zwei weiblichen Flaschennasen-Delphinen – »Puka« und »Kea«. Steve und Kenny hatten die Aufgabe, die dortigen Aquarien sauber zu halten, ein Job, der gerade einmal zwei Stunden in Anspruch nahm. Für diese Dienstleistung gewährte ihnen das Institut freies Wohnen auf dem dortigen Gelände. Schon bald hatten sich Steve und Kenny mit den beiden Delphinen angefreundet. Sie schwammen zusammen und versuchten, sich mit ihnen zu verständigen. Unter Anleitung von Dr. Herman lernten die Delphine Wörter in Englisch auszusprechen. Sie wussten zwischen »ja« und »nein« sowie zwischen »groß« und »klein« zu unterscheiden, kannten Begriffe wie Ball, Ring und Fisch. Sie kapierten erstaunlich schnell und behielten Erlerntes ebenso gut wie Menschen, außer wenn es sich um Aufgaben handelte, bei denen es auf Sehschärfe ankam.

Steve und Kenny fragten sich schon bald, ob es zu verantworten sei, derart intelligente Geschöpfe ständig in einem sterilen Betonaquarium gefangen zu halten. Als sie sahen, wie Dr. Herman die Delphine zur Erfüllung der ihnen aufgetragenen Aufgaben, um die sie ja nicht gebeten hatten, zwang, regte sich in ihnen kalte Wut. Wer gab dem Wissenschaftler das Recht, die Tiere zu Sklaven der Forschung zu machen, ihre natürlichen Lebensrechte zu beschneiden? Kurzerhand entschlossen sie sich, die Delphine aus der Enge ihres Aquariums zu befreien. Eines Nachts schleppten sie die Tiere in wassergetränkten Tragbahren zu ihrem Transporter, fuhren sie zum nahen Ozean und ließen sie dort frei.

Am darauf folgenden Morgen schwammen im Aquarium zwei kleine Gummidelphine. Auf den Schilder an ihren Hälsen hieß es spöttelnd »Freiheit ist süßer als Gelehrsamkeit« und »Es darf keine Sklaven geben«. Dr. Herman tobte. Schließlich hatten die National Science Foundation und andere Organisationen 350 000 $ in das Delphinprojekt investiert.

Die beiden Befreier wurden des Diebstahls bezichtigt und

angeklagt. Ihr Verteidiger, John F. Schweigert, Spezialist für Fragen des Umweltrechts, argumentierte: »Ich werde beweisen, dass kein Mensch das moralische Recht besitzt, die ihnen in Bezug auf Intelligenz gleichwertigen Delphine einzusperren. Menschen, die das trotzdem tun, verletzen ein Grundrecht der Kreatur. Man hatte Delphine ihrer Freiheit beraubt und meine Klienten haben ihnen diese zurückzugeben. Das ist kein Diebstahl, sondern ein Akt der Moral.«

Bedauerlicherweise wurde dem Autor nicht berichtet, wie der aufsehenerregende Prozess seinerzeit endete. Doch die Chancen standen gut für die beiden jungen Männer, die guten Glaubens gehandelt hatten. Sie hatten die Sympathie einer breiten Öffentlichkeit hinter sich, und Juristen meinten, dass es sich bei dem Befreiungsakt zwar um ein Delikt, nicht aber um Diebstahl gehandelt habe, zumal Steve und Kenny aus ihrem Vorgehen keinerlei Vorteile gezogen hätten.

3.4 Minizivilisationen –
Diener der kollektiven Intelligenz

> *»Gehe hin zur Ameise, Du Fauler,*
> *siehe ihre Weise und lerne;*
> *ob sie wohl keinen Fürsten,*
> *noch Hauptmann noch Herrn hat,*
> *bereitet sie doch ihr Brot im Sommer*
> *und sammelt ihre Speise in der Ernte.«*
>
> *Salomo, König von Israel und Juda*
> *(etwa 965–926)*

Wir konnten es selber schon beobachten: Die einzelne Ameise, aus ihrer gewohnten Umgebung herausgenommen und isoliert gehalten, verhält sich, wie es den Anschein hat, ausgesprochen dumm. Sie verkörpert zwar den idealen Untertan, ist anspruchslos, fleißig, diszipliniert und hilfsbereit, verhält sich aber als Einzelwesen völlig orientierungslos. Erst in der Gemeinschaft, bei der Teamarbeit, wächst sie zu Höchstleistungen auf, entfaltet sie ihr organisatorisches Können, das uns immer wieder Bewunderung abnötigt. Der »Dummheit« des Einzelwesens steht die Klugheit des Kollektivs entgegen – eine Situation, die auf den ersten Blick irgendwie paradox erscheint.

Der bekannte amerikanische Ameisenforscher W. M. Wheeler hat aus genauen Beobachtungen der Ameisenstaaten schon Anfang des vergangenen Jahrhunderts den einzig richtigen Schluss gezogen: »Die singuläre Ameise erfüllt nur die Funktion einer Zelle, das eigentliche ›Tier‹, das aus diesen lebenden Zellen besteht, ist der Ameisenstaat in seiner Gesamtheit. Das Ganze ist auch hier mehr als die Summe seiner Teile.« Noch deutlicher wird Lewis Thomas, ein prominenter Krebsforscher unserer Tage: »Erst wenn man die Masse von Ameisen in Augenschein nimmt, die um den Ameisenhaufen herumwimmeln, beginnt man das eigentliche ›Tier‹ zu sehen. Man kann beobachten, wie es denkt, plant und kalkuliert.« Und die Masse der emsigen Minigeschöpfe wird durch eine komplexe »Sprache« – die ameisenspezifische Duftsprache – zusammengehalten. Sie erst ermöglicht die bewundernswerten Leistungen dieser Winzlinge, und wir werden in einem gesonderten Kapitel über Tierkommunikation noch näher darauf eingehen.

Der Ameisenstaat entspricht einer »Weiber-Monarchie«, in der eine Art Dreiklassenrecht herrscht: Die Königin rangiert in der Hierarchie ganz oben. Sie ist Abkömmling einer ganzen Dynastie – hat Tausende von Eiern gelegt, ihr eigenes Volk und Königreich geschaffen. Ihr folgen in der Rangordnung die Männchen, die als ausgemachte Schmarotzer gelten und nur wenige Wochen nach Erfüllung ihrer Aufgaben als Soldaten bzw. Begatter sterben oder regelrecht umgebracht werden. Ganz unten sind die Arbeiterinnen, die Proleten des Ameisenstaates angesiedelt. Im Nest oder Dom entfalten sie Tätigkeiten wie bauen, zimmern, putzen, kundschaften, transportieren, jagen, Leichen entfernen, betreuen der Larven und Königin usw. Zwar herrscht im Ameisenstaat weitgehend Arbeitsteilung, doch sind Ameisen alles andere als ausgesprochene Spezialisten. Die jungen Ameisen schließen sich im Laufe der Zeit meist unterschiedlichen Arbeitskolonnen an und lernen durch Nachahmen die verschiedensten Tätigkeiten, sind also im fortgeschrittenen »Alter« vielseitig qualifiziert. Alle drei Klassen sind voneinander abhängig, niemand kommt ohne den anderen aus und niemand versucht die Abhängigkeit der anderen von ihm auszunutzen. Ameisen lieben neben ihrer Brut in den unterirdischen Kammern, für die ganze Kolonnen ständig tätig sind, ihre unförmige Königin.

Man nimmt an, dass früher einmal alle Ameisen jagende Nomaden waren, wie die heute noch in Afrika und Südamerika beheimateten kriegerischen Treiber-, Wander- oder Heeresameisen. Diese kennen weder Nester, noch Dome, nur Feldlager, von denen aus sie ihre Raubzüge unternehmen. Bei ihren Feldzügen schleppen sie ihre Eier und Puppen immer mit. Wenn die Sonne unerträglich heiß brennt, bilden sie rechts und links der Vormarschstraße ein dichtes Spalier. Indem sie ihre Körper gegen Straßenmitte konzentrieren, entsteht ein schattiger Tunnel, durch den die Brut, vor schädlicher Sonneneinwirkung geschützt, transportiert werden kann. Sinken die Temperaturen, sorgt die kollektive Intelligenz dafür, dass sich Abertausende von Ameisen wärmend über die Brut legen. Sie hat die Nomaden unter den Ameisen auch gelehrt, unüberbrückbar erscheinende Hindernisse wie z. B. Flüsse zu überqueren. Die Ameisen rollen sich zu Riesenkugeln zusammen, in deren Mitte sie ihre Brut mit sich führen und lassen sich, ungeachtet der drohenden Gefahren, von der Strömung ans andere Ufer treiben.

Die meisten Ameisenarten haben im Laufe der Zeit das Nomadendasein aufgegeben und sind sesshaft geworden. Viele von ihnen sind dennoch Jäger geblieben und leben nach wie vor von Raubzügen. Andere wiederum haben eine höhere Entwicklungsstufe erreicht, sind friedlich geworden, betreiben so etwas wie Landwirtschaft und legen Vorräte an.

Die Erntearbeiterinnen unter ihnen schütteln reife Körner aus den Ähren, die Trägerinnen bringen das Korn ins Nest, wo es von den Innendienstlerinnen übernommen und »gedroschen«, d. h. Korn für Korn von der Hülse befreit wird. Andere Transporteure schaffen dann das so gewonnene Erntegut in tiefer gelegene Räume, in denen sie es für Notzeiten einlagern.

Ein Teil der eingebrachten Ernte wird in einem anderen Arbeitsgang in Futter umgewandelt. Hierbei kauen je zwei Ameisen ein Korn so lange, bis sie es in eine Art »süßes Brot« umgewandelt haben. Ihr Speichel macht aus der Getreidestärke Zucker und dieser süße Teig wird entweder sofort verfüttert oder in Kammern direkt unter der Erdoberfläche in der Hitze »gebacken«. Dieses so genannte »Ameisenbrot« ist bei den Krabbeltieren sehr beliebt. Ameisen nehmen es immer dann zu sich, wenn sie zu wenig Insekten gefangen haben.

Die in unseren Breiten heimischen Roten Waldameisen betreiben sogar so etwas wie »Viehzucht«. Ihre »Kühe« sind die von Gartenbesitzern gefürchteten Blattläuse, die sie häufig selbst auf die Blätter der Sträucher und Bäume bugsieren. Immer wenn wir in unseren Gärten einer Läusekolonie begegnen, sind ein paar Hirtenameisen nicht weit. Blattläuse saugen mit ihren langen Rüsseln süßen Saft aus Blättern und Trieben, den sie aber nur zum Teil selbst verbrauchen. Den Rest scheiden sie als konzentrierten Zuckersaft wieder aus. Wenn nun die »Melkerinnen« unter den Ameisen die Läuse mit den Fühlern streicheln, scheiden diese Tröpfchen des überschüssigen Saftes aus, der sogleich im Ameisenmagen zu deren Bau transportiert wird.

»Landwirtschaftlich« orientierte Ameisen wissen, was sie an ihren Blattlausherden haben und errichten sogar »Schutzzäune« um diese oder bauen für sie Käfige, um andere Insekten von den Zuckerspendern fern zu halten. Hirtenameisen führen ihr Blattlausvieh häufig auf neue Blattweiden und schützen es vor Feinden, die in ihre Domäne eindringen wollen. Bei heraufziehenden Katastrophen bringen sie die Läuse und deren Nachwuchs genauso in Sicherheit wie die eigene Brut, ein Verhalten, das so etwas wie Nachdenken über die Folgen durch unerwartete Ereigniseintritte nahe legt.

Zwischen den kannibalischen Jagdameisen und den »vegetarisch« lebenden, sesshaften Agrarameisen besteht ein gewaltiger Verhaltensunterschied. Setzt man eine Jagdameise in eine Blattlauskolonie, wird auch diese den süßen Saft der Laus genüsslich verzehren … dann aber, des guten Geschmacks wegen, den Spender gleich mitverspeisen. Die höchste Stufe der Ameisenzivilisation dürften die in den Urwäldern Südamerikas beheimateten Atta- oder Blattschneiderameisen erreicht haben. Sie verstehen nämlich die Kunst der Pflanzenzucht und legen sogar Pilzgärten an.

Die Gattung der Attaameisen lebt in riesigen unterirdischen, an ihren Eingängen von Soldaten gesicherten Bauten – so genannte Dome –, die sich über eine Fläche von mehreren hundert Quadratmeter erstrecken und viele Meter tief sein können. Solche Dome bestehen aus zahllosen Kammern, die durch Tunnel und Kreuzungen miteinander verbunden sind – ein regelrechter Irrgarten, dessen Grundriss keiner seiner Bewohner kennt. Die unterirdischen Megastädte der Atta haben keine Baumeister. Sie sind das Werk einer kollektiven Intelligenz.

Jede Kolonie hat eine Königin und Tausende unfruchtbarer Arbeiterinnen. Die jungfräulichen Königinnen und die Männchen treten erst dann richtig in Erscheinung, wenn die Kolonie eine bestimmte Größe erreicht hat. Die unfruchtbaren und flugunfähigen Arbeiterinnen haben die Aufgabe, Eier, Puppen, Larven und natürlich die Königin zu pflegen, Nahrung zu sammeln bzw. bei Überfällen die Kolonie zu verteidigen.

Täglich schwärmen ganze Kolonnen von Attaarbeiterinnen aus, um mit ihren rasiermesserscharfen Mundwerkzeugen von kleinen Pflanzen bis hin zu großen Bäumen, die sie innerhalb von Stunden total entlauben können, Blattstücke oder Blütenteile etwa von der Größe ihrer eigenen Körper, abzuschneiden. Die etwa fünf Millimeter großen Stückchen befördern sie dann auf bestimmten Pfaden in besondere unterirdische Pilzkammern ihres Domes.

»Innendienstler« kauen die Blätter, bis sich ein mit Speichel durchtränkter Brei bildet, den sie zusammen mit einem kleinen Teil ihrer Exkremente (evtl. als Dünger) an den Rand eines von

Pilzen durchwachsenen Beets kleben. Sie schütteln die Pilze tüchtig durch, um sie zu belüften, und lockern sie auf, um ihr Wachstum zu fördern. In der feuchtwarmen Atmosphäre der großen Treibhauskammern dauert es meist nur wenige Stunden, bis den Brei weiße Pilzfäden durchziehen. Die »Gärtnerinnen« unter den Attas, die ihre Pilzgärten rund um die Uhr betreuen, beißen schließlich die Spitzen der für sie nutzlosen Pilzfäden ab, wo sich dann weiße Knollen bilden, die so genannten Ameisen-»Kohlrabis«, die bei den vegetarisch orientierten Blattschneiderameisen als Delikatesse gelten. Durch den Stoffwechsel in den Pilzzellen wird die unverdauliche Zellulose der Blätter in Zucker verwandelt, den die Ameisen gut verdauen können.

Nur die geflügelten Ameisen – zukünftige Königinnen und Männchen –, die sich unter einem der Hauptdome aufhalten, sind in der Lage, neue Staaten zu gründen. Sie allein haben ein Anrecht auf besondere Pflege durch die Arbeiterinnen. Die Puppen der Ameisen, in denen die späteren Arbeiterinnen, Soldaten oder Königinnen enthalten sind, müssen vor Lichteinfall geschützt und bei gleich bleibender Temperatur gehalten werden. Sie gleichen in diesem Zustand der Erstarrung einer Mumie, die durch ihren auffälligen Geruch überall lauernde Räuber anlockt und wegen ihrer Proteinhaltigkeit als bevorzugter Leckerbissen gilt. Wenn sie im Freien liegen, bedeutet dies für den Fortbestand des Attavolkes eine große Gefahr.

Ab und zu verlassen fortpflanzungsfähige geflügelte Weibchen und Männchen schwarmweise die Megastadt. Die Weibchen nehmen dann ein in einer speziellen Tasche im Mund mitgeführtes Pilzstückchen mit, das sie nach der Paarung im Flug in ihren frisch gegrabenen Bau würgen. Hieraus entsteht ein neuer Pilzgarten, der das Überleben der künftigen Kolonie sichert.

Unwillkürlich fragt man sich, was in den vielseitig engagierten Blattschneiderameisen vor sich gehen mag, wenn sie ihren Tätigkeiten nachgehen. Bei der Vielzahl der offenbar aufeinander abgestimmten sinnvollen Arbeiten sucht man den »Befehlshaber«, der über allem steht und Anweisungen erteilt. Man sucht ihn vergeblich und bezeichnet das für uns unbegreifliche koordinierende Element im Ameisenstaat als kollektive Intelligenz. Genau genommen, scheint dieser Ausdruck aber auch nur wieder eine Verlegenheitsfloskel zu sein, die davon ablenken soll, dass jedem Einzeltier doch eine gewisse Arbeitsintelligenz innewohnt. Könnte es sein, dass Attaameisen nicht doch über die einzelnen Schritte ihrer auf Veredlung angelegten Landwirtschaft, über das Zusammenwirken ihrer Tätigkeiten nachdenken? Ihre Aktivitäten sind so vielseitig und die von außen auf ihre Dome einwirkenden Einflüsse so zufallsabhängig verschieden, dass es geradezu vermessen erscheint, für alle zu bewältigenden Eventualitäten eine genetische Programmierung geltend zu machen.

Leider ist es nahezu unmöglich, eine Attaarbeiterin isoliert aufzuziehen, um herauszufinden, ob sie in ihrem Verhalten in irgendeiner Weise ihre Schwestern kopiert. Dies scheint aber schon deshalb nicht der Fall zu sein, weil bei einer Kolonieneugründung die zuerst entwickelten Arbeiterinnen keine Vorbilder haben, von denen sie durch Beobachten etwas lernen könnten. Nachgerade widersinnig erscheint die Annahme mancher Verhaltensökologen, dass das Winziggehirn einer Ameise mit einem Zentralnervensystem von wenigen Bruchteilen eines Millimeters genetisch gespeicherte Informationsprogramme enthalten soll, die deren zahllosen Bewegungen und Tätigkeiten kontrollieren.

Neuerdings vermuten fortschrittlich denkende Wissenschaftler, dass die DNS der Ameise lediglich einige wichtige Verhaltensparameter programmiert hat, wie z.B. »grüne Blätter suchen«, »Blätter stückeln«, »Teile sicher lagern«, »Pilzspitzen abknabbern« usw. Wäre es nicht vorstellbar, dass alle zwischen diesen genetisch gespeicherten Verhaltensmustern liegenden Tätigkeiten wie z.B. die Abwehr plötzlich auftauchender Feinde oder das richtige Verhalten bei unvermittelt hereinbrechenden Katastrophen in all ihren Spielarten doch von eigenständigen Denkleistungen begleitet wird? Es wären eben ganz einfache, nur auf Lebenserhaltung ausgerichtete Denkvorgänge. Immerhin, sie würden von einem Hauch Intelligenz zeugen.

Afrikanische Weberameisen bauen ihre Nester meist in luftiger Höhe, auf Bäumen, deren Blätter sie entsprechend präparieren. Ihre Arbeiterinnen müssen in mühevoller Kleinarbeit die Blätter so lange biegen, bis ihre Ränder einander berühren und die gebogenen Blattwände eine Höhle bilden. Sind die Ränder zweier Blätter ganz dicht beisammen, kann die Ameise das eine Blatt mit den Mundwerkzeugen, das andere mit den Hinterbeinen ergreifen und durch Biegen ihres Körpers beide zusammenziehen. Meist sind jedoch die Abstände zwischen zwei Blättern zu groß, als dass eine einzige Ameise sie überbrücken könnte. Die Arbeiterinnen lösen das Überbrückungsproblem in nachgerade idealer Weise, indem sie »lebende Ketten« bilden. Eine der Ameisen ergreift mit ihren Mundwerkzeugen den Blattrand, eine zweite umfasst den Hinterleib der ersten, eine weitere den Hinterleib ihrer Vorgängerin usw., bis die letzte mit ihren Hinterbeinen den Rand des anderen Blattes ergreifen kann. Jetzt ziehen die Ameisen im Kettenverbund beide Blätter so lange zusammen, bis diese eine stabile geschlossene Hülle bilden.

Klebrige »Seide«, die von den Larven abgesondert wird, dient dem Fixieren der einander berührenden Blattränder. Dabei gehen die Arbeiterinnen recht überlegt vor. Sie holen die Larven im absonderungsfähigen Alter aus dem Nest und halten sie wie Kleber in der Tube nacheinander an beide Blattränder. In den durch das Zusammenkleben der Blätter entstehenden Hohlraum legt dann die Königin ihre Eier.

Eine expandierende Kolonie macht im Laufe der Zeit den Bau weiterer Nester erforderlich, die sich zunächst auf ein und denselben Baum beschränken, bei Zunahme der Population aber auch auf benachbarte Bäume übergreifen können. Die Königin bleibt meist im alten Blattnest, während die Arbeiterinnen ihre Eier zu anderen Nestern tragen und auch die Fütterung der heranwachsenden Jungtiere übernehmen. Es wäre interessant zu wissen, ob sich in den Minigehirnen der Arbeiterinnen etwas Gedankenähnliches abspielt, wenn sie im Verbund ihre diffizile Konstruktionsarbeit verrichten – ihre Kräfte konzentriert einsetzen und den richtigen Kleber wählen.

Niemand hält es offenbar für möglich, dass Gehirne in der Größenordnung einer Stecknadelspitze auch nur zu primitiven Denkleistungen fähig sind. Nanotechniker, die an Minirobotern in Ameisengröße arbeiten, dürften noch am ehesten eine Vorstellung davon haben, zu welchen Leistungen die Natur fähig ist, die diese Superwinzlinge von der Gattung Weberameise mit einem noch viel kleineren steuernden Zentralnervensystem – ein organischer »Computer« – ausgestattet hat. Voller Bewunderung stehen wir vor diesen winzigen und dazu noch selbst reproduzierenden (replizierenden) Biorobotern, die in Ausnahmesituationen ihren genetischen »Autopiloten« offenbar auszuschalten und situationsabhängig autonom zu handeln vermögen.

Tierische Intelligenz – so genannte Arbeitsintelligenz – macht sich, im Großen wie im Kleinen, vielseitig bemerkbar. Leider übersehen wir sie nur allzu bereitwillig, weil unsere Arroganz es einfach nicht zulässt, dass Tiere auch so etwas wie Intelligenz, Ich-Bewusstsein und ein ausgeprägtes Gefühlsleben besitzen. Es ist dies die typische Denkweise all derer, die immer noch selbstgefällig auf den ausgetretenen Pfaden des vorigen Jahrhunderts wandeln.

3.5 »Um-die-Ecke-Denken« – Indiz für Intelligenz

Abstraktes Denken, das »Um-die-Ecke-Denken«, gilt nach unseren Vorstellungen als Zeichen für Intelligenz. Zahlen sind etwas Abstraktes, und der Umgang mit ihnen – das Zählen und Addieren – erfordert die Fähigkeit des abstrakten Denkens.

In den letzten Jahren wurden in verschiedenen Instituten an Affen, Papageien und Delphinen Kalkulationsexperimente vorgenommen, deren erfolgreiche Durchführung darauf schließen lässt, dass zumindest einige der getesteten Tiere überlegt/intelligent mit Zahlen umzugehen wissen. »Wie viele Candies (Süßigkeiten) haben wir hier?« Die Affendame Sheeba drückt auf der vor ihr aufgehängten Zahlentafel (0 bis 9) die Zahl Null, weil die Platte, auf der sie die eiförmigen Bonbons serviert bekommt, leer ist. Die Trainerin lobt Sheeba überschwänglich und setzt das Experiment gleich fort, indem sie zuerst eine und dann zwei Süßigkeiten auf die Platte legt. Scheinbar mühelos deutet Sheeba auf die richtigen Zahlen und darf sie sich zur Belohnung gleich einverleiben. Etwas schwieriger wird es, als Sheeba sechs Bonbons vorgelegt bekommt. Sie zögert einen Moment und schaut ihre Trainerin fragend an. Dann scheint sie mit einem Mal den Überblick zu gewinnen und deutet ganz richtig auf die Zahl sechs.

Bei einem anderen, komplizierteren Versuch bekommt Sheeba zwei Körbe mit ganz verschiedenen Früchten gezeigt. Sie soll die Früchte in jedem der beiden Körbe zählen, addieren und die Endsumme nennen. Sie wird gefragt: »Wie viele sind es zusammen?« Auch jetzt schaut Sheeba ihre Trainerin fragend an, worauf diese bedauernd antwortet: »I don't know the answer« (Ich kenne die Antwort nicht). Als Sheeba dann doch die richtige Summe nennt, ist die Freude groß, da es sich zum wiederholten Mal gezeigt hat, dass sie auch unter erschwerten Bedingungen abstrakt denken kann.

Aber nicht nur Sheeba kann zählen. An der Universität von Evanston (Illinois) ist der afrikanische Graupapagei Alex zu Hause, von dem seine Betreuerin Irene Pepperberg sagt, dass er ihm gezeigte Dinge nicht nur geistig erfassen und benennen, sondern auf Fragen auch gezielt antworten kann … und dies nicht etwa in Zeichensprache, sondern in klarem, gut verständlichen Englisch. Pepperberg behauptet, dass Alex die englische Sprache, anders als gewöhnliche Papageien, nicht einfach nachahmt, irgendein gehörtes Wort nach Papageienart zusammenhangslos nachplappert. Alex hat, so Pepperberg, gezeigt, dass er selbst abstrakte Konzepte auf Primatenniveau zu verstehen vermag. Das Erstaunlichste aber ist die Feststellung, dass das kluge Tier mit einer verhältnismäßig minimalen Gehirngröße nicht einmal eine Großhirnrinde (Kortex) besitzt, die ganz allgemein als Sitz höherer geistiger Leistungen gilt.

Anfänglich machte Pepperberg Alex mit 80 gebräuchlichen Objekten vertraut. Dann entdeckte sie, dass er Gegenstände nach Farbe, Form und Material unterscheiden und in einem Sortiment Mengen bis zu sechs Objekten identifizieren kann.

Bei Vorlage eines roten und eines grünen Bleistifts wird Alex von Pepperberg gefragt »What's different?« (Was ist verschieden?). Nach Wiederholung der Frage antwortet Alex prompt »Colour« (Farbe). Er kann aber, wie in anderen Experimenten nachgewiesen, nicht nur einzelne Farben (in Englisch) benennen, sondern mehr noch den Farbbegriff als solchen erfassen, was ebenfalls von abstraktem Denken zeugt.

Seine Vertrautheit mit der Vorstellung von »gleich« bzw. »unterschiedlich« ermöglichen es Pepperberg zu zeigen, dass Alex auf der Basis abstrakter Kategorien zwischen völlig fremden Gegenständen unterscheiden kann. Bei typischen »Transfer«-Tests mit nichtvertrauten (fremden) Gegenständen präsentiert man Alex gleichzeitig zwei Objekte, wie z. B. ein Blatt weißes Papier mit fünf Ecken und eine rosafarbene Wollquaste. Seine Trainerin fragt ihn in Englisch »Was ist das Gleiche?« bzw. »Was ist unterschiedlich?« Der Test sieht vor, dass Alex den Unterschied, sofern es einen gibt, in Farbe, Form oder Material ausdrückt. Sein Repertoire erstreckt sich inzwischen auch auf den Begriff »kein«, und er ist jetzt in der Lage, das Fehlen einer Ähnlichkeit sowie einen Unterschied zwischen zwei Gegenständen anzugeben.

Pepperberg behauptet, dass Alex' Fähigkeiten denen anderer Vögel weit überlegen sind. Eine Taube kann lernen nach farbigen Schlüsseln zu picken, um anzudeuten, dass zwei folgerichtig vorgelegte Farben entweder gleich oder verschieden sind. Sie kann aber diese Fähigkeit sehr selten auf fremde Gegenstände übertragen – eine Aufgabe, die selbst von Säugetieren als schwierig empfunden wird. Daher ist die Reaktion der Taube wahrscheinlich mehr das Ergebnis von Assoziationen zwischen spezifischen Objekten als das Verständnis für eine Farbe als Kategorie.

Alex' Wortschatz umfasst unter anderem die Zahlen von eins bis sechs, die Farben Rot, Grün, Blau, Gelb, Orange, Grau und Purpur, und er kann an geometrischen Figuren zwischen Quadraten, Dreiecken, Fünf- und Sechsecken unterscheiden. Komischerweise nennt er letztere entsprechend der Anzahl ihrer Ecken. Sechseck heißt bei Alex wörtlich »six corner« (sechs Ecken). Indem Alex auch noch zwischen den gebräuchlichsten Materialien – Metall, Holz, Wolle, Kork usw. – zu unterscheiden vermag, ergeben sich in Verbindung mit Farben und Formen zahllose Kombinationsmöglichkeiten, die einfache Unterhaltungen zwischen ihm und der Trainerin Pepperberg zulassen. Die früheren Varieté- und Zirkusnummern mit »sprechenden« Papageien waren hingegen reine Dressurstückchen. Die nach der Belohnungsmethode dressierten Tiere verstanden überhaupt nicht, was sie sagten und konnten daher auch nicht abstrakt denken.

Die von Irene Pepperberg angewandte Lehrmethode verzichtet auf die übliche Belohnung wie Süßigkeiten oder Nüsse. Ihr Alex wird nach gelungenen Experimenten dadurch belohnt, dass er den fraglichen Gegenstand selbst berühren oder beknabbern darf, was ihm offenbar große Freude bereitet und auch Pepperbergs sensationelle Erfolge erklärt. Sie bezeichnet ihre Methode, die Alex' Interesse an den Dingen mehr spielerisch vermittelt, als »Lernen durch Beobachten«. Beim Unterrichten bekommt Alex seine Fehler und gleichzeitig deren Korrektur vorgeführt – eine dezente Vorgehensweise, die bei dem intelligenten Tier erst gar kein Frust aufkommen lässt.

Niemand weiß bislang vorherzusagen, ob Alex jemals die Fähigkeiten eines sprachtrainierten Schimpansen wie z. B. David Premacks Sarah erreichen wird, die analog folgern kann und eine Beziehung zwischen Beziehungen herzustellen versteht. Wenn z. B. Sarah einen Schlüssel zusammen mit einem Schloss vorgegeben bekommt, erkennt sie das Wort »Dosenöffner« (can opener) als korrespondierende Entsprechung zu »Dose« (can).

Pepperberg vergleicht Alex' emotionales Verhalten mit dem eines $2^1/_2$- bis 3-jährigen Kindes. Sie bezeichnet ihn als sehr anspruchsvoll und interaktiv, als ein Tier, mit dem man sich, wie mit einem Kleinkind, mehrere Stunden am Tag beschäftigen muss.

Caroline Pond, Biologin an der »offenen« Universität in Milton Keynes (USA), die 16 Jahre ihres Lebens mit einem afrikanischen Graupapageiweibchen verbracht hat, behauptet, dass ihr Exemplar bemerkenswerte Fähigkeiten besitzt: »Man kann ihr förmlich ansehen, wie sie nachdenkt, wenn sie nach dem richtigen Wort sucht. Zu anderen Zeiten, vor allem während einer Krise, plappert sie nur vor sich hin.« James Serpell von der veterinärmedizinischen Fakultät der Universität Cambridge (Massachusetts) rät im Zusammenhang hiermit davon ab, Papageien als »pets« (Haustiere) zu halten, sofern nicht sichergestellt ist, dass ihre Besitzer ihnen zumindest ebenso viel Zeit wie einem Kleinkind widmen. Ohne ausreichende Zuwendung, so Serpell, könne es bei Papageien, ähnlich wie bei Menschen, zu Depressionen kommen, die sich in Langeweile und Frust äußerten, was vielfach dazu führt, dass sich die Tiere ihre Federn ausreißen. Auch wären in solchen Fällen beunruhigende stereotype Verhaltensmuster zu erkennen.

Immer wieder stellen sich Verhaltensforscher die Frage, ob Tiere tatsächlich in Worten denken können. Lou Herman und Mitarbeiter auf Hawaii bedienen sich bei der Kommunikation mit Delphinen einer Zeichensprache. Geschwärzte Brillen, die ihre Trainer tragen, verhindern, dass die Delphine über Blickkontakte irgendwelche Hinweise auf die gestellte Aufgabe erhalten. Viele der auf Hawaii trainierten Delphine kennen etwa 60 Handzeichen, die sich zu Tausenden von Sätzen kombinieren lassen. Die Reihenfolge der Zeichen in einem Satz legt den gesamten Ablauf einer bestimmten Aktion fest. Es handelt sich hierbei um eine »Sprache« mit Satzgefüge. Um ein Kommando zu verstehen, muss der Delphin den Satz als Ganzes einschließlich seiner Wortfolge begreifen.

Eines der interessantesten Themen, mit denen sich Lou Herman befasst, ist die Fähigkeit des Delphins, so genannte semantisch reversible Sätze zu verstehen. Solche Sätze beinhalten genau die gleichen Worte, aber jeweils mit geänderter Wortfolge. Herman: »Man muss sich fragen, ob der Delphin versteht, wie die Reihenfolge der Worte die Bedeutung des Satzes beeinflusst. Zum Beispiel haben wir hier einen Satz, bestehend aus fünf Worten: ›rechts Wasser, links Korb, holen‹. Das heißt, der Delphin soll den Korb auf seiner linken Seite zum Wasserstrahl auf der rechten Seite bringen. Demgegenüber steht der Satz ›links Wasser, rechts Korb, holen‹. Es sind die gleichen fünf Worte. Wir haben lediglich die Position von links und rechts geändert. Jetzt muss der Delphin den Korb von rechts zum Wasserstrahl nach links bringen. Das erledigt er völlig korrekt und sogar gleich beim ersten Mal. Der Delphin versteht also, dass die Wortfolge die Bedeutung beeinflusst. Die Fähigkeit, zu verstehen, stellt eine Brücke zwischen dem Sprachverständnis von Tieren und dem hoch entwickelten Sprachverstehen von uns Menschen dar.«

Diese kleine Auswahl an Beispielen soll verdeutlichen, dass es zumindest bei einigen Spezies tatsächlich so etwas wie abstraktes Denken gibt, vor allem bei Tieren, mit denen sich ihre Halter ständig intensiv und intelligent beschäftigen. Dass sich ihre oft erstaunlichen Leistungen auf ihr artspezifisches Umfeld beziehen, ist nur logisch. Auch wir Menschen neigen dazu, uns zu spezialisieren, um in der täglich über uns hereinbrechenden Informationsflut nicht zu ertrinken.

Wenden wir uns in der Folge einem der interessantesten Kapitel tierischen Verhaltens zu, das auch uns Menschen nicht fremd ist: dem Lernen durch Beobachten. Es zeigt einmal mehr, dass Tiere durchaus geistig aufnahmefähig sind und, wie die Praxis lehrt, das Erfasste zum eigenen Nutzen erfolgreich einsetzen können.

4   Wie Tiere lernen

- *Mensch und Tier durchlaufen zeitlebens ähnliche Lernprozesse.*

- *E. C. Tolmans Labyrinthexperimente zeigen, dass Tiere keine »Reizmaschinen« sind.*

- *Iwan Pawlows Reflexhypothesen gelten für Tiere und Menschen gleichermaßen.*

- *Lernen nach dem Belohnungsprinzip; B. F. Skinners skurrile Experimente mit Ratten und Tauben – ein Fehlschlag.*

- *Viele Tiere lernen durch Beobachten von Verhaltensweisen anderer Lebewesen, die sie in der Folge kopieren.*

- *Experimente zeigen, dass Kraken beim Beobachten über eine rasche Auffassungsgabe verfügen, sich intelligent verhalten.*

- *Orang-Utans, die in einer Auswilderungsstation frei zwischen Einheimischen leben, imitieren deren Tätigkeiten.*

- *Nachahmungsverhalten von Meeressäugern.*

- *Affenweibchen »Imo«erfindet eine »Technik« zum Waschen von Süßkartoffeln und lehrt diese der gesamten Affenkolonie.*

- *Meisen entdecken neue Futterquelle unter Verschlusskappen von Milchflaschen.*

- *Die symbiotische Zusammenarbeit zwischen einer afrikanischen Vogelspezies und dem Honigdachs.*

4.1 Lernen – Einsicht und Denkprozesse inklusive

Beim Erlernen gewisser Fähigkeiten unterscheiden sich Tiere gar nicht so sehr vom Menschen, der zeit seines Lebens gewisse Lernprozesse zu durchlaufen hat, um erst im fortgeschrittenen Alter eine seiner Position angemessene Perfektion zu erreichen. Grundsätzlich lässt sich zwischen vier Formen des Lernens unterscheiden:
- Der Selbstlernprozess: Er erfolgt nach dem Prinzip von »Versuch und Irrtum«. Tiere und Menschen lernen durch Eigenerfahrung, die mitunter recht schmerzhaft sein kann. Es ist dies der einfachste aller Lernvorgänge, der im Prinzip eigentlich kein Überlegen, Kombinieren und Folgern erfordert. Die Betreffenden probieren so lange, bis sich der gewünschte Erfolg einstellt oder die Versuche misslingen.
- Beobachten und Abschauen: Dieser Lernprozess wird vom Menschen und von manchen Tieren gleichermaßen praktiziert. Die Lernenden beobachten Dritte – ihre Eltern, Artgenossen bzw. andere Wesen –, um sich gewisse Fertigkeiten anzueignen, die sie imitieren. Hier könnten bei höheren Tierspezies durchaus auch einfache Denkmuster mit im Spiel sein.
- Konditionieren oder Dressieren: Menschen bringen Tiere durch Belohnung oder Bestrafung dazu, sich bestimmte Verhaltensweisen anzueignen. Sie zwingen den ihnen anvertrauten Tieren auf irgendeine Weise ihren Willen auf. Die Tiere imitieren mechanisch-roboterhaft das Angelernte, scheinbar ohne nachzudenken.

– Überlegen und folgern: Nur höherentwickelte Lebensformen sind in der Lage, ihren Verstand einzuschalten, um durch Kombinieren und Folgern – durch Sinnieren über eine Sache – alle anderen umständlichen Lernprozesse zu überspringen und auf Anhieb eine bestimmte Fähigkeit zu demonstrieren.

Die hier dargelegten Formen des Lernens machen deutlich, dass wir grundsätzlich zwischen Lern- und Denkprozessen zu unterscheiden haben, denn Denken bedeutet im Prinzip, nicht erlernte Reaktionen anzuwenden. Und dennoch gibt es gewisse Hinweise darauf, dass sogar Selbstlernprozesse (»Versuch und Irrtum«) anfänglich von Einsicht und einfachen gedanklichen Aktivitäten begleitet gewesen sein könnten und dass andererseits Lernen letztlich zum Denken (Überlegen) führen kann.

Bedauerlicherweise halten auch heute noch viele Verhaltensforscher Lernen für einen simplen, fast mechanisch ablaufenden Vorgang, der durch ständiges Wiederholen im Zusammenhang mit Belohnung und Bestrafung erfolgt, der keinerlei Einsicht in den Lernvorgang oder dessen Endzweck erfordert. Demzufolge würde eine Ratte, der man beigebracht hat, durch ein Labyrinth zur Futterquelle zu laufen, keine Ahnung von dem haben, was sie gerade tut und dass sie am Ende des Irrgartens auf eine Futterstelle treffen wird. Hardliner unter den Behavioristen sind der Meinung, die dressierten Tiere – ganz gleich, ob es sich um Fremd- oder Selbstdressur handelt – würden einfach drauflos laufen, bis sie auf etwas Fressbares treffen. Ihrer Ansicht nach läuft in ihnen ein angelerntes Programm ab, das sie zwanghaft zu erfüllen haben. Diese antiquierte Vorstellung, die sich in den Köpfen eingefleischter Skeptiker festgefressen hat, lässt sich allerdings leicht widerlegen: Wenn nämlich ein Tier beim Kauvorgang mit seiner Zunge einen Fremdkörper verspürt – ein Gegenstand, der irgendwie vom gewohnten Fressgefühl abweicht und ihm daher ungenießbar erscheint – wird es mit der Nahrungsaufnahme kurz innehalten, die Fresssituation überprüfen, um dann am Fremdobjekt

»vorbei« zu fressen oder die Futteraufnahme ganz einzustellen. Vielleicht verhält es sich mit dem Lernen aber noch ganz anders, vielleicht interpretieren wir dressierte, scheinbar mechanisch ablaufende Vorgänge ganz falsch. Könnte es nicht so sein, dass jegliche Lernprozesse mit ihren zahlreichen neuen Erfahrungen grundsätzlich von bestimmten Vorstellungen und Denkansätzen begleitet werden, die später, wenn das »Programm« erst einmal »einfahren« ist, allmählich verblassen? Es würden dann nichts als Automatismen übrig bleiben.

Wer sich z. B. anfänglich mit der Bedienung seines neuen Computers abmüht, seinen Geist strapaziert, um nur keinen Fehler zu machen, wird nach geraumer Zeit alle Handgriffe wie »im Schlaf« beherrschen, sein Gerät ohne groß nachzudenken automatisch bedienen. Man darf davon ausgehen, dass Lern- und Denkprozesse – wenn auch grundverschieden – einander nicht völlig ausschließen, dass sie sich vielmehr ergänzen, nahtlos ineinander übergehen, um sich, wenn erst einmal eine bestimmte Lektion gegriffen hat, in einem Automatismus zu stabilisieren. Dieser Vorgang würde durchaus dem rationellen Prinzip der Natur entsprechen.

Zwischen genetisch Vererbtem und Erlerntem gibt es ebenfalls ein sinnvolles Zusammenspiel. Angeborenes und durch Lernprozesse erworbene Fähigkeiten sind miteinander verwoben. Sie verwischen einander. Es ist nicht so, dass die Gene im Erbgut der Lebewesen über deren Fähigkeiten und Aktivitäten einzig und allein befinden. Sie werden häufig durch äußere Einflüsse ausgeblendet, wodurch dann erlernte Verhaltensmuster oder gar Denkprozesse in Gang kommen. Lernen wird nicht durch das Genom, sondern durch entsprechende Aktivitäten des Gehirns bestimmt, was schon daraus erhellt, dass Erlerntes nicht vererbbar ist.

B. Bunge und viele andere Verhaltensforscher behaupten, dass »nur Tiere, die es lernen, ihr Verhalten wechselnden Umständen anzupassen, bewusste Gedanken haben könnten.« In diesem Sinne hat Edward C. Tolman, der tierische Zielvorstellungen in seine Untersuchungen einbezog, mit Ratten experimentiert, um zu zeigen, dass Tiere keine Reizreaktionsmaschinen sind.

Er platzierte seine Ratten in ein Labyrinth, das im Unterschied zu herkömmlichen Irrgärten zwei Endstationen hatte. Ein Gangsystem führte die Tiere zu einer schwarzen, das andere zu einer weißen Futterstelle. Schon nach kurzer Zeit waren die Ratten mit dem Experimentallabyrinth völlig vertraut und sie suchten beide Futterkästen gleich oft auf. Jetzt stellte sich die Frage, ob die Ratten überhaupt realisierten, dass es eine weiße und eine schwarze Futterbox gibt, ob sie von vornherein wissen, welcher Weg sie zu der einen und welcher zur anderen führt.

Diese Fragen konnten in einem zweiten Experiment geklärt werden, das in einem anderen Raum durchgeführt wurde. Hier hatte Tolman wieder ein Labyrinth mit zwei Gangsystemen und zwei entsprechenden Futterkästen – schwarz und weiß – nebeneinander aufgestellt. Doch jetzt sollten die beiden Futterstellen nicht mehr gleichwertig sein. Der Unterschied bestand darin, dass die Ratten, wenn sie den schwarzen Kasten aufsuchten, einen leichten elektrischen Schlag erhielten, im weißen aber unbehelligt blieben. Sehr schnell hatten die schlauen Tiere begriffen, dass die schmerzhafte Erfahrung vom schwarzen Futterkasten ausging, und sie verhielten sich dementsprechend.

Als Tolman tags darauf die Ratten in ihr erstes, vertrautes Labyrinth zurückversetzte, hätte man entsprechend der behavioristischen Theorie, dem durch Übung und Belohnung programmierten Reaktionsschema, erwarten dürfen, dass beide Kästen, wie zuvor, gleich oft aufgesucht würden. Kein Behaviorist hätte den Ratten zugetraut, aus dem zweiten Experiment Schlüsse zu ziehen und diese sinnvoll auf das erste zu übertragen. Als dann keines der Tiere das Gangsystem zum schwarzen Futterkasten wählte, zeigte dies, dass sie ihre schmerzhafte Erfahrung vom Vortag auf die neue Situation übertragen hatten, dass sie eine Vorstellung davon besaßen, was sie an der schwarzen Box erwartete. Die Tiere können sich also nicht nur den Aufbau ihres Labyrinths vorstellen, sondern überdies auch folgerichtige Schlüsse ziehen, in ihrem unmittelbaren Wirkungsbereich durchaus logisch denken.

Ratten und sicher auch viele andere Tiere vermögen Erlerntes im Kopf »durchzuspielen«, autonom zu bewerten und in für sie nützliche Aktivitäten umzusetzen. Dressur und Denken, Übung und Einsicht schließen, wie es den Anschein hat, einander nicht aus. Selbst normale Kleinkinder lernen durch Erfahrungen Zug um Zug täglich etwas Neues hinzu und werden durch solche Lernprozesse allmählich zum Denken/Nachdenken angeregt. Wir sollten uns abgewöhnen so zu tun, als ob wir bereits denkend zur Welt gekommen wären. Auch Albert Einstein durchlief in seiner Jugend einen Lernprozess, um erst in späteren Jahren zu einem der größten Denker unserer Zeit aufzusteigen.

4.2 Burrhus Skinners Dressurstückchen

Der berühmte russische Mediziner und Nobelpreisträger (1904) Iwan Pawlow (1849–1936) war es, der um die Jahrhundertwende durch seine Reflexexperimente an Hunden nachzuweisen versuchte, dass einfache Lernvorgänge bei Tieren stereotyp und wiederholbar ablaufen. Er beobachtete bei hungrigen Hunden den so genannten Speichelreflex, der immer dann auftrat, wenn man diesen Tieren einen Brocken Fleisch präsentierte. Dann leckten sie begierig ihre Lefzen, und in ihren Schnauzen sammelte sich vermehrt Speichelflüssigkeit. Um diesen Speichelreflex objektiv registrieren zu können, platzierte Pawlow operativ einen Schlauch in den Speicheldrüsenkanal von Hunden und leitete die aufgrund des bedingten Reflexes freigesetzte Flüssigkeit in einen Messbecher, wo ein automatischer Schreiber jegliche Veränderungen im Speichelfluss aufzeichnete.

Pawlow ging aber noch einen Schritt weiter und brachte die Präsentation des Fleischstücks mit einem Klingelzeichen in

Verbindung. Nach einer gewissen Zeit reagierten die Hunde mit der Speichelabsonderung bereits bei Ertönen des akustischen Signals, woraus Pawlow folgerte, dass diese Reaktion nicht durch Überlegen – intelligentes Verhalten –, sondern ausschließlich mechanisch, d. h. durch Konditionieren nach dem Prinzip »wenn Klingel ertönt, dann Futter« erfolgt. Endlich glaubten alle Erzbehavioristen, denen moderne Theorien über geistige Regungen bei Tieren zutiefst zuwider waren, für deren »scheinbar intelligente Verhaltensweisen« die einzig richtige Erklärung gefunden zu haben: den »konditionierten Reflex«.

Wie unsinnig es ist, das Konditionieren bestimmter Reflexe ausschließlich in der Tierwelt anzusiedeln, als rein tierisches Verhaltensmuster zu deuten und bei Menschen ausschließen zu wollen, bedarf wohl kaum eines Kommentars. Auch Menschen lassen sich darauf »abrichten«, aufgrund bestimmter akustischer oder optischer Signale Mahlzeiten einzunehmen, Schutzräume aufzusuchen oder anderweitig physisch zu reagieren. Manche Menschen reagieren auf solche Signale sogar ähnlich wie Tiere, z. B. (wenn ihnen vielleicht noch der Geruch einer bevorzugten Speise in die Nase steigt) durch erhöhten Speichelfluss. Hier sei nur an die Redensart »jemanden den Mund wässrig machen« erinnert.

Dass Menschen, die auf bestimmte Signale bewusst oder unbewusst reagieren, nichts weiter als »konditionierte Reflexroboter« sind, ohne Denk- und Urteilsvermögen, ohne Intelligenz und Bewusstsein, dürfte wohl niemand ernsthaft behaupten. Ebenso hirnrissig erscheint es, reflextrainierte Tiere nur als lernfähige Superautomaten, ohne Denk- und Kombinationsfähigkeiten, bar minimalster intelligenter Regungen hinzustellen.

Einer, der das Lernverhalten der Tiere ausschließlich nach dem Belohnungsprinzip erklärt wissen wollte, war der amerikanische Verhaltensforscher Burrhus F. Skinner, der sich für seine reichlich skurrilen Experimente vornehmlich Ratten und Tauben aussuchte. Er benutzte für seine vielfältigen Dressurakte zum Differenzieren zwischen den einzelnen Reizen kleine

Käfige – die nach ihm benannte Skinnerbox –, in denen er ausgehungerte Ratten oder Tauben, von äußeren Reizen bis auf die zu untersuchenden abgeschirmt, unterbrachte.

Um in den Genuss von Futter zu gelangen, müssen die Tiere auf bestimmte Reize hin irgendwelche Vorrichtungen in der Box betätigen. Natürlich sind die Betätigungsinstrumente so angelegt, dass sie dem Verhalten des Versuchstiers entsprechen, ihm keine allzu große, unzumutbare Mühe abverlangen. So haben z. B. Ratten ihre Vorderpfoten auf einen Hebel in Bodennähe zu stellen oder Tauben nach Farbmustern an der Wand in Höhe ihrer Augen zu picken, um dadurch die Freigabe von Futter auszulösen.

Gerade Ratten vollführen bei solchen Experimenten zirkusreife akrobatische Kunststückchen, die ihnen nach und nach in kleinen Schritten beigebracht wurden. Sie müssen sich z. B. auf die Hinterpfoten stellen und an einer Kette ziehen, wodurch eine Murmel freigegeben wird, die sie mit den Vorderpfoten zu einer etwa 12 Zentimeter hohen Röhre transportieren. Wenn sie dann die Murmel in die Röhrenöffnung hineinfallen lassen, gibt ein hiermit verbundener Mechanismus Futter frei.

Tauben müssen z. B. in einer bestimmten Farbfolge an farbige Flecken auf einer Wand picken, um den Futtermechanismus in Gang zu setzen. In der Skinnerbox wurden die Tauben bei einem Experiment mit zwei Reihen von je drei unterschiedlichen Farbflecken konfrontiert. Die Farbanordnung wurde von Versuch zu Versuch erschwerend variiert, doch hatten die Tauben nicht auf die Anordnung, sondern nur auf die richtigen Farben und deren korrekte Reihenfolge zu achten. Aus der Tatsache, dass mehrere der Tauben weit überzufällige Ergebnisse erzielten, konnte man schließen, dass sie die Systematik der Aufeinanderfolge erlernt hatten, nach der sie ihre Entscheidungen beim Picken nach den Farbflecken treffen.

Skinner bezeichnete alle diese raffinierten Kunststückchen als eine besondere Form des Konditionierens, um sich ja nicht dem Verdacht auszusetzen, er würde diese womöglich mit geistigen Regungen in Verbindung bringen. Es fällt schwer, Skinners wirklich beeindruckende Experimente nur als monotone, gedankenlose Handlungen zu werten, zumal sich, wie wir wissen, Tauben über Jahre an bestimmte visuelle Eindrücke erinnern können. Was spricht eigentlich dagegen, anzunehmen, dass Tauben bei Picktests nicht doch »überlegen«, welche Farbreihenfolge einzuhalten ist, um ans begehrte Futter zu kommen?

Es gibt zahllose Fälle, in denen Tiere, anders als in Skinners Versuchskäfigen, einer vertrackten Testsituation ziemlich schnell von selbst auf die Schliche kommen, das langsame, umständliche Lernen bestimmter Fähigkeiten nach dem Belohnungsprinzip einfach überspringen. So beobachtete ein Krake, wie ihm von seinem Betreuer, Frédéric Dumas, wissenschaftlicher Mitarbeiter von Jacques Cousteau, ein Prachtexemplar von Hummer in sein Becken gesetzt wurde. Sofort schnellte einer seiner Fangarme vor, um das bei Kopffüßlern als Leckerbissen geltende Krebstier zu ergreifen, was ihm aber nicht gelang. Das Glas, in dem sich der Hummer befand, musste dem Kraken aufgrund seiner Durchsichtigkeit wie eine unsichtbare Mauer vorgekommen sein.

Der Frust des Tieres über seine misslungene Attacke drückte sich in einer Farbkaskade aus, die seine Haut überzog. Sie ging schließlich in ein tiefes Rot über, was nach Meinung von Meeresbiologen Ärger signalisiert. Dann, mit einem Mal, änderte der Krake seine Taktik. Er stülpte seinen Körper über das Glas und versuchte, das ihm unheimlich erscheinende Hindernis mit dem Gift seiner Speicheldrüse aufzulösen. Als auch dieser Versuch scheiterte, änderte das schlaue Tier seine Taktik. Es tastete jetzt mit seinen Fangarmen systematisch das Glasgefäß auf Schwachstellen ab und entdeckte dabei einen großen Korken, mit dem es verschlossen war. Als der Krake in diesem Korken auch noch ein kleines Loch ertastete, schien sein weiteres Vorgehen genau festzustehen. Er bohrte die Spitze eines seiner Tentakeln in das Loch und zog den Korken mühelos aus dem Gefäß. Mit zwei anderen Fangarmen ergriff er den zappelnden

Hummer, um ihn sogleich zu verschlingen. Dumas, der dieses Experiment mehrfach durchführte, gab zu Protokoll: »Schon beim dritten Mal zog der Krake den Korken so selbstverständlich heraus, als ob er sein Leben lang nichts anderes getan hätte. Wenn man bedenkt, wie lange es dauert, bis man einem Hund beigebracht hat, Pfötchen zu geben, muss man zugeben, dass ein Krake sehr leicht lernt. Vor allem aber lernt er ganz von sich aus, ohne dass man ihm zeigen muss, was er machen soll – im Gegensatz zum Hund, bei dem es manchmal Monate dauert, bis er begreift, war er tun soll.«

Dieser Lernvorgang zählt zwar zur Kategorie »Versuch und Irrtum«, nimmt aber aufgrund der Schnelligkeit, mit der sich der Krake Zugang zum Gefäßinneren verschafft hatte – von der Wahrnehmung des Hummers bis zum Zugriff waren gerade einmal wenige Minuten vergangen – eine Sonderstellung ein. Das atemberaubende Tempo, mit dem der Krake seine Taktik mehrfach geändert hatte, deutet darauf hin, dass durchaus Überlegungen und Rückschlüsse (Folgerungen) – intelligente Reaktionen – mit im Spiel gewesen sein könnten.

Bevor wir uns mit dem intelligenten Lernverhalten der Tiere im Kollektiv befassen, wenden wir uns nochmals dem Aspekt des Lernens durch Beobachten zu, der darüber Aufschluss geben dürfte, dass sich auch Tiere bis zu einem gewissen Grad in die Überlegungen anderer Wesen hineinzusetzen vermögen.

4.3 Mit den Augen »stehlen« – lernen durch Beobachten

Es ist ein zutiefst menschlicher Wesenzug, sich bestimmte Fertigkeiten von anderen abzuschauen – mit den Augen zu »stehlen« –, um sie dann zu kopieren, selbst nutz- oder gar gewinnbringend anzuwenden. Lernen durch Beobachten ist auch im Tierreich keine Seltenheit, und es hat sich gezeigt, dass Tiere die Kunst des »Abschauens« und Kopierens z.T. meisterhaft beherrschen. Es sei hier nur an das raffinierte Verhalten der Kolkraben erinnert, die sich von Menschen das Eislochangeln abgeschaut hatten, um es bei ausgelegter Angelschnur selber mit Erfolg anzuwenden (vgl. Kapitel 3.2). Sie müssen sich beim Beobachten in die Absichten der Angler hineinversetzt, praktisch ihre Gedankenfolge nachvollzogen haben. Beobachtendes Lernen ist eine andere, gewissermaßen unmittelbare Art des »Vererbens«, die nicht auf Weitergabe von genetischem Material beruht. Tiere kopieren beim Beobachten keine Gene, sondern observieren ausschließlich Verhaltensweisen. Die Übertragung erfolgt also nicht nach der Keimbahntheorie, nach der Gene von den Eltern an die Nachkommenschaft vererbt werden, sondern über die Sinneskanäle, d. h. über Augen und Ohren. Anders als beim genetischen Vererben wird beim Lernen durch Beobachten ausschließlich zeitlebens Erlerntes an die Nachkommen weitergegeben. Der Beobachter erhält somit stets Informationen über aktuelle Erfahrungen und die erworbenen Fähigkeiten des Vorbildtieres.

Als die sechs Jahre alte Affendame Chico im Affengehege des Zoos von Tokio gerade einmal keine Lust mehr auf Trinkwasser hatte, zog sie sich aus dem dort aufgestellten Getränkeautomaten kurzerhand eine Cola. Verhaltensforscher waren auf die Idee gekommen, die Beobachtungsgabe und Imitationsfähigkeit von Primaten zu testen. Chico hatte das Verhalten der Zoobesucher beim Bedienen der außerhalb des Geheges befindlichen Automaten aufmerksam verfolgt und sich dabei offenbar jeden Handgriff eingeprägt. Mit bereitgelegten Münzen gelang es ihr schließlich, den Automaten in Gang zu setzen, sich eine Coladose zu ziehen.

Kraken besitzen, wie der im vorangegangenen Kapitel aufgeführte Hummertest erkennen lasst, eine äußerst rasche Auffassungsgabe. Experimente an der zoologischen Versuchsstation von Neapel vermitteln neue, geradezu sensationelle Erkenntnis über die Lernfähigkeit der Krakenspezies *Octopus vulgaris* (Gemeiner Krake): Diese Tiere lernen, indem sie ihren Artgenossen bei irgendeiner Tätigkeit einfach zuschauen. Mitarbeiter der zoologischen Station hatten einen Oktopus darauf dressiert, bei Vorlage einer roten und einer weißen Kugel stets auf die rote Kugel zuzuschwimmen und sie zu attackieren, was fast immer einwandfrei gelang. In einem benachbarten Aquarium verfolgte ein anderer Krake den Test offenbar mit großer Aufmerksamkeit, was man aus den Kopf- und Augenbewegungen erkennen konnte.

Während die Dressur des ersten Oktopus insgesamt 16 Versuche in Anspruch genommen hatte – er bekam für das Attackieren der roten Kugel jedes Mal ein Fischchen zur Belohnung und einen schwachen elektrischen Schlag bei einer Fehlentscheidung –, brauchte der »Zuschauer«-Krake, der dies alles auf Distanz beobachtet hatte, gerade einmal vier Durchgänge bis zur Perfektion. Seine Fehlerquote lag unterhalb 10 Prozent. Als man ihn nach einer knappen Woche nochmals testete, beherrschte er seine Lektion immer noch einwandfrei.

Die Wissenschaftler wiederholten dieses Experiment mit zahlreichen anderen Kraken und führten alle möglichen Kontrollversuche durch. Sie vertauschten die Farbe des Zielobjekts und ließen statt der roten die weiße Kugel attackieren. Das Ergebnis blieb stets unverändert: Kraken besitzen ein ausgezeichnetes Beobachtungs- und Lernvermögen. Die bisherige Annahme der Zoologen, dass es so genannten Weichtieren – Tiere ohne Wirbel und Knochen – verwehrt sei, durch Beobachten zu lernen, hat sich nach diesen Tests als absolut unhaltbar erwiesen. Wer durch bloßes Zuschauen lernt, muss sich mit den Akteuren, die er kopiert, irgendwie identifizieren, eine Fähigkeit, die ein gewisses geistiges Potential voraussetzt und eine Vorstellung vom eigenen Selbst erkennen lässt.

Noch ausgeprägter erscheint das Nachahmungsverhalten von Orang-Utans, die sich in einer Auswilderungsstation im tropischen Regenwald auf Borneo frei zwischen den dort angesiedelten Einheimischen bewegen. Mehrere dieser Tiere hatten sich von den Eingeborenen das Händewaschen und das Waschen von Bekleidungsstücken im Fluss abgeschaut, ohne von ihnen hierzu angehalten worden zu sein und unternahmen in der Folge aus eigenem Antrieb den Versuch, selbst aktiv zu werden. Die Orang-Utans ergriffen dort herumliegende Wäschestücke und vollführten mit diesen ähnliche Waschbewegungen wie ihre menschlichen Vorbilder.

Täglich finden sich in der offenen Station Tiere ein, die bei der dort anfallenden Hausarbeit »helfen« wollen. Hier stellt sich sogleich die Frage, ob wir es bei solchen tierischen Aktivitäten nur mit geistlosem Nachahmen ohne Verständnis für die eigene Tätigkeit oder mit echtem Lernverhalten durch überlegtes Nachahmen zu tun haben. Die Unterscheidung zwischen echtem, überlegtem Lernen und dem Prinzip von »Versuch und Irrtum« ist gar nicht so einfach. Von echtem Lernverhalten spricht man, wenn ein Tier schon nach dem ersten Versuch eine ähnlich gute Leistung wie ein geübter Anwender bringt. Wird nicht sofort eine adäquate Leistung erzielt, könnte es sich mehr um Lernen durch »Versuch und Irrtum« handeln.

Am Makapuu Oceanographic Institute auf Hawaii (vgl. Kapitel 3.3) untersuchen Verhaltensforscher u.a. das Nachahmungsverhalten der Delphine. In Tausenden von Tests hat es sich gezeigt, dass Delphine das, was sie beobachten, auch verstehen. Sie können die von ihren Trainern vorgemachten Bewegungen – Kopfschütteln, Nicken, Verbeugen usw. – sofort, d.h. gleich beim ersten Mal, imitieren. Mit anderen Worten: Die Meeressäuger beherrschen die Gabe des Nachahmens perfekt.

Die Spezies der Großen Tümmler *(Tursiops truncatus)* imitieren häufig auch Verhaltensweisen anderer Tiere, die im gleichen Aquarium gehalten werden. So wollen die Ethologen Taylor und Saayman beobachtet haben, wie Tümmler das Verhalten von Robben nachahmen, was sich vorwiegend auf deren besonders für Tümmler unübliches Schwimmverhalten und auf ihre Schlafstellung bezieht. Sie imitieren mitunter auch Tätigkeiten von Menschen in ihrer unmittelbaren Umgebung wie z.B. das Reinigen von Unterwasserfenstern durch Taucher, wobei selbst bestimmte Arbeitsgeräusche kopiert werden. Erfindungsreich benutzen die Tümmler für ihre Reinigungstätigkeit Möwenfedern, um Algen von den Fenstern zu kratzen bzw. irgendwelche Scherben, um Seetang vom Beckenboden zu entfernen. Tümmler, die ihren Artgenossen bei diesen Tätigkeiten zuschauten, ahmten deren Verhalten ebenfalls nach. Es sind auch Fälle bekannt, in denen sich Delphine selbst ganz neue Kunststückchen (Selbstdressur) beibrachten, um in den Genuss einer Belohnung zu kommen. Einem der Tiere, dem man das Absolvieren komplizierter Manöver beigebracht hatte, wurde einmal die Belohnung vorenthalten, bis es begriffen hatte, dass man von ihm das Vorführen von etwas völlig Neuem erwartete. In der Folge überraschte es seine Trainer täglich mit immer neuen, selbst erfundenen Darbietungen, um sich deren Gunst zu sichern und somit eine Belohnung zu bekommen.

Das Nachahmen geschieht nicht allein durch Beobachten eines Vorbildtieres, sondern manchmal auch auf akustischem Wege. So »singen« z. B. Buckelwale lange, komplexe Lieder, deren Themen sich von Jahr zu Jahr bzw. in noch kürzeren Zeitabständen ändern können. Und alle aktuellen Variationen müssen stets neu gelernt werden, wobei die Sänger nie im Chor, sondern auf Distanz als Solisten auftreten. Damit sich ihre Gesänge ähneln, müssen die Wale einander gut zuhören, was den angesehenen Biologen und Verhaltensforscher Professor Donald R. Griffin, Rockefeller University, New York, vermuten lässt, dass sie über den Vorgang des Nachahmens von dem, was sie hören, vielleicht sogar nachdenken.

Selbst erlebtes soll dieses Kapitel, das sich mit dem Aspekt des Lernens durch Beobachten befasst, abrunden. Wir fanden es äußerst belustigend, als unsere Katzendame Julchen, von der hier schon einmal die Rede war, eines Tages die Neigung zeigte, sich die Fleischstückchen des Dosenfutters, das sie immer auf ihrem Teller serviert bekommt, mit der Pfote zu »angeln« und gekonnt zum Mund zu führen, ganz nach Menschenart. Offenbar hatte sie uns und andere schon die ganz Zeit über klammheimlich beim Essen beobachtet und mit einem Mal

Lust bekommen, uns zu imitieren. Was mag sie dazu veranlasst haben? Vielleicht war es blanke Neugier, die sie zu diesem ungewöhnlichen Verhalten veranlasst hatte. Wer von uns weiß schon, was in einem Katzengehirn vorgeht?

4.4 Imo – das Affen-»Genie«

Der Geistesblitz, die urplötzliche Erkenntnis, wie man etwas besser, praktischer, bequemer oder auch angenehmer machen kann, ist nach allgemeinem Dafürhalten eine typisch menschliche Qualität. Spontane Eingebungen werden, und dies nicht zu Unrecht, mit vorangegangenen geistigen Aktivitäten in Verbindung gebracht, die sich selbst während Ruhe- und Entspannungsphasen im Unbewussten fortsetzen, um irgendwann einmal im Wachbewusstsein unvermittelt aufzutauchen und als geniale Idee – als Entdeckung oder Erfindung – bewundert zu werden.

Da nach behavioristischer Lehrmeinung Tiere als Stiefkinder der Evolution weder über Intelligenz, noch logisches Denkvermögen verfügen, halten es superkritische Ethologen auch für undenkbar, dass sie gelegentlich aus ihrem scheinbar sturen Alltagstrott ausbrechen und mit einer zündenden Idee einen revolutionären Durchbruch erzielen. Zum großen Erstaunen voreingenommener Verhaltensforscher hat es sich jedoch gezeigt, dass hoch entwickelte Tierspezies durchaus in der Lage sind, ohne vorangegangenes Dressieren oder Lernen durch Beobachten, d. h. völlig selbstständig, z. B. Methoden zur Verbesserung ihres Nahrungsaufnahmeverhaltens zu entwickeln und an andere weiterzugeben.

Auf der Insel Koshima vor der japanischen Ostküste von Kyshu gibt es einige Kolonien wild lebender Rotgesichtsmakaken (*Macaca fuscata*), die sich bis Anfang der fünfziger Jahre vorzugsweise von Früchten, Blättern, Knospen, Sprösslingen und auch Rinde ernährten. Ihre Ernährungsgewohnheiten erlernten die Jungaffen von ihren Müttern.

Japanische Forscher richteten im Siedlungsbereich einer Affenhorde 1952 Versorgungsstationen ein, in denen es auch rohe Süßkartoffel gab, die allerdings (unbeabsichtigt) mit Sand und Kies vermischt waren. Die Makaken näherten sich damals den künstlich angelegten Nahrungsreserven mit einiger Zurückhaltung, offenbar weil ihnen das Gemisch aus Süßkartoffeln und anorganischem Material nicht mundete. Da hatte das erst 18 Monate alte Affenweibchen Imo eine geradezu geniale Idee. Die japanischen Ethologen beobachteten, wie sich Imo eine Portion verschmutzter, sandiger Kartoffel griff und sie zu einem Bach trug, um sie von den lästigen, ungenießbaren Beimengungen zu befreien. Nach dem erfolgreichen Umsetzen ihrer Idee zeigte sie ihre »Waschtechnik« nicht nur ihrer Mutter, sondern auch ihren Spielgefährten, die dann das Kartoffelwaschen ihren eigenen Müttern beibrachten.

Nach und nach breitete sich die neue Waschkultur in allen Affenkolonien der Insel aus und ab 1958 pflegten alle Jungaffen sowie erwachsene Tiere, die es durch Nachahmen der Jungen gelernt hatten, die verschmutzte Nahrung zu waschen. Später gingen die Makaken dazu über, alle ihre Kartoffeln im Meer zu waschen, da das Salzwasser der Nahrung eine angenehme Würze verlieht. Bei jedem Bissen tauchten sie die Kartoffeln instinktiv in Meerwasser, um durch dessen Salzgehalt den Gaumengenuss zu erhöhen.

Die kulturelle Revolution im Affenmilieu – Wissenschaftler verglichen sie zuweilen mit unserer Erfindung des Rades – bedingt abstraktes Denken, Identifizieren eines geistigen Konzeptes und die ganz bewusste Manipulation unterschiedlicher Parameter. S. Kawamura berichtete, dass der neue Brauch auch von Affenkolonien auf anderen Inseln und auf dem Festland spontan übernommen wurde, ohne dass die dortigen Affen mit denen auf Koshima je in Kontakt gekommen waren.

Könnte es sein, dass sich bei Erreichen einer »kritischen Masse« an Beteiligten sog. raumzeitfreie *morphogenetische Felder* aufbauen, die räumlich voneinander getrennte Bewusstseinsgruppen miteinander verbinden. Nach der Hypothese des englischen Biologen Rupert Sheldrake sind dies von Menschen und Tieren ausgehende hypothetische Kraftfelder, die Informationswissen übertragen können. So würde, nach Professor Franz Moser, Graz, z. B. das, was eine einzelne Ratte gelernt hat, durch morphogenetische Felder auf alle anderen Ratten übertragen, ganz gleich, wo diese sich gerade aufhalten – eine Hypothese, die sich auch für viele andere hier aufgeführte unerklärliche Tierverhaltensmuster anbietet und über die noch zu berichten sein wird.

Gewitzt durch ihre Erfahrungen mit Süßkartoffeln, begann Imo alsbald auch durch Sand verunreinigte Weizenkörner im Meer zu waschen. Während sie an Land von Hand Korn für Korn aus dem Gemisch herauspicken musste, erfolgte die Korn-Sand-Trennung im Wasser auf einfache Weise, geradezu mühelos. Während der Sand im Wasser nach unten sinkt, treiben die Weizenkörner an der Wasseroberfläche und brauchen nur abgeschöpft zu werden.

Die japanischen Verhaltensforscher setzten damals ihre Gewöhnungsexperimente auf Koshima fort und streuten auf die Wasseroberfläche in Ufernähe Erdnüsse – eine Köstlichkeit für den Makakengaumen. Die Affen überwanden ihre natürliche Scheu vor Wasser und schwammen, selbst mit ihren Säuglingen im Arm, aufs Meer hinaus, um in den Genuss der begehrten Nüsse zu gelangen. Diese Gewohnheit übertrug sich auf die nachfolgenden Generationen mit dem Resultat, dass die Affen allmählich von reinen Waldbewohnern zu Wasserfans wurden, die ihren Speisezettel schon bald durch Muscheln und Meeresfrüchte bereicherten. Die zündende Idee eines einzigen Affen, Wasser als Trennmedium zu benutzen, hatte unter den dort beheimateten Tieren eine kulturelle »Blitz«-Evolution ausgelöst, eine Entwicklung, die sich in ihrer frühen Stammesgeschichte über Jahrtausende erstreckt hätte.

Einen ähnlichen Evolutionssprung beobachteten britische Verhaltensforscher bei einigen Meisenarten. Englische Haushalte bekommen ihre Milch in Milchflaschen angeliefert, die von den Zustellern frühmorgens auf der Türschwelle deponiert werden. Irgendwann, zu einem nicht näher bekannten Zeitpunkt, müssen ein paar »schlaue« Kohlmeisen irgendwo in England entdeckt haben, dass man die folienartige weiche Verschlusskappe der Milchflaschen durchpicken und auf diese Weise an die oben schwimmende Rahmschicht der nichthomogenisierten Milch gelangen kann. Es ist dies in etwa die gleiche Methode, die Vögel anwenden, um an die unter Baumrinden versteckten Insekten heranzukommen, nur dass hier »blind« gepickt wird, da sie ja nicht wissen, ob dort tatsächlich etwas zu finden ist.

Nachdem einige wenige Meisen die neue, stets ergiebige Futterquelle entdeckt hatten, erfolgte deren Nutzung durch Zigtausende Artgenossen, die die Technik des Rahmpickens durch Beobachten und Nachahmen gelernt hatten. Der morgendliche Rahmklau nahm landesweit rasch überhand, so dass die Molkereien bald neue picksichere Flaschenkappen entwickelten und den Füllstand in den Flaschen auf eine für Meisenschnäbel nicht länger erreichbare Höhe verringerten.

Angeregt durch diese spontane evolutionäre Verhaltensweise experimentierten britische Forscher mit Testmeisen, denen sie mit Klebeband verschlossene künstliche Futterbehälter (Pingpongbälle, Kunststoffbehälter usw.) vorsetzten. In diesen Behältnissen versteckte man wahllos etwas Futter, wie z. B. fette Mehlwürmer oder auch nur einen ungenießbaren Gegenstand, so u. a. Papier- bzw. Stoff-Fetzen. Sobald die Meisen durch Zufall in einem Pingpongball Futter fanden, ließen sie andere Testbehälter außer Acht, um fortan nur noch solche Bälle zu inspizieren. Dabei beobachteten sie auch ihre Artgenossen, ob und wenn ja, an welchem Objekt diese fündig wurden, um es dann am gleichen Typ selbst zu probieren.

Dass es sich bei diesem Vorgehen nicht um stures, planloses Imitieren der Verhaltensweise anderer Meisen handelt, erhellt schon die Art und Weise, wie sich die Meisen Zugang zum Futter verschafften. Die einen fassten das undurchsichtige Klebeband an einer Kante, um es dann vorsichtig von der Oberfläche abzulösen, andere perforierten hingegen die Folie ein wenig, um nachzusehen, ob sich im Inneren etwas Genießbares befindet oder sie pickten gleich auf Verdacht nach Beute.

Symbiotisches Zusammengehen unterschiedlicher Tierarten könnte ebenfalls auf die blitzartige Erkenntnis der Zweckmäßigkeit einer Kooperation zurückzuführen sein. Unter Symbiose versteht man das absichtliche Zusammengehen verschiedenartigen Lebewesen zum Wohl aller Beteiligten. Eine solche nachgerade ideale Zusammenarbeit hat sich zwischen dem in Afrika beheimateten Vogel Honiganzeiger, dem (lat.) *Indicator*, und dem Honigdachs entwickelt. Während Letzterer ausschließlich auf den Honig wilder Bienen spekuliert, deren Stöcke meist in hohlen Baumstämmen zu finden sind, laben sich Indicatoren nur am Bienenwachs, das von einem Saft im oberen Teil ihres Dünndarms in einfache Fettsäuren umgewandelt und auf diese Weise für den Vogel genießbar gemacht wird. Vor Urzeiten mögen die Indicatoren dem Honigdachs beim Plündern der Bienenstöcke rein zufällig begegnet sein und gemerkt haben, dass ihnen Bienenwachs gut bekommt. Als dann die Wachsfresser erst einmal auf den Geschmack gekommen waren und größere Wachsmengen verzehrten, reichten die zufällig gefundenen Bestände bald nicht mehr aus, was einen Indicator (oder auch mehrere) auf die Idee gebracht haben musste, mit dem Honigdachs partnerschaftlich zusammenzuarbeiten. Und diese erstaunliche Zusammenarbeit zwischen zwei unterschiedlichen Tiergattungen wurde später von verschiedenen Forschungsreisenden detailliert geschildert.

Der Indicator späht bei seinen »Aufklärungsflügen« unter Zuhilfenahme seiner scharfen Augen und seiner hoch empfindlichen Spürnase Bienenstöcke aus, deren Vorkommen er sofort seinem Partner meldet. Er setzt sich auf einen Baum direkt vor den Dachs und signalisiert ihm durch ein typisches »Tschirrtschirr« die Entdeckung eines Bienenstocks. Sobald sich der Dachs in Bewegung setzt, fliegt der Indicator, seinen Locklaut ständig wiederholend, vor ihm her, bis der Fundort erreicht ist, wo er sich in einiger Entfernung abwartend niederlässt.

Der Honigdachs reißt dann mit seinen scharfen Krallen die Baumhöhle weit auf, stößt trotz der wütenden Attacken des Bienenvolks die Waben zu Boden und macht sich genüsslich über den Honig her. Nachdem sich der Bienenschwarm entfernt hat, kommt auch der Indicator auf seine Kosten. Beide Tiere sind, um gezielt und effektiv Beute zu machen, aufeinander angewiesen, und sie scheinen dies auch zu wissen. Dem Vogel fehlt die Kraft, einen Bienenstock zu knacken. Zudem würde er den konzentrierten Angriff des aufgebrachten Bienenvolkes nicht überleben. Der Dachs ist hingegen auf das »Leitsystem« des Indicators angewiesen. Dafür bietet er all seine Kräfte auf, um den Bienenstock zu knacken, wobei ihn die Dicke seines Fells vor den Stichen der Bienen schützt.

Dass die Indicatoren bei ihren Lockeinsätzen ganz gezielt vorgehen, zeigt ihr Verhalten, bei der Abwesenheit von Honigdachsen die Hilfe von Menschen in Anspruch zu nehmen. Schlagen nämlich die Eingeborenen mit ihren Buschmessern gegen Baumstämme, erscheinen alsbald die Honiganzeiger, um ihre menschlichen Partner mit »Tschirr«-Lauten zu einem Bienenstock zu führen. Die Idee, sich einen tierischen oder menschlichen Symbiosepartner zu suchen, um an die Wachsnahrung zu kommen, dürfte weder in den Genen verankert, noch anfänglich mit beobachtendem Lernen zu erklären sein. Glaubhafter erscheint auch hier die Annahme, dass, wie eingangs erwähnt, einer der Indicatoren irgendwann einmal den für beide Seiten profitablen Einfall hatte, die Erkundung der Bienenstöcke zu übernehmen und deren Ergebnis den Dachspartnern akustisch zu melden.

Das, was hier als gelegentliche »Geistesblitze« besonders intelligenter, rühriger Tiere darzulegen versucht wurde, müsste auch gewisse Denkprozesse und zumindest rudimentäre Formen von Bewusstsein beinhalten. In diesem Zusammenhang erscheint es sinnvoll, der Frage nachzugehen, ob Tiere tatsächlich über ein ihren Bedürfnissen angepasstes Bewusstsein verfügen und, sollte dies der Fall sein, welche ethischen Maßstäbe wir an animalische Bewusstseinsformen anzulegen haben.

5   Vom Bewusstsein zum Ich-Bewusstsein

- *Versuch einer Definition des Bewusstseins.*
- *John F. Crooks fünf Stufen tierischen Bewusstseins.*
- *Schimpansin Sheeba kann bei Versteckexperimenten zwischen Modell und Realität ihres Spielzimmers unterscheiden.*
- *Ratten scheinen zu wissen, mit was sie sich gerade befassen.*
- *Mensch und Tier führen gleichermaßen manche Tätigkeiten unbewusst aus.*
- *Voraussetzungen für tierisches Ich-Bewusstsein.*
- *Spuren tierischer Selbstwahrnehmung sind im Imitieren ihrer Artgenossen und im Sichverstecken enthalten.*
- *Spiegel- und TV-Experimente mit Schimpansen, um deren Bewusstheit für die eigene Persönlichkeit zu ermitteln.*
- *Beweise für die Existenz tierischer Eigennamen.*
- *Beweise für emotionales Verhalten von Tieren.*
- *Tierische Gefühlsreaktionen während des Schlafens und Träumens.*
- *Schmerzreaktionen der Tiere.*
- *Liebes-, Glücks- und Schamgefühle bei Tieren.*
- *Auch Tiere empfinden unter dem Einfluss negativer Erfahrungen Traurigkeit, und psychischer Stress löst bei ihnen, ähnlich wie bei uns, Krankheiten aus.*

5.1 Bewusstseinsdämmerung –
bewusstes Handeln ist ökonomischer

> »*Cogito, ergo sum.*«
> *(Ich denke, also bin ich.)*
> *Descartes (1596–1650)*

Der Begriff »Bewusstsein« beschreibt die Tatsache, dass wir Kenntnis von unseren Gedanken und Empfindungen haben. Wir nehmen Erfahrungen bewusst wahr und wissen, dass wir existieren. In unserem Gehirn erstellen wir Bilder von all dem, was um uns herum geschieht. Wir sehen, fühlen, hören, riechen und schmecken Dinge. Für uns ist es selbstverständlich, dass andere Menschen sich dessen gleichermaßen bewusst sind. Was aber ist mit Tieren? Haben auch sie so etwas wie ein Bewusstsein, empfinden sie ihre Umwelt ähnlich wie wir? Oder würde uns tierisches Empfinden, könnten wir uns denn in dieses hineinversetzen, nicht völlig konfus, absolut irreal-abstrakt erscheinen?

Seit etwa einer Stunde beobachte ich nun schon eine kleine Nacktschnecke, wie sie die gekachelte Wand des Lichtschachtes vor meinem Bürofenster hochkriecht, wie sie plötzlich, aus mir unerfindlichen Gründen, eine Kehrtwendung vollzieht, um in Richtung Schachtboden zu streben und, dort angekommen, diesen erstaunlich schnell zu überqueren. Vor meinem Fenster befindet sich als zusätzlicher Hochwasserschutz eine Plexiglasplatte, die die Minischnecke mit Bravour erklimmt. Auf der oberen Kante angekommen, sondiert sie mit ihren Fühlern erst einmal minutenlang die nähere Umgebung, um dann mit einem eleganten Schwung ihren Ausflug auf der mir zugewandten Plattenseite fortzusetzen. Jetzt hat sie, rechts abbiegend, den äußeren Fensterrahmen erreicht und scheint sich ein wenig ausruhen zu wollen. Dann entschwindet sie meinen Blicken, im Inneren des Rahmens.

Ich frage mich, was den Winzling zum Weiterkriechen veranlasste, warum er diese und jene Wendung vollführte, was in ihm vorging, als er kurz auf der Plattenkante verweilte, ob ihm bewusst war, wo er sich gerade befand – für eingefleischte Behavioristen sicher recht dumme, ketzerische Fragen.

Bei dem Versuch herauszufinden, ob Tiere überhaupt bewusste Gedanken fassen können, ist es hilfreich, wenn wir uns auf bestimmte Grundformen des bewussten Denkens konzentrieren. Wichtigster Aspekt des Bewusstseins ist die Fähigkeit, über Dinge und Ereignisse nachzudenken. Der Inhalt des bewussten Denkens kann aus unmittelbaren Empfindungen bestehen, aus Erinnerungen an Vorkommnisse in der Vergangenheit bzw. aus dem Vorwegnehmen der Zukunft. Eine bewusste Kreatur darf dabei nicht nur reagieren, sondern muss auch an etwas denken und für dieses Etwas ein bestimmtes Gefühl entwickeln.

Auch heute neigen die meisten Biologen, Zoologen und Psychologen immer noch dazu, Tiere als sehr komplexe »Maschinen«, eben nur als nichtdenkende Roboter anzusehen. Und solche hält man für absolut unfähig, bewusste Gedanken oder irgendwelche Gefühle zu entwickeln. Diese Auffassung erscheint geradezu widersinnig, denkt man in den USA doch schon seit langem darüber nach, mittels Quantencomputern und dem Prinzip des »mind uploading« (Hochladen von Bewusstseinsinhalten) Roboter mit Eigenbewusstsein und -gefühlen zu entwickeln, was, wie mir Dr. Hans Moravec, Direktor des *Mobile Robot Lab* am *Robotic Institute* der *Carnegie Mellon University* in Pittsburgh, Pennsylvania, einmal treuherzig versicherte, schon in etwa 40 Jahren möglich sein könnte.

Im Gehirn selbst lässt sich keine bestimmte Stelle als Sitz des Bewusstseins lokalisieren, was den amerikanischen Physiker

Keith Floyd zu der scherzhaften Bemerkung veranlasste, dass Neurophysiologen niemals das finden würden, was sie außerhalb ihres eigenen Bewusstseins suchten, denn wonach sie Ausschau hielten, sei genau das, was sucht. Bewusstsein kann schon deshalb nicht Bewusstsein erkennen, weil nie etwas sich selbst wahrzunehmen vermag. Es gibt jedoch im Gehirn eine Region, die aktiv ist, wenn wir uns auf etwas in unserer Umgebung bewusst konzentrieren. Und einen solchen Gehirnbereich findet man z. B. auch bei Hunden und anderen Säugetieren.

Die Sprache gilt unter Verhaltensforschern mithin als wichtigstes Indiz für das Vorhandensein von Bewusstsein. Gewisse Ansätze für primitive Tier-»Sprachen« oder sprachähnliche Laute wollen Verhaltensforscher bei Primaten festgestellt haben. Affen auf der Insel Cailos Santiago vor Puerto Rico haben für Nahrung zwei differente Lautäußerungen, die Marc Hauser von der Universität Hawaii für eine »Affensprache« hält. Einer der Sprachlaute bedeutet so viel wie »langweilige Alltagskost«, der andere ist gemäß Hauser mit dem Begriff »köstlich wie Mangofrüchte« gleichbedeutend. Als man den Affen Tonbandaufzeichnungen beider Laute vorspielte, zeigten sie, in Abhängigkeit von der gewählten Lautart, Desinteresse oder Interesse. Worte oder wortähnliche Laute transportieren Ideen, und wenn Affen sie in ihrem Kopf haben, können sie höchstwahrscheinlich auch bewusste Gedanken fassen, ihre Welt bewusst erleben.

Experimentatoren haben Tests ersonnen, in deren Verlauf sich Schimpansen nicht nur einen Lageplan einprägen, sondern auch verstehen sollen, was ein Lageplan ist. Sie zeigten z. B. der Schimpansin Sheeba ein maßstabgetreues dreidimensionales Modell ihres Spielzimmers. In einem dort aufgestellten ebenfalls maßstabgetreuen Schrank versteckten sie, während Sheeba zuschaute, eine Minigetränkedose. Anschließend versteckten sie in Anwesenheit von Sheeba eine Originalgetränkedose im Schrank ihres richtigen Spielzimmers. Sheeba wurde aufgefordert das Versteck zu finden, was ihr auf Anhieb gelang. Demzufolge musste sie verstanden haben, dass das Modell ein

Abbild des realen Zimmers ist. Sie dürfte somit auch das Prinzip von Modell und Realität verstanden haben. Sie denkt bewusst.

Wissenschaftler, die Tieren jegliche Art von Bewusstsein absprechen möchten, sehen in deren Aktivitäten mehr unbewusste Abläufe. Sie vergessen ganz und gar, dass auch ein Großteil der täglichen Gewohnheiten und Tätigkeiten des Menschen routinemäßig-unbewusst abläuft. Es ist nicht anzunehmen, dass wir uns beim Blinzeln mit den Augen, beim Räuspern, Fingernägelkauen oder auch beim Radfahren und Joggen bewusst etwas denken. Alle diese Handlungen sind uns in Fleisch und Blut übergegangen. Und da Tiere in vielem eine ähnliche Anatomie und messbare physische Reaktionen wie wir haben, könnten sie auch auf ähnliche Weise manches wahrnehmen.

Experimente mit Ratten haben gezeigt, dass diese Tiere genau wissen, wenn sie sich recken und putzen, wenn sie ruhen oder laufen. Eine einfache Versuchsanordnung sah vor, dass sie, wenn immer sie zu fressen wünschten, eine von vier bestimmten Tasten drücken mussten, was sie blitzschnell begriffen hatten. Befand sich eine Ratte im Ruhezustand, musste sie, um Fressen zu erhalten, die Fresstaste drücken, beim Putzen war die Putztaste zu aktivieren usw. Ratten können demnach ihre eigenen Aktivitäten wahrnehmen und bewusst voneinander unterscheiden. Sie wissen also, was sie gerade tun und … dass sie es selbst tun. Das Drücken einer »Kratztaste« war ihnen allerdings nicht zu vermitteln. Die Kratztätigkeit erfolgt bei ihnen offenbar unbewusst (und bei uns Menschen sicher auch!).

Die Bewusstseinsinhalte dürften, wie hier schon öfters angedeutet, einfacher Natur, d. h. auf lebens- und arterhaltende Funktionen ausgerichtet sein. Wahrscheinlich handelt es sich im Sinnesspektrum der Tiere um aufdämmernde Wahrnehmungen, Gefühle und Gedanken. Genaues vermögen auch aufgeschlossene Verhaltensforscher nicht zu sagen, weil sie sich als Außenstehende ganz einfach nicht in die innere Welt der Tiere hineinversetzen können. Trotz dieser Ungewissheit müssen wir uns fragen, was es bedeuten würde, ganz ohne Bewusstsein zu leben. Es ist kaum vorstellbar, dass unsere Augen Seheindrücke an das Gehirn weiterleiten, ohne dass wir dies bewusst erleben. Und dennoch sind solche Fälle bekannt. Sowohl beim Menschen als auch bei Tieren mit Gehirnschäden gibt es solche, die zwar einwandfrei sehen, aber dennoch nichts wahrnehmen, denen nicht bewusst wird, was sie sehen. Wenn z. B. ein Affe mit einem Hirnschaden kein Bewusstsein für das Sehen hat, könnte doch ein gesundes Tier sich des Gesehenen durchaus bewusst sein, was denn auch durch zahlreiche im Jahr 1996 stattgefundene Experimente fraglos bewiesen wurde.

Auch bei anderen Erscheinungsformen des Bewusstseins gibt es Ähnlichkeiten zwischen Mensch und Tier. Häufig richten wir unser Augenmerk (Wahrnehmung) auf etwas ganz Bestimmtes, und diese »bewusste Aufmerksamkeit« teilen wir mit vielen Tieren. Erdmännchen in der Kalahari (Botswana; Südafrikanische Republik), die sich auf eine bestimmte Sache konzentrieren, z. B. wenn sie über sich einen Raubvogel erspähen – scheinen diesen bewusst wahrzunehmen und darauf zu reagieren. Denn, sobald der Vogel verschwindet, wenden sie sich wieder anderen Dingen zu. Natürlich kennen wir nicht den Umfang der bewussten Wahrnehmung, z. B. ihre Einschätzung einer evtl. drohenden Gefahr, die von dem Vogel ausgeht und die Folgen eines Angriffs.

Die Frage, ob Tiere, die sich ausgesprochen krass vom Menschen unterscheiden (z. B. Käfer, Würmer oder Spinnen), ein Bewusstsein besitzen, erscheint allein schon wegen der gravierenden anatomischen Andersartigkeit berechtigt. Nach Ansicht des Autors könnten diese Kleinlebewesen innerhalb ihres eng umrissenen Lebensraumes durchaus ein ihren Existenzbedingungen angepasstes Bewusstsein haben, ein solches, das uns, wenn wir uns denn in die Gedankenwelt dieser Tiere hineinversetzen könnten, völlig fremd erscheinen müsste.

Die tragischen Ereignisse in den USA am 11. September 2001 machen deutlich, dass es sogar innerhalb der Bewusstseinsstrukturen der menschlichen Rassen gewaltige Unterschiede gibt. Wie abartig muss das Bewusstseinsmuster von Fanatikern beschaffen sein, die in ihrer grenzenlosen Verblendung freiwillig ihren eigenen schrecklichen Tod und den Untergang Tausender Unschuldiger mit in Kauf nehmen. Kein »normaler« Mensch vermag die Abläufe im Bewusstsein der Attentäter nachzuvollziehen. Ihre Motivation erscheint ähnlich abstrus wie die bösartiger »Aliens« in einem Science-fiction-Film, die der Menschheit Megakatastrophen bescheren.

Umweltbedingungen, denen Tiere ausgesetzt sind, befinden sich in stetem Fluss, unterliegen ständigen Veränderungen, so dass das Gehirn der Tiere eine Instruktionsagenda gewaltiger Länge aufweisen müsste, um programmierte Informationen für angepasstes Verhalten in allen Lebenssituationen bereitzuhalten. Dabei spielt es keine Rolle, ob diese Informationen aus dem DNS-Fundus stammen, ob sie durch Lernen oder anderweitig erworben wurden. Alle nur denkbaren Situationen zu erfassen, würde eine unvorstellbar große Zahl von Anweisungen erfordern, womit selbst genetische Programmierungen überfordert wären. Um den Anforderungen unterschiedlicher, sich ständig ändernder Lebenssituationen gerecht zu werden, ihnen optimal zu begegnen, ist rasches Reagieren – das blitzschnelle Überlegen (Denken) und Entscheiden, ob in einer bestimmten Situation dieses oder jenes unternommen werden soll – erforderlich. Jedenfalls erscheint das Abwägen des Ergebnisses einer bestimmten Handlung wesentlich vorteilhafter als zeitraubendes Ausprobieren aller Möglichkeiten. Kann ein Tier das Resultat seiner Aktivitäten auch nur vage, d. h. ansatzweise voraussehen, handelt es energiesparender. Somit könnten einfache Denkvorgänge ökonomischer und im Endeffekt auch sicherer als stupides Ausprobieren sein.

Auch der Mensch führt viele Tätigkeiten schnell und effizient, ohne bewusstes Denken, ohne langes Überlegen durch. Aus diesem Umstand leiten wir fälschlicherweise her, dass auch Tiere zum Abwägen von Vor- und Nachteilen bestimmter Handlungen nicht bewusst zu denken brauchen. Dabei lassen wir außer Acht, dass die Umstellung auf neue Fertigkeiten, solange sie noch nicht zur Routine geworden sind, selbst uns bewusstes Denken abverlangt. Gleiches gilt wohl auch für Tiere, die den oft blitzschnell wechselnden Gegebenheiten einer nicht immer friedlichen Natur ausgesetzt und daher stets mit neuen, oft komplexen Anforderungen konfrontiert sind. Hier könnte gedankenloses, blindes Reagieren womöglich über Leben und Tod entscheiden. Tiere, die trotz gebotener Eile durch bewusstes Beurteilen einer Situation die erfolgversprechendste von mehreren Alternativen erkennen und dann auch anwenden, werden im Endeffekt häufiger erfolgreich sein als solche, die rein instinktiv-wahllos reagieren.

5.2 Ein Hauch von »Ich«

H. Hediger hat in verschiedenen Publikationen dargelegt, dass zahlreiche Säugetiere Namen, die sie von ihren Trainern und Wärtern erhielten, kennen und bei Zuruf bewusst darauf reagierten. Besitzer von Haustieren machen die gleiche Erfahrung, wobei Hunde noch am ehesten auf ihren Rufnamen ansprechen. Katzen sind von Natur aus eigenwilliger und befolgen entsprechende Aufforderungen, wenn überhaupt, meist langsamer, d.h. mit zeitlicher Verzögerung.

Der Autor hat die Beobachtung gemacht, dass Katzen, die lange Zeit in einer Familie leben, deren Mitglieder genau kennen und diesen auch vertrauen, bei Nennung ihres Rufnamens meist prompt reagieren und herbeikommen. Sie sind sich ihres Namens, den sie mit ihrer »Persönlichkeit« in Verbindung bringen, offenbar voll bewusst, ansonsten würden sie bei Zuruf irgendeines anderen Namens oder eines x-beliebigen Wortes gleichfalls reagieren.

M. Bunge, der die geistig-seelischen Aspekte der Tiere akribisch untersucht hat, ist der Auffassung, dass alle Tierarten, die zu bewussten Zuständen befähigt sind, auch freie, willentliche Handlungen auszuführen vermögen. Tierisches Selbst- oder (besser) Ich-Bewusstsein sieht Bunge an folgende Voraussetzungen gebunden:

»–Ein Tier hat (oder ist in einem Zustand von) Selbstbewusstsein nur dann, wenn es sich seiner selbst (d. h. der Vorgänge innerhalb seiner selbst) als verschieden von allen anderen Wesen bewusst ist;

– … wenn ihm einiges von seinen eigenen, vergangenen bewussten Zuständen bewusst ist, und

– … ein Tier hat ein Selbst zu einer bestimmten Zeit nur dann, wenn es seiner selbst zu dieser Zeit gewahr oder bewusst ist.«

D. M. Armstrong beschreibt *echtes Bewusstsein* als »Wahrnehmung oder Erkenntnis des eigenen Geisteszustandes, als einen kritischen Selbstprüfungsmechanismus im Zentralnervensystem«. Die Zentralnervensysteme z. B. von Ameisen sind, verglichen mit denen selbst kleiner Vogel- und Säugergehirne so winzig, dass man ihren Selbstprüfungsmechanismus normalerweise vernachlässigen könnte. Wie aber können wir einer kritischen »Größe« für bewusstes Denken so sicher sein?

Der Biologe und Verhaltensforscher Donald R. Griffin, Professor an der Rockefeller-Universität, New York, hält es für unwahrscheinlich, dass es *Bewusstseinsneuronen* oder besondere biochemische Substanzen gibt, die »in einzigartiger Weise mit dem Bewusstseinszustand korrelieren, so dass jemand immer dann ›bewusst‹ ist, wenn diese Zellen tätig bzw. diese Substanzen vorhanden sind.« Er meint, es wäre viel wahrscheinlicher, dass Bewusstsein aus Aktivitätenmustern kommt, an denen Tausende oder gar Millionen von Neuronen beteiligt sind.

Selbst kleine Störungen bzw. chirurgische Eingriffe im menschlichen Gehirn können das Wissen um das eigene körperliche Selbst mindern oder ganz ausschalten. Die Vorstellung von dem, was alles Teil seines Körpers ist, kann dann Lücken aufweisen oder ganz verblassen.

Dass Teile unseres eigenen Körpers subjektiv, d. h. rein gefühlsmäßig, zu »Fremdkörpern« werden können, zeigte sich bei mir schon während einer simplen Karpaltunnel-Operation, die ich kürzlich über mich ergehen lassen musste. Der Anästhesist hatte durch Einführen eines Narkotikums meinen rechten Arm sukzessive betäubt und den Fortgang der Betäubung messtechnisch überwacht. Ich konnte mich selbst davon überzeugen, wie der Zustand der Taubheit in meinem Arm zunahm. Mit meiner linken Hand musste ich den rechten Arm festhalten, um zu vermeiden, dass er – völlig gefühllos – über den Rand der Liege abglitt und nach unten fiel. Es ist schon ein seltsames Gefühl, mit der intakten linken Hand den völlig tauben rechten Arm zu ergreifen und ihn wie einen Fremdkörper – wie ein Stück Holz – hochzuheben. Man weiß zwar, dass die Betäubung in kurzer Zeit wieder verschwinden wird, hat aber dennoch den Eindruck, etwas völlig Fremdes, das nicht zum eigenen Körper gehört, in der Hand zu halten. Er verstärkte sich noch, als ich, in Verkennung des Abstandes zum Körper, den mit der linken Hand hochgehobenen rechten Arm über meinem Kopf losließ und dieser mit aller Wucht mein Gesicht traf. Ich hatte da etwas völlig Fremdes in der Hand gehalten, zu dem ich, trotz besseren Wissens, keinen Bezug mehr hatte.

Tiere, deren Beine oder andere Körperteile durch einen Unfall zeitweilig bzw. dauerhaft taub werden, fressen sie gelegentlich ab, da sie diese nicht mehr als ihre eigenen betrachten. Für das Überleben erscheint es daher äußerst wichtig, den eigenen Körper – das Ich – als von der Umwelt gesondert zu erfahren, was normalerweise auch bei Tieren der Fall zu sein scheint.

Spuren tierischer Selbstwahrnehmung wollen Verhaltensforscher beim Imitieren ihrer Artgenossen entdeckt haben. Dieses Imitieren bedingt, dass man wahrnimmt, was andere tun. Als weiteres muss das imitierende Tier seine Wahrnehmungen analog auf eigene Tätigkeiten übertragen. Indem es von anderen auf sich selbst schließt, lässt es eine gewisse Selbstwahrnehmung – ein Bewusstsein für sein Selbst – erkennen.

Das Sichverstecken eines Tieres deutet nicht nur auf bewusstes Denken, sondern auch auf eine Art Selbstgefühl hin. Tiere tun das häufig äußerst geschickt, indem sie ihren Körper nicht nur partiell, sondern komplett hinter etwas verbergen, so als ob sie genau wüssten, dass sie nur dann für andere nicht sichtbar sind. Sie müssen demnach eine Vorstellung von ihrem eigenen Körper, ihrem eigenen »Ich«, besitzen.

D. R. Griffin hat sich schon vor Jahren neue Methoden ausgedacht, um zuverlässige Indizien für das Ich-Bewusstsein von Tieren zu erhalten, und er unterscheidet zwischen zwei Möglichkeiten:

»–Ein Tier ist hungrig und sucht bewusst nach einem bestimmten Muster, von dem es weiß, dass es Futter bedeutet;
– einem Tier ist bewusst, dass es selbst hungrig ist, und es sucht nach Merkmalen, die die Stelle anzeigen, wo Futter ist.

Könnte man ein Tier abrichten, unter den rechten Voraussetzungen eine von zwei oder mehr Botschaften auszusenden, die bedeuten ›Ich bin hungrig und suche nach Futter‹, ›Du bist hungrig und suchst nach Futter‹ oder ›Meine Jungen sind hungrig und suchen nach Futter‹ und, sollten sie positive Ergebnisse bringen, würden diese neue Beweise für Selbstbewusstsein liefern.«

Selbst aufgeschlossene Wissenschaftler, die bereit sind, Tieren zuzugestehen, dass sie ihre Umwelt bewusst erleben, über dieses und jenes in ihr nachdenken, bezweifeln, dass diese ein Ich-Bewusstsein besitzen, sich ihrer eigenen Bewusstheit bewusst sind. Mit den 1977 von G. G. Gallup jr. an Schimpansen durchgeführten Spiegelexperimenten wollte man herausfinden, ob zumindest bestimmte Tierarten über ein gewisses Selbstgefühl, Bewusstheit für ihre eigene Persönlichkeit verfügen. Nachdem man sie zunächst im Umgang mit Spiegeln vertraut gemacht hatte, markierte man ihre Stirn bzw. Ohrläppchen im narkotisierten Zustand mit roter Farbe. Schimpansen, die sich zum Zeitpunkt der Experimente bereits öfters im Spiegel betrachtet hatten, griffen sich sofort an die auffällige Markierungsstelle und gaben damit zu verstehen, dass sie das Spiegelbild als Wiedergabe des eigenen Körpers erkannt hatten. Andere Schimpansen, denen die Vertrautheit mit Spiegeln fehlte, negierten die Farbmarkierung.

Ende der sechziger Jahre des vorigen Jahrhunderts unternahmen die Amerikaner Alan und Beatrix Gardner den Versuch, der damals noch jungen Schimpansin Washoe die amerikanische Taubstummensprache (Ameslan = *American Sign*

*Lang*uage) beizubringen. Das Experiment verlief erfolgreich, denn Washoe beherrschte schon mit fünf Jahren mehr als 150 Zeichen und das Ehepaar konnte sich so mit seinem Schützling zufrieden stellend verständigen. Mit ihrem eigenen Spiegelbild konfrontiert, signalisierte sie in Ameslan, auch ohne die rote Farbmarkierung auf der Stirn, »mich, Washoe«. Schimpansen erkennen sich demnach eindeutig selbst als unterschiedliche Identitäten. Dies aber ist erst dadurch möglich, dass sie sich der Existenz ihres Selbst bewusst sind.

Bei einem TV-Experiment steuerte ein besonders cleveres Schimpansenexemplar seine Handbewegung am Bildschirm. Während das Tier einen seiner Arme durch einen Schlitz in der Wand hinter sich nach einem dort liegenden Stück Schokolade ausstreckte, beobachtete es seine von einer Kamera aufgenommene rückwärtige Handbewegungen auf dem Monitor. Es konnte auf dem Bildschirm jede seiner Bewegungen ständig in Echtzeit verfolgen, bis sich die Hand in unmittelbarer Griffnähe zur Schokolade befand. Als der Kameramann durch einen Schwenk des Objektivs um 180° das Schokoladenstück scheinbar »auf den Kopf« stellte, neigte der schlaue Affe seinen Schädel, um den Monitor kopfüber durch seine Beine hindurch zu betrachten, woraufhin für ihn die Welt wieder in Ordnung zu sein schien.

Während alle Menschenaffen – Schimpansen, Zwergschimpansen, Gorillas und Orang-Utans – es nach geraumer Zeit fertig bringen, sich im Spiegel oder auf dem TV-Monitor selbst zu erkennen, scheitern Tieraffen, aber auch alle anderen Tiere und selbst Kleinkinder unter 18 Monaten an diesem Experiment.

Nachdem Verhaltensforscher experimentell nachgewiesen hatten, dass manche Menschenaffen tatsächlich über eine Art Ich-Bewusstsein verfügen, versuchten sie herauszufinden, ob diese Tiere auch eine Vorstellung von dem haben, was *andere* denken. Sich Gedanken über die Überlegungen und Handlungen der anderen zu machen, erfordert nämlich ein noch viel höheres Maß an Bewusstheit. Für einschlägige Experimente

hatten amerikanische Wissenschaftler die mit Menschen aufge-
wachsene Schimpansin *Panzee* ausgesucht, die eine Computer-
symbolsprache beherrscht und deren Gedankengänge denen
von Menschen in ihrer Umgebung ähneln. Ihr Betreuer John
Kelly fragte Panzee, was sie zu essen wünsche, woraufhin sie
»Aprikose« signalisierte. Der an diesem Experiment beteiligte
Psychologe Andy Whiton wollte herausfinden, ob Panzee seinen Gedankengängen folgen kann. Er versteckte eine Aprikose in einem von mehreren Kästen und Kelly hing den Schlüssel
zum Kasten an einer anderen Stelle als üblich auf, die Whiton
verborgen blieb. Panzee wusste genau, dass Whiton den Auf-
bewahrungsort des Schlüssels nicht kannte. Sie deutete daher
nicht auf irgendeinen Kasten, sondern auf die Stelle, wo sich der
Schlüssel befand, und hatte demnach verstanden, was in Andy
Whitons Kopf vor sich ging. Das verblüffendste an diesem Experiment ist die Tatsache, dass Panzee diese Fähigkeit nie zuvor
antrainiert bekommen hatte. Inzwischen hat man herausgefunden, dass das Wissen um die Gedankengänge anderer eine natürliche Fähigkeit vieler Schimpansen zu sein scheint.

Die Entdeckung, dass Tiere auch so etwas wie »Eigennamen« besitzen, wurde selbst von aufgeschlossenen Verhaltensforschern lange Zeit als »Erfindung« phantasiebegabter Zeit-
genossen gewertet, da man Namenskennzeichen als rein
menschliche Attribute verstanden wissen wollte. Eigennamen
bezeichnen Einzelwesen, die dadurch in der Masse ihrer Artgenossen kenntlich werden. So können Tiere nicht nur (wie
meist fälschlicherweise angenommen) akustische, sondern
auch Duft-, Sicht- und andere Namen führen.

Die ersten Beweise für die Existenz tierischer Eigennamen
kamen von Ornithologen, die festgestellt haben wollen, dass
sich Vögel an ihren Gesichtern erkennen, obwohl sie für uns
Menschen alle gleich aussehen. Zebras führen visuelle »Namen« oder sollte man besser Körperkennzeichen sagen? Keines
ihrer Streifenmuster gleicht dem anderen. Auf diese Weise erkennen diese Tiere selbst aus größter Entfernung, wen sie vor
sich haben.

Für Hunde und viele andere Tiere verfügen deren Artgenossen und Menschen über eigene Duftmarken, anhand der sie Witterung aufnehmen. Was weniger bekannt sein dürfte: Selbst an Fischen wurden Duft-»Eigennamen« ermittelt.

Ornithologen entdeckten beim Analysieren von Tonbandaufzeichnungen, dass Vögel außer dem Artgesang auch individuelle Namensrufe aussenden. Dass sich Tiere beim Namen rufen, stellte schon vor Jahren der bekannte Katzenforscher Paul Leyhausen fest, und der Tiersprachenfachmann Thomas Sebeok will herausgefunden haben, dass es sich hierbei tatsächlich um Eigennamen handelt.

Das Aussenden individueller akustischer Namensrufe bzw. visueller oder olfaktorischer (Geruchs-)Signale lässt ebenfalls auf eine gewisse Bewusstheit seines Selbst als Einzelwesen – getrennt von Artgenossen und Mensch – schließen. Individualität lässt sich nicht zuletzt auch am emotionalen Zustand der Tiere ablesen. Jedes Tier besitzt Eigenarten, die es von seinen Artgenossen unterscheidet – es zu einem Unikat macht. Und es sind gerade jene Emotionen, die Tiere uns so menschenähnlich erscheinen lassen.

5.3 Denn es fühlt wie du den Schmerz ... – die Gefühlswelt der Tiere

Emotionen sind seelische Erregungs- und Gemütszustände, die ganz unterschiedliche Ursachen haben können. Ihnen liegen vielfach bewusst aufgenommene Beobachtungen, aber auch im Unbewussten schlummernde Einflüsse zugrunde, die in irgendeiner Form stimulierend wirken und dann als emotionale Reaktionen in Erscheinung treten. Tiere, die emotional ähnlich wie Menschen reagieren, verkörpern mit ihren Gefühlsausbrüchen ein gewisses Maß an Individualität, d. h. Selbstbewusstheit, auch wenn wir nicht wissen, ob sie sich wirklich ihrer Reaktionen bewusst sind.

Der Begriff »Emotion« hat zwei Bedeutungen:

- Das objektiv beobachtete Verhalten und die messbaren physiologischen Reaktionen;
- die subjektive Erfahrung, etwas zu fühlen und sich dieser bewusst zu sein.

Wenn wir das Verhalten von Tieren und Vorgängen in deren Organismus objektiv beobachten, können wir zwar über ihren gefühlsmäßigen Zustand sprechen. Wie sie jedoch ihre Gefühle selbst erleben, wissen wir nicht. Unser Unwissen über den Gefühlszustand anderer Lebewesen ist aber kein Beweis dafür, dass Tiere keine Gefühle haben. Ganz allgemein sind Ethologen auch heute noch der Auffassung, dass es unsinnig sei, Tieren menschliche Empfindungen zuzuschreiben, was als Anthropomorphismus bezeichnet wird. Sie argumentieren, Tiere seien keine Menschen in anderer Gestalt. Nur weil wir wüssten, was Menschen fühlen, könnten wir noch lange nicht wissen, was andere Spezies empfinden. Sie meinen, wir könnten Tieren Emotionen zuschreiben und uns damit völlig irren. Besser wäre es, das Ganze aus der Sicht der Tiere zu betrachten, was jedoch nicht ganz einfach sein dürfte. So ist jede Art verschieden, hat unterschiedliche Bedürfnisse und verfügt daher über eine eigene Empfindungswelt, die es herauszufinden gilt. Wenn beim Menschen und bei den ihm nahe verwandten Tieren, z. B. Menschenaffen, nicht nur das äußere Verhalten, sondern auch die Gehirnstruktur und deren chemische Reaktionen im emotionalen Zustand einander ähnlich sind, liegt die Vermutung sehr nahe, dass zumindest die hoch entwickelten Tiere wie wir fühlen.

Saudi-arabische Zeitungen berichteten unlängst über einen kuriosen Zwischenfall, in dem eine rachsüchtige Horde Paviane verwickelt war. Ein unvorsichtiger Autofahrer hatte einen ihrer Artgenossen überfahren und ihn am Unfallort liegen gelassen. Drei Tage später, als der gleiche Wagen den Ort des Geschehens erneut passierte, attackierten ihn die Affen wie auf Kommando mit einem Steinhagel und zertrümmerten schließlich seine Windschutzscheibe. Der Fahrer entzog sich dem direkten Zugriff der wütenden Tiere, indem er den Wagen verließ und spornstreichs die Flucht ergriff.

In Tezpur, einer Stadt im nordöstlichen Teil Indiens gelegenen Assam, brachte eine aufgebrachte Affenhorde den Verkehr vorübergehend völlig zum Erliegen, nachdem auf einer belebten Straße ein Autofahrer ein Affenbaby überfahren hatte. Im Nu umringten mehr als hundert Affen das verletzte Jungtier. Seine Beine waren gebrochen, und es lag teilnahmslos mitten auf der Straße. Die erregten Tiere, die aus allen Himmelsrichtungen herbeigeeilt kamen, blockierten, als sie sich um das verletzte Kleintier scharten, mehr als eine halbe Stunde den Verkehr. Sie verhielten sich ausgesprochen emotional und versuchten sogar die Beine des Verletzten zu massieren. Schließlich gaben sie die Straße frei, indem sie das Affenbaby mitnahmen. Die Polizei konnte nicht feststellen, ob das Tier seinen Verletzungen erlegen war, weil die Paviane ihr das Näherkommen verwehrten. Verhaltensforscher halten es für möglich, dass unsere »haarigen Verwandten« in solchen Fällen eine »Bewusstseinserweiterung« erfahren.

Experimente haben gezeigt, dass Schimpansen Probleme ähnlich wie wir lösen. Man fragt sich, warum sie dann auch nicht die gleichen Emotionen wie wir entwickelt haben sollen oder ob diese vielleicht so fremdartig sind, dass sie jenseits unseres menschlichen Verstehens liegen. Damit ist aber nicht gesagt, dass andere Tiere, wie z. B. Schlangen, gefühllos sind. Sie zeigen ihre Gefühle vielleicht nur nicht nach außen, können sie womöglich auch nicht durch Lautäußerungen oder durch eine uns geläufige Mimik zum Ausdruck bringen.

Beim Menschen zeigen sich Emotionen und Gemütsverfassungen am Gesichtsausdruck. Jane Goodall, die mehr als 30 Jahre mit Schimpansen verbracht hat, behauptet, deren Gefühle am Gesichtsausdruck deutlich ablesen zu können. Wenn sie glücklich wären, wenn sie spielten und einander neckten, würden sie lachen und dabei die untere Zahnreihe zeigen. Beim Gekitzeltwerden machten sie ein »Spielgesicht«, was Goodall als »kleines Lachen« bezeichnet.

Dass Haustiere auf einige (sie offenbar berührende) TV-Szenen emotional reagieren, wurde noch vor wenigen Jahren von

Erzskeptikern vehement bestritten. Ende der achtziger Jahre berichtete die amerikanische Zeitschrift »Laser« über einen Pudel mit dem Namen »Terr«, der die auch in Deutschland bekannte Hundeserie für Kinder »Lassie« stets aufmerksam verfolgte und bei Erscheinen des Stars (Lassie) stets lebhaft reagierte.

Skeptiker bestritten die Fähigkeit von Hunden, ihre Artgenossen (oder irgendwelche Personen) auf dem Bildschirm erkennen zu können und beauftragten den für seine negative bis feindselige Haltung zu unerklärlichen Phänomenen bekannten Bühnenmagier »Amazing Randi«, besagten »Wunderhund« kritisch zu testen. Randi vermutete hinter dem Verhalten des Terriers zunächst einen Trick. Er spekulierte, Terr würde immer dann zu bellen beginnen, sobald sein Besitzer ein Videoband mit Lassie einlegt. Daher spielte Randi zunächst unterschiedliche Bänder ab, in denen Lassie gar nicht vorkam. Terr schaute sich diese Streifen offenbar gelangweilt an, um sich nach etwa fünf Minuten desinteressiert abzuwenden. Als schließlich Lassie doch noch auftrat, schnappte Terr in Richtung Bildschirm, und er setzte seine Phantomattacke fort, bis der TV-Star von der Mattscheibe verschwunden war. Terr reagierte auf das Erscheinen von Lassie selbst, wenn dieser auf einem winzigen 2-Zoll-Bildschirm erschien. Sobald auf dem Monitor Katzen zu sehen waren, rastete Terr völlig aus. Sein Besitzer war während all dieser Experimente zu keiner Zeit anwesend, so dass Randis Vermutung, er könne den Hund in irgendeiner Weise beeinflusst haben, entfiel. Schließlich musste Randi kleinlaut zugeben, so etwas noch nie erlebt zu haben.

Reaktionen wie diese sind offenbar gar nicht einmal so selten. Der Ehemann einer meiner Kusinen, der seinerzeit einen altdeutschen Schäferhund besaß, war mit diesem bei uns zu Besuch. Wir hatten es uns im Wohnzimmer bequem gemacht, als im Fernseher gerade ein spannender deutscher Abenteuerfilm (ich glaube, sein Titel war »Klondike«) aus dem Goldgräbermilieu gezeigt wurde. Ein alter, erfahrener Goldsucher auf dem Weg zu seinem geheim gehaltenen Claim wurde von einem jungen Abenteurer verfolgt, der ihm seine erhofften Schätze abjagen wollte und dabei auch nicht vor einem Mord zurückschreckte. Gerade hatte er sich dem Alten bis auf wenige Schritte genähert und den Gewehrkolben zum Schlag ausgeholt, als unser Schäferhund »Rex«, böse knurrend, mit einem Satz in Richtung Fernseher sprang und direkt vor dem Bildschirm landete. Die Überfallszene hatte sich fast lautlos abgespielt, so dass der Hund wohl kaum akustisch, etwa durch laute Stimmen, zu dieser ungewöhnlichen Reaktion animiert worden war. Rex hatte offenbar die Handlung auf dem Bildschirm genau beobachtet und glaubte im Augenblick der Gefahr, dem Überfallenen beistehen zu müssen. Hätte ich diese Szene nicht selbst in allen Details erlebt, würde ich sie nicht glauben.

Das Gorillamädchen »Koko«, das sich im Alter von etwa vier Jahren selbst im Spiegel zu identifizieren vermochte, dessen Wortschatz genügte, um sich auf einfache Weise auch über ihr Befinden zu äußern, überraschte ihre Betreuer sogar mit sehr »menschlichen« Gefühlsregungen: Sie weinte gelegentlich. Nach dem Grund ihres Verhaltens befragt, soll sie »traurig« oder »missmutig« zu verstehen gegeben haben.

Mitgefühl mit anderen Kreaturen wird ebenfalls als wichtiges Indiz für Ich-Bewusstsein gewertet. Als Koko ein Pferd mit einer Bissverletzung an der Schnauze gezeigt wurde, signalisierte sie in Ameslan »Pferd traurig«. Auf die Frage nach dem Warum, »antwortete« sie »Zähne«, womit sie der Stelle des verletzten Körperteils ziemlich nahe kam.

Mitgefühl scheint nicht bei allen Tieren in gleichem Maße entwickelt zu sein. Wenn im afrikanischen Busch ein Raubtier aus einer grasenden Gazellenherde heraus ein Jungtier reißt, reagiert allenfalls die Mutter auf den Verlust des Kitzes, wohingegen die umstehenden Artgenossen ruhig weitergrasen, so, als ob nichts geschehen sei.

Gefühlsreaktionen drücken sich mitunter auch in Träumen aus. Ob Tiere ähnlich wie Menschen träumen, bleibt dahingestellt. Manche Tiere vollführen im Schlaf Bewegungen, die denen beim Jagen, Beißen oder Fressen ähneln, d. h., sie haben offenbar Bilder oder Vorstellungen in ihrem Kopf, die diesen Szenarien entsprechen.

Der so genannte orthodoxe (regelrechte) Schlaf wechselt im Laufe der Nacht mehrmals mit Phasen eines andersgearteten, »paradoxen« Schlafs ab, während denen der Mensch träumt. Beim orthodoxen Schlaf produziert das Gehirn große, langsame Deltawellen. In der paradoxen Traumphase sind die Gehirnwellen schneller, fast wie im Wachzustand, und die Augäpfel rollen rasch hin und her (sog. REM-Phase). Der Herzschlag wird unregelmäßig, aber die Muskeln sind entspannter als beim orthodoxen Schlaf.

Bei Tieren wurden Traumaktivitäten vor allem während des orthodoxen Schlafs festgestellt. Man wird aber nie mit Bestimmtheit sagen können, ob sie in der einen oder anderen Schlafphase träumen. Katzen erfahren den paradoxen Schlaf zeitlebens, wohingegen er bei weniger intelligenten Tieren, nachdem deren Gehirn ausgewachsen ist, völlig verschwindet. Bei Affen, die in ihren Handlungen aufgeweckter und erfindungsreicher als andere Tiere sind, gibt es in allen Lebensabschnitten Merkmale für den paradoxen Schlaf mit REM-Phasen, was auf Traumaktivitäten hindeutet. Wissenschaftler sehen daher in träumenden Tiere das Vorhandensein eines hohen Bewusstseinsniveaus.

Ängste und Schmerzen gehören zu den objektiv registrierbaren emotionalen Reaktionen; sie drücken sich in unterschiedlichen Gehirnwellen aus – in Alpha-, Beta-, Delta- und Theta-Wellen (α-, β-, δ- und ϑ-Wellen). Mittels so genannter EEG-Geräte (Elektroenzephalographen) werden die elektrischen Ströme, die die Übertragung von nervösen Impulsen von einem Neuron zum anderen sowie die Impulsübertragung auf dem Weg über eine zwischen den Neuronen eingeschaltete Synapse begleiten, gemessen. Wissenschaftler haben festgestellt, dass bei Angst ein kleiner Bereich im Gehirn aktiviert wird: die Amygdala (Mandelkern), die an einem Ende der Hirnstruktur sitzt. Sie reagiert direkt auf die Sinne und löst Angstreaktionen des Körpers aus, ist sozusagen eine Art »Notschalter« und sorgt für instinktives Soforthandeln, da Nachdenken zu viel Zeit beanspruchen würde.

Säugetiere, Reptilien und Vögel verfügen, wie der Mensch, ebenfalls über eine Amygdala, die in Gefahrensituationen Sofortreaktionen auslöst. Man muss sich aber fragen, ob Tiere tatsächlich Angst in dem Maße wie Menschen empfinden oder ob diese eine rein menschliche Qualität ist, zumal wir auch über bestimmte Gefahrensituationen nachdenken.

Tiere reagieren auf Schmerzen, die man ihnen zufügt, recht unterschiedlich. Doch wissen wir nicht, ob sie diese in gleicher Weise und Intensität wie wir empfinden, da sie sich uns – bis auf wenige Primaten – sprachlich nicht mitteilen können. So meinen Angler, Fische empfinden am Angelhaken keine Schmerzen, was jedoch entsprechend neueren Forschungserkenntnissen nicht ganz zutreffend sein dürfte.

Vom Menschen wissen wir, dass bei Verletzungen jeglicher Art Endorphine – körpereigene Peptide mit opiatartiger Wirkung – freigesetzt werden, die als natürliche Schmerzstiller wirken. Bei Fischen soll, wenn Verletzungen vorliegen, deren Endorphinspiegel acht- bis zehnmal so hoch wie normal sein. Daraus könnte man schließen, dass Fische durchaus Schmerzen empfinden. Jedoch lassen sich mit Endorphinausschüttungen nur chemische Körperprozesse registrieren, keineswegs direkte Vorgänge im Gehirn, d. h. Empfindungen.

Das Schmerzsystem der Säugetiere ist dem unsrigen sehr ähnlich. Tiere besitzen wie wir Schmerzsensoren, die über die Schmerznerven Reize ins Rückenmark leiten und von da aus in die oberen Gehirnzentren. Verletzt sich z. B. ein Hund an einer Pfote, wird er die bewusste Stelle ablecken und dann davonhumpeln. Fußballspieler verhalten sich bei einem Tritt gegen das Schienbein ähnlich. Solche schmerzhaften Zwischenfälle ereignen sich praktisch bei jedem Spiel. Der lädierte Spieler greift sich ans verletzte Schienbein oder wälzt sich am Boden, um, wenn er spielunfähig ist, vom Platz zu humpeln oder auf einer Bahre davongetragen zu werden. Würde ein Hund nicht in gleicher Weise empfinden, hätte er keine Veranlassung zu humpeln, d. h. keine Schmerzen. Es gibt vereinzelt Berichte, nach denen Tiere bei körperlichen oder seelischen Schmerzen oder unerträglichen Qualen sogar Tränenflüssigkeit absondern, d. h. zu weinen beginnen.

Da man sich nicht in die Gefühlswelt der Tiere hineinprojizieren kann, misst man ihre Hormonausschüttung und andere physiologische Körperreaktionen unter definierten Bedingungen. Durch Beobachten des äußeren Verhaltens der Tiere – ihre Körperreaktionen auf externe Einflüsse – und Registrieren ihrer inneren Körperchemie lassen sich animalische Gefühlszustände wie Ängste, Schmerzen, Liebe, Depressionen, Freude usw. wenigstens annähernd objektiv ermitteln.

Liebesgefühle sind bei Tieren unterschiedlich stark ausgeprägt. Pfaue produzieren sich auffällig bis zur vollzogenen Kopulation. Danach suchen sie sich gleich wieder eine neue Partnerin. Hingegen gehen z. B. Präriewühlmäuse meist lebenslange Partnerschaften ein, bleiben auch nach der Kopulation für immer zusammen. In ihren Gehirnen wird Oxytozin produziert, ein Hormon, das bei Zuneigung zum Partner und zu den Nachkommen eine wichtige Rolle spielt. Stirbt einer der Partner, gehen 80 Prozent der Tiere keine neue Bindung ein.

Glücksgefühle sind für Tiere ebenso lebenswichtig wie für uns. Sie entstehen durch Stimulieren des Belohnungszentrums im Gehirn, und dieses steuert wiederum die Handlungen der Tiere – die Nahrungssuche, Sex usw. Zur Steuerung des Belohnungszentrums produziert das Gehirn bestimmte chemische Substanzen wie z. B. Dopamin, das als Neurotransmitter wirkt. Schäferhunde erhalten beim Schafehüten in ihrem Belohnungszentrum einen Dopaminstoß, was bedeutet, dass ihnen ihr Job offenbar Spaß bereitet. Für Jungtiere sind Glücksgefühle, die beim ungezwungenen Spielen entstehen, äußerst wichtig, da hierdurch ihr soziales Verhalten gefördert wird.

Bei Orang-Utans wollen Verhaltensforscher sogar so etwas wie Schamgefühl entdeckt haben. Das Orang-Utan-Weibchen »Inda« wird während einiger Testserien mit der Aufgabe betraut, dem Bild eines Gegenstandes ein abstraktes Symbol zu-

zuordnen. Meist erfüllt sie die an sie gestellten Anforderungen, und sie erhält dafür eine Belohnung. Bei schwierigen Tests scheitert sie. Jetzt wischt sie sich mit dem Handrücken verlegen über die Stirn und saugt vernehmlich Luft durch die Zähne. Es sind dies typische Verlegenheitsreaktionen. Immer, wenn sie Fehler macht, ist sie enttäuscht/frustriert. Sie scheint eine Art Schuld- oder Schamkomplex entwickelt zu haben. Bei nachfolgenden Tests fiel auf, dass sie sich merklich Mühe gab, besser abzuschneiden.

Zweifellos sind unsere Freunde aus der Tierwelt mit Gefühlen, mit seelischen Empfindungen ausgestattet und keine monoton dahinvegetierende Roboter, wie uns rein materialistisch eingestellte Verhaltensökologen weismachen möchten. Deutlich wird dies durch einige Fälle, in denen die menschlichen Begleiter oder Betreuer der Tiere plötzlich aus dem Leben scheiden. Ist es Anhänglichkeit über das Grab hinaus, können Tiere trauern?

5.4 Wenn Tiere traurig sind

Das Dahinscheiden eines Partners, aber auch das Unterdrückt-, Beleidigt- und Gemobbtwerden, Isolation sowie andere Negativerfahrungen können bei Menschen depressive Zustände und diese wiederum Niedergeschlagenheit und Traurigkeit auslösen. Zahllose Psychiater und Psychologen werden täglich mit den Auswirkungen des menschlichen Leids konfrontiert. Sie haben Therapien entwickelt, um diese selbstzerstörerischen Erfahrungen ins Positive zu verkehren oder doch wenigstens erträglicher zu machen.

Aufmerksame Verhaltensforscher wollen festgestellt haben, dass selbst Tiere unter der Wirkung negativer Einflüsse so etwas wie Traurigkeit empfinden können, auch wenn die Umstände, die solche Emotionen auslösen, meist andere als beim Menschen sein mögen. Sie lassen sich vielfach schon durch bloßen Augenschein feststellen. Wie z. B. Hühner in Legebatterien leiden mögen, erhellt ein einfaches Experiment, bei dem man den Tieren die Wahl zwischen der Unterbringung auf einem Maschendraht- und Grasboden überlässt. Es hat sich herausgestellt, dass Hühner stets Käfige mit Grasböden bevorzugen, weil dies der natürlichen Haltung auf dem Bauernhof noch am ehesten entspricht. Hühner leiden demnach unter den Gegebenheiten der Batteriehaltung mit Maschendrahtböden. Nur das Ausmaß des Leidens konnte bislang nicht messtechnisch ermittelt werden, sonst wäre die tierunwürdige Käfighaltung mit all ihren Quälereien vielleicht längst schon abgeschafft worden.

Es sind Fälle bekannt, in denen Tiere genau wie Menschen unter emotional bedingter Traurigkeit leiden. So wurde unlängst in einer TV-Tierserie ein verhaltensgestörter Affe vorgestellt, der seinen Käfig schon seit Jahren nicht mehr verlassen hat. Traurig, teilnahmslos stierte das arme Tier vor sich hin, unfähig, auf die Kontaktversuche der Therapeuten zu reagieren. Offenbar litt er unter einer schlimmen Depression. Trauer und Anhänglichkeit scheinen auch in der Tierwelt unauflösbar zusammenzuhängen. Ein Äffchen, das in der Obhut seiner Mutter stirbt, wird von dieser oft tagelang herumgetragen, so, als ob es noch am Leben wäre, bis der kleine Körper allmählich in Verwesung übergeht, austrocknet und sich auflöst.

Viele Gorillababys leiden unter dem Tod ihrer Mütter. Judy McConnery, die für das Projekt »Protection des Gorilles« tätig ist und in Zentralafrikas Regenwald kleine Gorillas betreut, deren Mütter von Wilderern getötet wurden, meint, auf die Trauer der Kleinen angesprochen: »Erst erlischt das Leuchten in ihren Augen, und dann sterben sie einfach.«

Eine andere Form von Traurigkeit erlebten wir mit der uns zugelaufenen halbwilden Katze »Julchen«. Bis zu dem Zeitpunkt, als sie sich vor vielen Jahren erstmals zur Terrasse unseres Hauses vorwagte, um ein paar kalte Kartoffelschalen aus einem dort abgestellten Eimer zu »fischen«, wussten wir noch gar nichts von ihrer Existenz, von ihren zwei hübschen Katzenkindern, die sie kurz zuvor zur Welt gebracht und in der weiträumigen Lagerhalle einer Holzhandlung hinter unserem

Grundstück versteckt hatte. Sie war damals so scheu, dass sie, wenn wir uns der Terrasse auch nur näherten, gleich davonlief. Aufgrund der traurigen Situation fütterten wir die völlig abgemagerte Katzenmutter in der Folge mit Dosenfutter, das sie gierig verschlang. Nach und nach gewannen wir Julchens Zutrauen, doch bewegte sie sich immer noch auf Distanz zu uns, flüchtete sie augenblicklich, wenn wir uns ihr näherten. Eines Tages präsentierte sie uns stolz ihre zwei Kinder – einen Jungen und ein Mädchen, beide pechschwarz mit weißen Vorderpfötchen. Die Jungtiere vertrauten uns sofort und kamen sogar ins Wohnzimmer, um bei uns zu spielen. Julchen mied jedoch nach wie vor unsere Nähe und hielt sich stets in respektvollem Abstand.

Drei lebhafte Katzen konnten und wollten wir unseren Nachbarn schon gar nicht zumuten. Und so suchten wir wochenlang nach liebevollen Pflegeeltern für die Kleinen. Nach intensiven Bemühungen gelang es uns schließlich, eine zuverlässige junge Dame ausfindig zu machen, die uns beide Katzenkinder abnahm und sich bis heute liebevoll um sie kümmert. Julchen aber blieb bei uns. Die Wegnahme ihrer beiden Kinder schien bei ihr ein Trauma ausgelöst zu haben. Wochenlang wurde ich frühmorgens durch jämmerliche Laute geweckt, die sie bei der Suche nach ihren Kindern ausstieß. Sie patrouillierte unermüdlich den Gartenweg unterhalb unseres Schlafzimmers auf und ab und hielt nach den beiden Ausschau, die sie unter schwierigen Umständen und mit viel Liebe aufgezogen hatte. Ihre Kinder waren ja das Einzige, was sie je besaß. Und jetzt war sie wieder allein. Wir hatten ihr alles genommen: ihr Mutterglück. Und sie war eine vorbildliche Katzenmutter, die für ihre Kinder alles getan hatte.

Ganz allmählich ging in Julchen eine seltsame Wandlung vor. Zögernd näherte sie sich uns, kam ein paar Schritte ins Wohnzimmer stolziert, offenbar auf der Suche nach den beiden Schwarzen. Sie wagte sich sogar bis zur Küche am anderen Ende des Hauses vor und ließ sich schließlich gefallen, wenn wir sie sanft streichelten.

Nach vielen Wochen war ihre Trauer verflogen, die Erinnerung an ihre Kinder verblasst. Sie »adoptierte« uns und auch einige der Nachbarn, ist jetzt zu einer Hauskatze mutiert, die auch schon einmal bei uns nächtigt, sich aber meist im Freien aufhält.

Wir wissen nicht, ob Tiere Traurigkeit etwa wie wir empfinden. Womöglich manifestiert sich die durch den Tod eines Artgenossen oder Stress ausgelöste Traurigkeit ähnlich wie bei Menschen, hält aber nicht lange vor, weil Tiere, anders als wir, nicht zum Nachgrübeln neigen, sondern sich zwangsläufig mit Vordringlicherem – dem Überleben – befassen müssen.

Eine Studie über Stress-Situationen bei afrikanischen Pavianen ergab verblüffende Parallelen zu menschlichem Verhalten. Dominante Pavianmännchen genießen viele Privilegien. Um dominant zu bleiben, müssen sie durch Drohgebärden andere einschüchtern. Schwächere Männchen leiden, genau wie untergebene Menschen, unter psychischem Stress und hierdurch ausgelöste Krankheiten wie Magengeschwüre, Arterienverkalkung, Herzbeschwerden usw. Durch Hormonanalysen hat man neue, objektive Erkenntnisse über Pavian-Empfindlichkeiten gewonnen. Demnach spielen sich in den Gehirnen verhaltensgestörter Tiere ähnliche Vorgänge wie in denen depressiver Menschen ab. Es sind Veränderungen im Hormonhaushalt, bei Neurotransmittern bzw. in der Gehirnchemie. Paviane sind uns im Verhalten unter Stress und bei Traurigkeit so ähnlich, dass einschlägige Forschungsergebnisse über die Stressbewertung auch in unserer Gesellschaft nutzbringend herangezogen werden.

Beispiele dafür, dass Tiere den Tod bzw. das Verschwinden ihres Partners bzw. ihres menschlichen Halters/Betreuers betrauern, gibt es zur Genüge. Da wird über eine Singdrossel berichtet, die beim Ableben ihres Besitzers noch einmal aus voller Kehle ihr Lied schmetterte, um danach tot zu Boden zu fallen. Da war im Februar vergangenen Jahres in vielen europäischen Zeitungen von einer italienischen Mischlingshündin »*Cuccuricchedda*« (Zucchini) im sardinischen Küstenstädtchen

Dorgali die Rede, die sich nach dem Tod ihres Halters offenbar sehr einsam fühlte und täglich bei Sonnenaufgang zu dessen Grab trottete. Vielleicht glaubte sie, dass er dort eines Tages wieder auftauchen würde.

Von Grauganspaaren, die eine lebenslange Verbindung eingehen, weiß man, dass sie trauern, wenn einer der Partner stirbt. Sie lassen im wahrsten Sinne des Wortes den »Kopf hängen«. Ihre Augen fallen tief in ihre Höhlen zurück und ihr Appetit schwindet merklich. Die Tiere erscheinen völlig teilnahmslos, erwecken wegen fehlender Aktivitäten den Eindruck, am Tod ihres Partners zu »zerbrechen«. Sie trauern ähnlich wie wir Menschen. Ganz anders verhalten sich ihre Artgenossen. Sie zeigen keinerlei Mitgefühl. Ganz im Gegenteil. Indem sie die Trauer und die hiermit verbundene Schwäche des/der »Verwitweten« erkennen, erniedrigen bzw. attackieren sie ihn oder sie, vielleicht, um in der Rangordnung nach oben zu klettern. Mitgefühl scheint bei Tieren eher eine Seltenheit zu sein.

So merkwürdig es sich auch anhören mag: Tiere können durchaus an Liebeskummer zugrunde gehen. Zehn Wochen lebte der Delphin Peter mit seiner Trainerin Margaret Howe im Marineforschungsinstitut von St. Thomas (Jungfraueninseln) auf engstem Raum zusammen. In der fünften Woche merkte Peter, dass er mit seinem sexuell betonten Drängen Margaret ängstigte, weil er sich ihr stets mit seinem weit geöffneten furchterregenden Gebiss näherte. Dies begreifend, entwickelte er plötzlich Fähigkeiten, die man bei ihm bislang nie beobachtet hatte: Einfühlungsvermögen, planvolles Vorgehen und Beharrlichkeit. Um Howe die Angst vor seiner Nähe zu nehmen, benutzte der Delphin einen kleinen roten Ball, den er bei Annäherung sanft zwischen seinen Zähnen hin und her rollen ließ. Hiermit wollte er zum Ausdruck bringen, dass er mit seinen monströsen Kiefern noch nicht einmal den kleinen Ball beschädigen würde. Offenbar hatte Peter die richtige Taktik gewählt, denn die Howe vermerkte in ihrem Versuchsbericht: »Langsam gewinne ich zu Peter Vertrauen.«

Nachdem sich der Delphin mehr als zwei Wochen von seiner angenehmen Seite gezeigt hatte, verlangte er seine Belohnung: Er wendete der Trainerin seine Genitalen zu und wollte von ihr dort gestreichelt werden. Immer wenn Margaret Howe seinen Wünschen nicht nachkam, verweigerte er seine Mitarbeit bei wissenschaftlichen Experimenten. Nach Beendigung der Testreihe »Zusammenarbeit« heiratete Howe den Fotografen, den sie bei Tieraufnahmen kennen gelernt hatte. Da der Ehemann nicht länger seine Frau mit dem Delphin »teilen« wollte, kündigte diese ihre Tätigkeit beim Marineforschungsinstitut. Delphin Peter wurde von Tag zu Tag trauriger. Eines Morgens fand man ihn tot in seinem Becken. Er hatte sich »ertränkt«. Und sein Tod war mit Sicherheit kein Zufall. Wie bereits erwähnt (Kapitel 3.3), stoßen in Not geratene Delphine eine Art SOS-Signal aus, woraufhin Artgenossen herbeieilen, um das Atemloch des Gefährdeten über Wasser zu halten, damit er wieder Luft bekommt und nicht erstickt. Obwohl sich seinerzeit in Peters Becken drei weitere Delphine aufhielten, hatte er deren Unterstützung nicht in Anspruch genommen. Er wollte nicht länger leben und war gewissermaßen wegen Liebesentzug aus dem Leben geschieden.

Tiere können, wie Menschen, ihrer Trauer sichtbaren Ausdruck verleihen: Auch sie weinen mitunter. Ramona Griffith verbrachte ihre Kindheit auf der elterlichen Farm in Dallas (Georgia). Ihre Milchkuh Elvira hatte Anfang Mai 1981 ein Kälbchen zur Welt gebracht, das sie Buddy nannten. Während eines heftigen Gewitters wurde Buddy vom Blitz erschlagen, was Ramonas Eltern zunächst gar nicht bemerkt hatten. Sie hörten nur Elviras herzzerreißende Klagelaute und bemerkten erst beim näheren Hinschauen, wie Tränen aus deren Augen kullerten. Das, was sie zunächst für Regentropfen gehalten hatten, stellte sich tatsächlich als Tränenflüssigkeit heraus. Die Milchkuh geleitete das Farmerehepaar zu dem toten Kälbchen, wobei sie sich fortwährend umdrehte, um zu sehen, ob es ihr folgte. Als Ramonas Eltern das tote Jungtier schließlich am hinteren Ende der Weide entdeckt hatten und den Leichnam in

Augenschein nahmen, ließ Elvira nochmals einige Klagelaute vernehmen, um dann gemächlich den Ort des Geschehens zu verlassen und an anderer Stelle weiterzugrasen.

Über einen höchst merkwürdigen Vorfall – eine Art »Katzenbegräbnis« – berichtet Linda Mihatove aus Layton, New Jersey. In der Nähe ihres früheren Wohnorts in Englewood, New Jersey, steht die alte katholische Kirche St. Cecilia, in deren Gewölbe zahlreiche streunende Katzen Unterschlupf gefunden haben. Frau Mihatove, die auf ihrem Weg zur Arbeit täglich an dieser Kirche vorbeikommt, hat die Gewohnheit, die Streuner am Wochenende mit Katzenfutter zu versorgen. Die Katzen kennen sie schon und nehmen daher auch nicht Reißaus vor ihr. Eines der verwilderten Tiere – ein durch viele Narben gezeichneter Kater – scheint der Anführer der Meute zu sein, ein verwahrlostes, baumwollfarbenes Katzenweibchen die Stammesmutter.

Als Frau Mihatove einmal spätabends nach Hause fährt, sieht sie im Lichtkegel ihres Scheinwerfers mitten auf dem Weg eine Tierleiche liegen. Es ist eben jener Kater, der ihr durch seine vielen Blessuren aufgefallen war. Zu ihrem Erstaunen beobachtet sie, wie eine Katze nach der anderen aus dem Kirchengewölbe hervorkommt. Sie alle umkreisen lautlos die Leiche ihres Anführers, um dann auf einer erhöhten Stelle neben dem toten Tier Platz zu nehmen. Die Katzenmatrone nimmt unmittelbar neben dem toten Kater Platz. Nachdem sie mit ihrer Nase den Leichnam mehrfach berührt hat, trottet sie würdevoll davon, gefolgt von der Katzenmeute, die – wie es scheint – ihrem Anführer die »letzte Ehre« erwiesen hat.

Tiere scheinen auf den Tod ihrer Mitkreaturen unterschiedlich zu reagieren. Ob sie sich mit deren Dahinscheiden gedanklich auseinander setzen, können wir nicht beurteilen. Von afrikanischen Elefanten weiß man, dass sie des Öfteren die Ruhestätten ihrer verblichenen Artgenossen aufsuchen und minutenlang die dort herumliegenden Gebeine betasten. Was mag dabei in ihren gewaltigen Schädeln vorgehen? Indem sie die spärlichen Überbleibsel der einstigen Riesen behutsam berühren, müsste man annehmen, dass sie genau wissen, um was es sich hierbei handelt. Erinnern sie sich vielleicht an gemeinsam verbrachte Zeiten? Denken sie womöglich darüber nach, wie ihre Freunde wohl umgekommen sein mögen? Haben diese respekteinflößenden Tiere überhaupt einen Bezug zu dem, was wir als Tod so sehr fürchten oder nehmen sie die Überreste ihrer eigenen Art nur als unbelebte Materie wahr, über die es sich nicht länger nachzudenken lohnt?

Elefanten sollen sogar weinen können. Eine Drüse an der Augenhöhleninnenseite sondert ein Sekret ab, das tränengleich über ihr Gesicht kullert. Die grauen Riesen entwickeln Gefühle, die sie zu den sozialsten Geschöpfen der Erde machen. Elefantenbullen und -weibchen winden, wenn sie verliebt sind, ihre Rüssel ineinander. Wird einer von ihnen krank oder von den Kugeln eines Wilderers verwundet, pflegen ihn seine Angehörigen bis zur Genesung. Sie streicheln ihn und schmieren Lehmpflaster auf seine Wunden.

Jane Goodall, die Jahrzehnte mit Schimpansen verbracht hat und wie kein anderer Forscher profunde Erfahrungen sammeln konnte, glaubt zu wissen, dass Tiere bewusst denkende Lebewesen sind. Sie verarbeiten das, was um sie herum passiert und sind uns dabei so ähnlich. Vielleicht ist ihre Einstellung zum Tod gar nicht einmal so indifferent, wie wir glauben. Vielleicht wissen sie mehr noch als wir, dass mit dem Tod nicht alles vorbei ist, dass der ewige Kreislauf in der Natur das totale Ende ausschließt.

6 Dialoge – Kommunikation zwischen Lebewesen

- *Die wortlose »Signalsprache« der Tiere – die Zoo-Semiotik.*
- *Kommunikative Tänze (Schwänzeltänze) der Bienen.*
- *Die akustische Kommunikation der Vögel, Delphine und Primaten.*
- *Chemische Kommunikation der Ameisen und anderer Tiere mittels Duftstoffen.*
- *Der chemische »Schrei« der Schleimamöben.*
- *Lautaustausch unter Delphinen.*
- *Gesänge und »Dialekte« der Wale.*
- *Verständigung der Fische auf elektrischem Wege.*
- *Kommunikationsversuche zwischen Mensch und Tier.*
- *Das »Kluge-Hans«-Phänomen.*
- *Kommunikation mit Affen durch Handzeichen- (z. B. Ameslan) oder Tast-Sprachen (z. B. Yerkisch) und deren Bedeutung.*
- *Anthropologen untersuchen das Sprachverhalten von Schimpansen und Bonobos im Leipziger Zoo.*

6.1 Tiere sind nicht »sprachlos«

Sprache und Intelligenz sind nicht voneinander zu trennen. Es wäre daher interessant zu wissen, ob Tiere überhaupt kommunikationsfähig sind, ob es so etwas wie einen Gedankenaustausch zwischen Artgenossen gibt und wie es mit der Kommunikation zwischen Tier und Mensch bestellt ist. Bedauerlicherweise sind uns die Informationsmittel der Tiere und die Bedeutung ihrer Äußerungen nur wenig oder überhaupt nicht bekannt. Nun bedeutet das keineswegs, dass Tiere stupide, kommunikationslos vor sich hin vegetieren. Ihre »Sprachen« – wenn auch nicht solche im menschlichen Sinne – sind ihrer artspezifischen physiologischen Beschaffenheit und den Gegebenheiten ihres Lebensraumes angepasst, so dass wir sie, wenn überhaupt, nur unter großen Mühen sinngemäß erfassen können.

Tiere können zwar nicht miteinander »sprechen«, sich wie Menschen unterhalten. Dennoch funktioniert die Verständigung zwischen ihnen, dank ihrer wortlosen *Signalsprache*, eine Kommunikationsmethode, die auch uns Menschen nicht ganz fremd ist. Wenn wir uns in fremden Ländern aufhalten, deren Sprachen wir nicht beherrschen, bedienen wir uns auch schon einmal der Zeichensprache, der nichtverbalen Kommunikation, um uns Einheimischen gegenüber verständlich zu machen. Während wir die Zeichensprache nur in seltenen Fällen gebrauchen, gehört sie in der Welt der Tiere zu deren Alltag. Erstaunlich ist nicht nur das, was sich alles wortlos übermitteln lässt, sondern auch die Art und Weise, wie Tiere es zum Ausdruck bringen.

Einer der ersten, der sich mit Signal-»Sprachen« im Tierreich – der Zoo-Semiotik – befasste, war der Amerikaner Thomas A. Sebeok, der 1977 seine durch langjährige Forschungsarbeiten zusammengetragenen Erkenntnisse in dem umfassenden Werk »How animals communicate« (Wie Tiere kommunizieren) festgehalten hat. Die Faszination, die von der Tier-Semiotik ausgeht, ist nur allzu verständlich, bemüht sich doch der Mensch schon seit Jahrtausenden, mit Tieren unmittelbar »ins Gespräch« zu kommen, um mehr über deren Leben zu erfahren. Doch: So interessant es auch wäre, das Leben aus der Sicht z. B. eines Elefanten, eines Krokodils oder einer Eidechse kennen zu lernen, hätten diese Tiere uns wahrscheinlich nichts Aufregendes zu berichten, da ihre Signalsprachen ausschließlich jetztbezogen sind. Mit diesen können sie weder Vergangenes noch Zukünftiges zum Ausdruck bringen. Tiere existieren nach Meinung der Wissenschaftler ausschließlich im Jetzt, ohne zeitliche Vorstellung.

Tier-»Sprachen« – sie manifestieren sich in Lauten und Gesängen, Körperausdrücken (Mimik), Tänzen, Tast- und elektrischen Signalen, in Duftstoffen (Pheromonen) und Farbspielen usw. – sind aufgrund zahlloser Kombinationsmöglichkeiten häufig komplexer noch als menschliche Ausdrucksformen. Hinzu kommt, dass sich zwischen den einzelnen Arten soziale Umgangsformen herausgebildet haben, die den jeweiligen Zeichen eine allgemein verstandene Bedeutung zuweisen, was schließlich zur Entwicklung ausgesprochen abstrakter »Sprachen« führte.

Elefanten kommunizieren miteinander über größere Entfernungen, indem sie tief tönende Laute von sich geben, die sich wie gewaltiges Magenknurren anhören. Und mit ihren unüberhörbaren Poltergeräuschen übermitteln die Riesen alle Arten von Informationen, einschließlich Warnungen.

Äußerst komplex mutet auch die Tanzsprache der Honigbienen an – eigentlich eine Tastsprache, mit der diese unter anderem neu entdeckte Futterstellen ziemlich genau beschreiben, so dass sie von ihren Artgenossinnen leicht lokalisiert werden können (vgl. Kapitel 2.3). Nach exakt festliegenden tanzartigen Bewegungen vermag eine einzige Biene allen anderen zu signalisieren, dass z. B. in einem Winkel von *40° Nord* in einer Entfernung von *800 Meter* auf einem *Rosenstrauch reichlich Nahrung* zu finden sei. Mit dem Tanz werden natürlich nur die hier kursiv gedruckten Informationen vermittelt. Erstaunt fragt man sich, welcher ortsunkundige Autofahrer, der einen Passanten nach dem Weg fragt, von diesem eine derart genaue Zielbeschreibung erhält?

Die kommunikativen Tänze (so genannte Schwänzeltänze) der Bienen unterscheiden sich von den Kommunikationsgepflogenheiten anderer Tiere so sehr, dass es schwierig ist, sie in das wissenschaftliche Gesamtbild der Ethologie zu integrieren. Beim Schwänzeltanz krabbelt eine Arbeitsbiene in einer abgeflachten Achterkurve ziemlich rasch über die Wabenoberfläche, meist gefolgt von einigen anderen Arbeiterinnen, die ihre Köpfe und Antennen gegen ihren Körper pressen. Der mittlere Teil der Achterkurve verläuft nahezu geradlinig. Ihm schließen sich kreisförmige Rückbewegungen abwechselnd nach rechts und links an. Jede dieser Bewegungen bringt die Biene zum Ausgangspunkt zurück. Während sie die geradlinige Strecke passiert, schwenkt sie ihren Hinterleib etwa 13-mal pro Sekunde von einer Seite zur anderen. Dabei werden die eng an ihren Körper gepressten Artgenossinnen, die ihr folgen, durch bestimmte Duftstoffe auch chemisch stimuliert. Die tänzelnde Informantin überträgt sie auf die empfindlichen chemischen Sinnesrezeptoren an den Antennen der Begleiterinnen. Zu Schwänzeltänzen kommt es meist dann, wenn die älteren Arbeiterinnen eine einträgliche Futterquelle gefunden und eine »Probe« zum Stock mitgebracht haben.

Arbeitsbienen, die innerhalb des Stocks ständig unterwegs sind, stehen nicht ausschließlich durch Antennenbetasten miteinander in Verbindung. Bei ihnen besteht der Kontakt auch im Herauswürgen des Mageninhalts (Trophallaxis), der von einer anderen Biene wieder aufgenommen wird – ein Vorgang, welcher der gesellschaftlichen Verständigung und der Koordinierung ihrer Aktivitäten dient.

Arbeiterinnen, die außerhalb des Stocks Futter sammeln, empfangen Informationen über das, was benötigt wird, bei der Weitergabe ihrer Fracht an andere Arbeitsbienen. Schwänzeltänze werden als hochspezialisiertes Kommunikationssystem nur unter bestimmten Voraussetzungen ausgeführt. So kann eine Arbeiterin durch Kontakte mit mehreren Artgenossinnen Mitteilung erhalten, dass z. B. Zucker knapp geworden ist. Sie wird daraufhin ausfliegen und eine Stelle mit vielen Blumen suchen, die Nektar mit einer hohen Zuckerkonzentration enthalten. Liegt diese innerhalb von 30 bis 50 Meter vom Stock entfernt, wird ihr Tanz nur aus abwechselndem Kreisen in zwei Richtungen bestehen, ohne den Schwänzeltanz in der Mitte, was als Rundtanz bezeichnet wird. Mit zunehmender Entfernung der Futterquelle vom Stock wird dann zwischen die Kreise ein kurzes Schwänzeln im Uhrzeiger- und Gegenuhrzeigersinn eingeschoben. Die Dauer dieser Schwänzelaktivitäten nimmt mit der Entfernung zur Futterquelle allmählich zu. Sie drückt aber nicht nur die Entfernung, sondern auch die zum Flug zur Futterquelle aufgewendete Anstrengung aus. Der Schwänzeltanz gibt zudem die Richtung der Futterquelle im Verhältnis zum Sonnenstand an. Geht der Tanz auf der vertikalen Wabenoberfläche geradewegs aufwärts, bedeutet dies Futter in Richtung Sonne, abwärts hingegen weg von der Sonne, wobei auch evtl. dazwischenliegende Winkel berücksichtigt werden. Informationen über die Richtung zum Futter relativ zum Sonnenstand und die Entfernung werden im Inneren des Bienenstocks in absoluter Dunkelheit in die Vertikale übertragen. Die der Informantin folgenden Arbeiterinnen müssen die erfühlten chiffrierten Informationen korrekt interpretieren, um die außerhalb des Stocks liegende Futterquelle ohne Verzug anfliegen zu können.

Mit der Intensität des Schwänzeltanzes – vor allem durch die Weite der seitlichen Bewegungen des Hinterleibs – wird eine weitere wichtige Information übermittelt. Die Heftigkeit des

Tanzes variiert mit den Futter- und anderen Erfordernissen (z. B. Zuckerkonzentration, Eiweiß- und Wasserbedarf, Reparaturmaterial usw.). Schwänzeltänze zeigen, entsprechend den langjährigen Untersuchungen des prominenten österreichischen Bienenforschers und Nobelpreisträgers Karl v. Frisch (1886–1982) allerdings nur die allgemeine Richtung, die Entfernung und die Erwünschtheit einer Futterquelle an. Sie leiten Neulinge unter den Bienen in die engere Umgebung derselben. Die eigentliche Quelle müssen sie, von Düften angelockt, selber finden.

Wie wir bereits erfahren haben (Kapitel 3.4), kommunizieren Ameisen und zahlreiche andere Tiere miteinander, indem sie, je nach Art und Inhalt einer Mitteilung, gewisse Duftstoffe, so genannte Pheromone, absondern. Wenn Aggressoren in ihr Staatsgebilde eindringen, verbreiten Wächter ein übel riechendes Pheromon, das ihre eigenen Soldaten alarmiert, die herbeieilen, um den Feind zu vertreiben. Vertreter einer besonders cleveren Insektenspezies vermögen den Duftstoff eines Ameisenvolkes so echt zu imitieren, dass sie unentdeckt bis in die Reihen der nahrungssuchenden Arbeiterinnen gelangen, diese überwältigen und sich des vorhandenen Futters bemächtigen.

Vögel bedienen sich der mit elektronischen Aufzeichnungsgeräten leicht zu registrierenden akustischen Kommunikation. Sie warnen mit ihrem artspezifischen Gezwitscher nicht nur vor aufziehenden Unwettern und dem Herannahen potenzieller Feinde, sondern geben in einigen Fällen durch territoriale Gesänge auch ihre Anwesenheit, Stärke sowie ihren ortsgebundenen Status bekannt, um dadurch eine unmissverständliche Drohung gegen mögliche Rivalen auszudrücken.

In den Tiefen der Ozeane sind die nuancenreichen, von Artgenossen perfekt imitierten Gesänge der Wale sowie die komplexen Pfeiftöne und Knacklaute der Delphine zu hören. Dr. John Lilly, der viele Jahre mit der Erforschung des Verhaltens domestizierter Delphine verbrachte, ist davon überzeugt, dass es nicht nur zwischen maritimen Kreaturen, sondern auch zwischen Mensch und Haustier so etwas wie geistige (telepathische) Kontakte gibt, auf die wir in einem späteren Kapitel noch zurückkommen werden.

Keine Tierspezies kommt beim Artikulieren von Wünschen, Gefühlen, Stimmungslagen und anderen Befindlichkeiten unseren Vorstellungen von »Sprache« so nahe wie gerade Primaten. Experimente mit Schimpansen haben gezeigt, dass diese über mindestens 32 unterschiedliche Lautäußerungen verfügen, die von Wissenschaftlern aufgezeichnet wurden. Die einzelnen Laute sollen Emotionen wie Ängste, Furcht, Ärger, Hunger usw. ausdrücken und kleine »Plaudereien« zwischen Artgenossen ermöglichen.

Ein menschlichen Sprachen verwandtes Tiervokabular wollen die Ethologen Dr. R. L. Garner und G. Schwidetsky entdeckt haben. In seinem Buch »Animal I.Q.« (Tierischer Intelligenzquotient) zitiert Vance Packard Schwidetsky; dieser habe die Vermutung geäußert, dass gewisse anthropoide (menschenähnliche) Worte von Primaten sogar mit Grund- oder Stammworten identisch seien, die im alten China und bei Buschmännern in Südafrika gebräuchlich gewesen wären.

Anfang der neunziger Jahre erforschten Robert Seyfarth und Dorothy Cheney von der Psychologischen Fakultät der Universität von Pennsylvania im *Amboseli National Park* (Südkenia) das Kommunikationsverhalten ostafrikanischer Vervetaffen *(Cercopithecus aethiops)* in freier Natur, und sie verglichen ihre Beobachtungen mit entsprechenden Gewohnheiten anderer Primatenspezies.

Im Verlauf normaler gesellschaftlicher Kontakte »grunzen« Vervetaffen häufig aufeinander ein. Es sind raue Kratzlaute, die sich so anhören, als ob jemand mit offenem Mund seinen verschleimten Rachen reinigen möchte. Solche Grunzlaute würden, nach Meinung des mit der gleichen Thematik befassten Thomas Struhsaker, in mindestens vier unterschiedlichen Kontaktfällen ausgestoßen werden:
- Eine Äffin grunzt, wenn sie sich einem dominanten oder untergeordneten Artgenossen nähert;
- wenn sie ein anderes Tier beobachtet;

– wenn sie selbst die Bewegung einer Affenhorde über eine freie Ebene veranlasst oder

– wenn sie Angehörige einer anderen (fremden) Gruppe wahrgenommen hat.

Wenn jemand Vervetaffen zuschaut, die sich einander etwas zugrunzen, entspricht dies einer Situation, in der ein Beobachter von weitem sieht, wie Personen miteinander sprechen, ohne jedoch zu verstehen, was sie sich zu sagen haben. Diese Tiere sagen irgendetwas, aber niemand weiß, um was es sich hierbei handelt. Das normale Grunzen der Vervetaffen unterscheidet sich ganz wesentlich von deren Alarmrufen. Solche Alarmsignale als Reaktion auf das Erscheinen unterschiedlicher Raubtiere lassen sich mühelos akustisch auseinander halten. W. John Smith, Professor für Biologie an der Universität von Pennsylvania, meint, dass die Information, die in der Vokalisation (Stimmgebung) eines Tieres enthalten sei, sowohl durch das akustische Profil als auch den Kontext, in dem sie stattfindet, entschlüsselt werden kann. Smith vermutet, dass Tiere über ein nur kleines Signalrepertoire verfügen; jeder der Laute würde eine breit gefächerte, allgemeine Botschaft enthalten. Ein solches Repertoire allgemeiner Signale kann nichtsdestoweniger eine Vielzahl unterschiedlicher Reaktionen auslösen, da sich aus dem Kontext, in dem Signalrufe ausgestoßen werden, diverse Deutungsmöglichkeiten ableiten lassen.

John Mitani, Primatologe an der Universität von Michigan in Ann Arbor hat mehr als 15 Jahre mit dem Aufzeichnen der akustischen Kommunikation von Affen und ihrer Deutung verbracht. Erst vor kurzem will er bei männlichen Schimpansen Anzeichen für regional unterschiedliche Dialekte oder Akzente entdeckt haben. Menschen identifizieren sich unter anderem durch Akzente, aus denen man ihre regionale Herkunft bzw. gesellschaftliche Zuordnung herleiten kann. Gelegentlich kommt es vor, dass Menschen ihre Aussprache ändern, um sich, aus welchen Gründen auch immer, bestimmten Bevölkerungsgruppen anzupassen. Mitani glaubt, dass männliche Schimpansen ein ähnliches Verhalten an den Tag legen. Sollte dies zutreffen, dürften sich hieraus einige faszinierende und auch kontroverse Fragen zur Verwandtschaft zwischen der menschlichen Sprache und der Primatensprache ergeben: Sind Schimpansenakzente in irgendeiner Weise mit unseren Akzenten vergleichbar? Sind sie mehr angelernt oder genetisch programmiert? Und welchem Zweck dienen Akzente in der gesellschaftlichen Struktur der Schimpansen?

Primatologen haben erkannt, dass die Vokalisation eine wichtige Komponente des Schimpansenrepertoires wechselseitiger gesellschaftlicher Beeinflussung ist. Von dem weithin vernehmbaren Schnauben der männlichen Tiere nahm man bislang an, dass es ausschließlich dem Zusammenhalt einer Horde dienen würde. Der männliche Schimpanse wolle hiermit seinen Standort oder den einer neuen Futterquelle signalisieren. Ende der achtziger Jahre entdeckte der Primatologe Adam Clark von der Cornell University in Ithaca, New York, im Kibala Forest von Uganda, dass der Signalruf der Schimpansen nicht immer für den Hordenzusammenhalt und die Nahrungsbeschaffung bestimmend ist. Clark will herausgefunden haben, dass die männlichen Tiere miteinander kommunizieren. Über was, vermochte aber auch er nicht zu sagen.

Schimpansenspezialist Richard Wrangham von der Harvard University pflichtet Mitanis Überlegungen bei und meint, dass die Schnaublaute gewissermaßen als eine Art Erkennungszeichen dienen, die den Tieren helfen, zwischen Freund und Feind zu unterscheiden. Es ist der Phantasie eines jeden Einzelnen von uns überlassen, zu beurteilen, ob Primaten tatsächlich über diese Laute nachdenken und wenn ja, was sie von ihnen halten.

John Mitani befasste sich nicht nur mit Schimpansen, sondern auch mit dem Kommunikationsverhalten monogamer, weiblich dominierter Gibbons in den Urwäldern von Borneo sowie mit Orang-Utans. Männliche Orang-Utans lassen beim Kommunizieren ein tief gezogenes Stöhnen vernehmen, was Mitani als »long call« (Langruf) bezeichnet. Tiere beiderlei Geschlechts sind Einzelgänger, und es ist gut möglich, dass maskuline Orang-Utans ihren Ruf ausstoßen, um brünstige Weibchen anzulocken. Beim Abspielen von Bandaufzeichnungen eines »long calls« aus einem fremden Revier, wurde beobachtet, dass die männlichen Tiere äußerst erregt reagierten. Weibliche Orang-Utans zeigten sich hingegen völlig unbeeindruckt. Es hat den Anschein, als ob »long calls« auch männliche Tiere vor dem Eindringen fremder Orang-Utans in das eigene Territorium warnen.

Wir können die Konversationen anderer Spezies heimlich belauschen und versuchen, ihre Welt relativ zur unsrigen zu verstehen. Was sie für die Tiere selbst bedeuten, werden wir wohl nie genau erfahren. Unsere Wahrnehmung wird stets die Sicht des Menschen widerspiegeln, nicht die der Tiere. Immer werden beim Beobachten von Primaten und anderen Tieren in ihrer natürlichen Umgebung menschliche Vorstellungen und infolgedessen verfälschte Interpretationen miteinfließen – wichtigste Ursache für die folgenschwere Fehlbeurteilung unserer schutzbedürftigen Mitkreaturen.

6.2 Informative Düfte – die chemische Kommunikation

Wir können uns zwar gut vorstellen, dass sich Tiere durch einfache Laute und, wie z. B. Vögel, mittels Gesänge verständigen, nicht aber auf chemischem Wege, durch Absondern und Kombinieren unterschiedlicher Duftstoffe, die von bestimmten Duftdrüsen ausgeschieden werden. Diese Art der Kommunikation liegt jenseits unseres Begriffsvermögens, weil unsere Sinne auf den Empfang anderer, meist akustischer Signale programmiert sind. Und dennoch kommunizieren zahllose Insekten, aber auch andere Tierspezies schon seit Jahrmillionen in Duftsprachen miteinander, und sie scheinen im Gebrauch derselben eine bewundernswerte Fertigkeit erlangt zu haben. Das Kommunizieren mittels Pheromonen (Duftstoffen) dient in den Staatsgebilden der Ameisen und Termiten nicht nur der

Aufrechterhaltung von Ordnung und Disziplin, sondern mithin auch dem Regulieren des Sexualverhaltens der Tiere.

Die Duftkommunikation bedingt natürlich ein angemessenes Riechvermögen und die Fähigkeit, differente Duftkombinationen zu entschlüsseln, was in unserer Welt dem Lesevorgang entspräche. Den Pheromonen als chemische Nachrichtenübermittler fällt die Aufgabe zu, die gesellschaftlichen Beziehungen innerhalb eines Insekten-Staatsgebildes aufrechtzuerhalten. Bei den Ameisen und Termiten sind es die von der Königin ständig verbreiteten Duftbotschaften mit dem Ziel, Sympathie zu ihr zu entfachen, im Staat das friedliche Miteinander zu fördern und alle Untertanen zum selbstlosen Einsatz für das Gemeinwohl anzuhalten. Eine der Botschaften sorgt dafür, dass die Nachkommen steril werden und so dem Staat genügend bedingungslos dienende Arbeiterinnen zur Verfügung stehen. Obwohl sich bei diesem Prozess die Eierstöcke der Arbeiterinnen nie voll entwickeln, bleiben doch ihre mütterlichen Fürsorgeinstinkte voll erhalten, was der Pflege und Aufzucht des Nachwuchses zu gute kommt. Laborexperimente mit Duftbotschaften der Königin zeigten, dass nach Entfernen derselben aus dem Nest und Ausbleiben der Duftsignale die gesamte Staatsorganisation binnen kürzester Frist zusammenbricht. Chaos breitet sich aus, und die Tiere laufen ziellos umher, unfähig, sich neu zu organisieren. Auch wuchsen kurz darauf die verkümmerten Eierstöcke der Arbeiterinnen wieder nach. Setzte man jedoch die Königin ins Nest zurück, kam es durch Verbreiten der königlichen Duftbotschaft erneut zur Rückbildung der Eierstöcke.

Bislang konnten Biologen bei Ameisen gerade einmal 15 Pheromone und verwandte Duftstoffe isolieren. Man geht allerdings davon aus, dass es wesentlich mehr solcher Stoffe gibt, die noch der Entschlüsselung harren. Es müssen schon außerordentlich wirksame Nachrichtenübermittler sein, wenn man bedenkt, dass stets nur Bruchteile eines Nanogramms (milliardstes Gramm) dieser Pheromone freigesetzt werden. Wer glaubt, dass sich wegen der geringen Anzahl von Duftstoffen Mitteilungen nur in beschränktem Umfang absetzen lassen, täuscht sich gewaltig. Der amerikanische Entomologe Edward O. Wilson will entdeckt haben, dass Ameisen mehrere Duftstoffe »mischen« (kombinieren) und so ihr Duftvokabular um zahlreiche »Worte« erweitern. In einem Beitrag im amerikanischen Wissenschaftsmagazin »Scientific American« heißt es, dass Ameisen ihre Informationsdüfte mit unterschiedlichen Geschwindigkeiten verbreiten und jede Duftsendung so modulieren können, dass deren Intensität variiert. Durch Kombinieren all dieser Veränderlichen haben die schlauen Minigeschöpfe eine Art Morsecode entwickelt, mit dem sich schier unendlich viele Botschaften absetzen lassen.

Die Duftkommunikation erfolgt bei den Ameisen über die Tastorgane, die früher fälschlicherweise »Fühler« genannt wurden, bei denen es sich aber vorwiegend um Duftantennen und dann erst um Tastwerkzeuge handelt. Wenn sich zwei Ameisen begegnen, erriechen sie als Erstes ihre Familiennamen. Jede Art, aber auch jedes Nest hat einen anderen, spezifischen Geruch – einen »Eigennamen« –, den die Tiere mit sich herumtragen. Sollte beider »Namen« nicht identisch sein, kommt es gleich zum Kampf. Falsche Düfte lassen bei Ameisen Freundschaft sofort in »Fremdenhass« umschlagen. Anders bei »gleichnamigen« Ameisen, die sich friedlich verhalten.

Entdeckt z. B. eine Kundschafterin eine lohnende Beute – z. B. einen toten Schmetterling – wird sie auf dem Rückweg zum Nest eine Duftspur legen. Sobald sie eine Artgenossin trifft, trommelt sie mit ihren Tastorganen auf diese ein. Sie teilt ihr mit, einen toten Schmetterling gefunden zu haben, wobei sie ihr gleich dessen spezielle Duftnote übermittelt. Beim Verfolgen der Spur zum Fundstück erfährt die vorabinformierte Kollegin durch Menge und Qualität des von der Kundschafterin versprühten Duftstoffs mehr über die zu erwartende Beute. Die Duftspur wird, solange das Futterangebot noch reichhaltig ist, von den heimkehrenden Ameisen stets erneuert. Sobald es abnimmt, sinkt auch die Duftkonzentration, und immer weniger Ameisen machen sich in der Folge auf den Weg zur Futterquelle. Mitunter kommt es auch vor, dass die Tiere die Wahl zwischen zwei Nahrungsquellen haben. In solchen Fällen informiert ein kurzes Duftsignal über die ergiebigere Quelle.

Duftbotschaften dienen innerhalb des dunklen Nestes oder Domes auch zum Markieren von Kurzwegen zu den Larven, zur Königin und anderen wichtigen Stellen des Staatswesens. So unglaublich es auch klingen mag: Beim Flanieren auf den Neststraßen informieren sich Ameisen per Duftsprache auch über ihr Alter, ihr Herkommen und die zuletzt aufgenommene Nahrung. Wenn sie Hunger verspüren, beginnen sie zu »trillern«: Sie führen mit den Riechzellen ihrer Antennen eine Art Duftgespräch. Nassauernde Artfremde mit dem gleichen Nestgeruch (Familiennamen), die das Imitieren von Hungersignalen beherrschen, werden von den Ameisen großzügig miternährt – eine Eigenschaft, die uns Menschen nur allzu gut bekannt ist.

Wie bereits angedeutet (vgl. Kapitel 3.4), werden Notstände – z.B. Aggressionen durch feindliche Ameisenvölker oder Nestbeschädigungen infolge Unwetter – durch Duftschreie, d.h. Alarmpheromone angezeigt. Die Dringlichkeit der Behebung eines Notstands kann durch unterschiedliches Dosieren der Alarmpheromone variiert werden, bis hin zum Großalarm.

Ein spezielles Pheromon sorgt dafür, dass die Staatsinsekten nicht nur sich selbst, ihre Artgenossinnen, die Larven und natürlich die Königin, sondern auch das gesamte Nest blitzsauber halten, da allein durch größte Sauberkeit neue Duftbotschaften klar und unmissverständlich durchkommen. Dies setzt voraus, dass alle Abfälle und Fremdkörper, so u.a. auch die Toten, schnell entfernt und auf eine besondere Deponie verbracht werden. Die Erstarrung des Ameisenkörpers beim Winterschlaf ist für die Arbeiterinnen noch kein Grund, die »Scheintoten« zur Deponie zu transportieren. Erst wenn die Regungslosen das Todespheromon aussenden, werden sie entsorgt.

Düfte spielen auch beim Beginn des Lebenskreislaufs der Ameisen eine wichtige Rolle. An einem schwülen Frühsommertag erheben sich alle geflügelten Ameisen mit einem Mal in die Luft. Die Königinnen in spe senden ein Sexualpheromon aus, das die Männchen wie magisch anzieht und zur Begattung anregt.

Andere, größere Insekten finden ebenfalls durch Freisetzen von Sex-Pheromonen zueinander. Die zur Ordnung der geflügelten Insekten zählenden Schaben mit etwa 100 000 Duftrezeptoren auf ihren Antennen, empfangen die Paarungsbotschaften ihrer Partner selbst bei stärkster Verdünnung des Pheromons. Seidenspinnermännchen sind, was die Empfindlichkeit ihrer Rezeptoren anbelangt, unübertroffen. Sie können unter 10^{18} (Trillion) Luftmolekülen selbst ein einziges Duftmolekül herausriechen. Wenn ein Spinnerweibchen in einer Entfernung von mehr als zehn Kilometer nur ein zehntausendstel Milligramm ihres Liebespheromons freisetzt, wird das hierdurch angeregte Männchen zielsicher, d. h. ohne Umwege auf die sexbereite Partnerin zufliegen.

Präriehunde – Zoologen rechnen sie zu den Nagetieren –, die nicht nur in nordamerikanischen Steppengebieten, sondern mittlerweile auch in größeren Städten anzutreffen sind, orientieren sich ebenfalls an spezifischen Duftmarken. Diese sorgen innerhalb ihres Baues bzw. Bezirks für Ordnung sowie für ein friedliches Zusammenleben mit benachbarten Artgenossen. An der Spitze eines jeden in einem Bau hausenden Clans mit etwa zehn Tieren steht ein maskuliner Präriehund, der sein Terrain mit Duftmarken gegen das seiner Nachbarn abgrenzt. Er markiert auch jedes Clanmitglied durch Mundkontakt (»Küsschen«) mit einem Eigennamen- und Familienduft, an dem sich Präriehunde beim Zusammentreffen mit anderen Tieren des Bezirks gegenseitig erkennen. Die Stellung eines Präriehundes in der familiären Rangordnung, Paarungsrituale und die Wege zu den einträglichsten Futterplätzen werden ebenfalls durch Pheromone festgelegt.

Bei Säugetieren spielen Pheromone nicht nur als Signal der Paarungswilligkeit eine wichtige Rolle. Marder markieren z. B. mit ihren Analdrüsen die Grenzen ihres Reviers und Wiederkäuer legen Wege, d. h. ihren »Besitz«, mit dem Sekret der Zwischenzehendrüsen fest. Katzen haben die Angewohnheit des »Köpfchengebens«. Mit der Übertragung ihres Duftes markieren sie die mit dieser Freundschaftsbezeigung bedachte Person als ihr Eigentum.

Selbst unter Wasser sind Duftstoffe noch hochwirksam. Der zuvor (vgl. Kapitel 2.3) zitierte Naturforscher Karl von Frisch experimentierte viele Jahre mit Elritzen – kleine Süßwasserfische aus der Familie der Karpfen, die häufig in Gebirgswässern anzutreffen sind. Er fand heraus, dass, sobald sich Elritzen auch nur oberflächlich verletzen, ihre Haut ein »Schreck«-Pheromon absondert, das selbst in minimalster Verdünnung alle Begleitfische die Flucht ergreifen lässt. Gelangt Wasser aus einem Becken, in dem zuvor ein Kampf mit tödlichem Ausgang stattgefunden hat, rein zufällig in ein anderes Aquarium, geraten die hierin befindlichen Fische nicht selten in Panik.

Bei Zwergwelsen, die den Anführer eines Schwarms durch harmlose Schaukämpfe ermitteln, wird die Stimmungslage der Rivalen ebenfalls aus bestimmten Duftsignalen deutlich. Der Unterlegene lässt sein Gegenüber durch Informationsdüfte wissen, wenn er zu flüchten beabsichtigt und hemmt auf diese Weise das Zubeißen des Siegers.

Einer weitaus komplizierteren Form der chemischen Kommunikation bedienen sich die einzelligen *Myxamöben* (Schleimamöben; fälschlicherweise auch Schleimpilze genannt), winzige formlose Schleimwesen, die sich auf Scheinfüßchen fortbewegen. Sie sind auf feuchten Waldböden zu Hause, ernähren sich von Bakterien und vermehren sich durch Zellteilung. Wird durch hemmungslose Zellteilung die Bakteriennahrung immer knapper, stößt eine Myxamöbe einen »chemischen Schrei« aus, der von den benachbarten Amöben vernommen (genauer: geschmeckt) und weitergegeben wird, woraufhin die durch den Alarmruf Aufgeschreckten aus allen Himmelsrichtungen herbeiströmen und um die Notleidende einen schleimigen Haufen bilden. Dann geschieht das Phantastische: Die Schleimamöben rücken noch enger zusammen und bilden ein wurstähnliches Etwas, das ebenfalls durch chemische Signale zusammengehalten und gesteuert wird. Aus vormals Einzelgängern ist jetzt ein vielzelliges Lebewesen entstanden, das sich, mit zahllosen Scheinfüßchen ausgestattet, kopfgesteuert mit einer Geschwindigkeit von einem Millimeter pro Stunde über den Waldboden bewegt ... hin zu wärmeren Gefilden, wo es genügend Bakteriennahrung gibt. Man muss sich das einmal vergegenwärtigen: Da marschiert ein vielzelliger Winzling, ohne Gehirn, Nerven und Augen, durch die Gegend – ein organischer Miniroboter, ausgestattet mit ausgezeichneten Sinnesorganen, die sogar allerfeinste Temperaturunterschiede innerhalb seines »Körpers« erfühlen, mit einfachen Pigmenten, die selbst schwache Lichtquellen aufspüren, auch wenn diese farbig (rot oder grün) sind.

Damit ist aber die erstaunliche Metamorphose dieser Alleskönner noch lange nicht abgeschlossen. Am »behaglichen« Ziel ihres bis zu zwei Wochen dauernden Marsches angekommen, lösen die Amöben ihre wurstförmige Notgemeinschaft auf. Sie lassen ein halbkugelförmiges Zellgebilde entstehen. Daraufhin nehmen die bislang identischen Einzeller unterschiedliche Formen an und konstruieren mit sich selbst als Baumaterial einen für ihre Verhältnisse riesigen Turm mit einem kugeligen Dach – einen Pilz. Indem die Baumeister erstarren und absterben, überleben die Kernzellen in harten Sporenkapseln im Kugeldach. Sie befinden sich gewissermaßen im Tiefschlaf. Sobald die Ernährungslage günstig ist, platzt die Dachkugel auf und die Sporen gleiten zu Boden, wo sie sich öffnen und neue Myxamöben entstehen lassen.

Zwischen den einzelnen Schleimamöben muss es zur Steuerung dieser komplexen Überlebensstrategie eine präzise Verständigung auf chemischem Wege geben. Alles läuft zwar nach einem genetisch festgelegten Schema ab, doch können die Einzeller innerhalb einer gewissen Spanne immer noch flexibel reagieren. Jede Myxamöbe kann zum Baustein oder zur weiterlebenden Keimzelle werden, was nur in einem selbstregulierenden System möglich ist. Als chemischer Botenstoff dient das zyklische Adenosin-3',5'-monophosphat (cAMP), das auch im menschlichen Körper bei äußerst komplexen Zellvorgängen als Nachrichtenübermittler dient.

6.3 Maritime »Hitparade« – Kommunikation zur See

Aus vorangegangenen Kapiteln (vgl. Kapitel 3.3 und 3.5) wissen wir, dass die zur Familie der Zahnwale gehörenden Delphine miteinander und auch mit Menschen kommunizieren. Sie verständigen sich untereinander mittels Pfeiftönen und Klickgeräuschen sowie mit ihren menschlichen Betreuern, die sich hierzu einiger aus der Taubstummensprache abgeleiteter Handzeichen bedienen. Während die Delphine dank ihrer bewundernswerten Auffassungsgabe die Bedeutung solcher Handzeichen schnell verstehen und auf diese korrekt reagieren, ist es den Wissenschaftlern bis heute noch nicht gelungen, die Lautsprache der Delphine zu interpretieren, Inhalt und Bedeutung ihrer »Gespräche« auch nur annähernd zu erfassen.

Der Lautaustausch unter Delphinen kann eine Stunde und länger dauern. Anders als bei Hunden, Katzen und Vögeln begnügen sie sich nicht mit dem Wiederholen einiger weniger monotoner Laute, sondern artikulieren in ihrer Pfeifsprache abwechslungsreiche Lautfolgen. Pfeifsignale sind u. a. Such- und Kennrufe, die jeder Delphin-Unterhaltung vorausgehen. »Delphinisch« besteht aus einer Anzahl an- und abschwellender Pfiffe mit je einem erheblich variierenden Schluss. Bislang wurden mehr als 30 Pfeifkonturen aufgezeichnet, die in Variationen wiederkehren. Ob es sich bei diesen Lautäußerungen um Worte, ganze Sätze oder überhaupt um eine »Sprache« im menschlichen Sinne handelt, wissen wir nicht. Vielleicht sind die variierenden Laute auch nur Ausdruck einer ungehemmten Lebensfreude, vergleichbar mit den Schnurrlauten zufriedener, sich behaglich fühlender Hauskatzen, wenn sie von ihren Betreuern gestreichelt werden. Dass »Delphinisch« offenbar eine internationale Verbreitung hat, zeigt ein Experiment, das ein

Zoologe an zwei aus unterschiedlichen Gewässern stammenden Delphinen durchführte. Dr. Kenneth Norris ließ einen im Pazifik gefangenen Delphin über ein Unterwassertelefon mit einem aus dem Atlantik stammenden Artgenossen in Florida kommunizieren. Aus der Dauer des »Gesprächs« und der Lebhaftigkeit, mit der es geführt wurde, schloss Norris, dass die Verständigung zwischen den beiden erfolgreich verlaufen war.

Die Delphindamen »Phönix« und »Akekamai« wurden, wie viele ihrer Artgenossinnen und -genossen, in der Meeressäuger-Forschungsstation auf Hawaii in der Handzeichensprache unterrichtet. Als ihr Trainer sie eines Tages durch Handzeichen wissen ließ, dass sie sich selbst ein neues Wasserkunststück ausdenken sollten, tauchten beide zunächst ab, um am Beckenboden einige Runden zu drehen. Plötzlich schossen sie parallel nebeneinander schwimmend, also in Tandemformation nach oben, um beim Verlassen der Wasseroberfläche gleichzeitig einen Wasserstrahl auszustoßen.

Auf welche Weise sich beide bei ihrem kurzen Aufenthalt unter Wasser auf dieses innovative Kunststück geeinigt hatten – durch irgendwelche Laute oder Gesten – weiß niemand zu sagen. Klar ist nur, dass beide ihren Trainer verstanden hatten, d. h. seine Zeichen richtig interpretiert und sich auf die Tandemaktion geeinigt haben mussten. Alles andere war bloßes Timing, und das scheinen diese Tiere meisterhaft zu beherrschen.

Forscher der Universität Sydney (Australien) haben vier Jahre lang die Gesänge der bis zu 15 Meter langen und 45 Tonnen schweren Buckelwale studiert. Dabei wollen sie entdeckt haben, dass diese ein Tonspektrum von mehreren Oktaven umfassen. Es erstreckt sich von einem tiefen melodischen Gurgeln bis hin zu weichen »Violin«-Tönen. Die bis zu 20 Minuten dauernden Gesänge enthalten sowohl Melodien und Strophen als auch Wiederholungen.

Als die US-Marine in den sechziger Jahren mit Unterwassermikrofonen den Atlantik nach Geräuschen fremder U-Boote absuchte, vernahm das Ortungspersonal der Suchschiffe

168

erstmals die von melodischer Vielfalt und musikalischem Ideenreichtum geprägten Gesänge der Buckelwale. Aufzeichnungen den schönsten Gesänge werden heute auf CDs angeboten, und die 1972 auf den endlosen Weg ins All entsandte Intergalaktische Raumsonde enthält neben naturwissenschaftlichen Daten und berühmten Symphonien auch einige Gesangsdarbietungen von Buckelwalen.

Walforscher unterhalten in Cape Cod (USA) eine Datenbank, in der viele dieser Tiere sogar mit offiziellen Namen und ihren Stammbäumen aufgeführt sind. Hier werden auch Walgesänge registriert und miteinander verglichen. Buckelwale neigen dazu, Lieblingslieder von ihren Artgenossen zu lernen. Die männlichen Wale singen diese Lieder auf dem Weg in die Paarungsgebiete, um »Bräute« anzulocken, wobei sie ähnliche Rhythmen wie wir benutzen. Bei ihren »Lauschangriffen« haben die Walforscher herausgefunden, dass beim sexuellen Vorspiel von 82 Walbullen 80 das gleiche Lied anstimmten. Die zwei Outsider bedienten sich einer völlig anderen Melodie, die man nur von Walen im Indischen Ozean her kannte. Bereits ein Jahr später hatte schon die Hälfte der Tiere den neuen Pazifik-»Hit« der Abweichler übernommen. Einige Wale ließen sogar einen Mix aus alten und neuen Tonfolgen vernehmen. Nach einem weiteren Jahr – die Herde umfasste jetzt 112 Tiere – hatten schließlich alle Tiere die neue Melodie übernommen.

Für das menschliche Ohr ist der Gesang der Buckelwale – der Weiß-, Blau-, Schweins-, Schwert- und Narwale – in warmen Regionen gut vernehmbar. Von Schwert- oder Killerwalen weiß man, dass sie in unterschiedlichen Dialekten oder Sprachen singen. Die Unterschiede können so klein wie etwa zwischen Hessisch und Schwäbisch, aber auch sehr groß wie z. B. zwischen Deutsch und Polnisch sein. John Ford, zuständig für Meeressäuger am Staatlichen Aquarium von Vancouver (Kanada), untersuchte zehn Jahre lang das Kommunikationsverhalten von Schwertwalen. Er stellte fest, dass die »Dialekte« der Schwertwale aus Pfeiftönen bestehen, die sie beim Kommunizieren unter Wasser ausstoßen. Sie unterscheiden sich ganz deutlich von den hochenergetischen sonarartigen »Klicks«, die Wale von sich geben, wenn sie nach dem Echoortungsprinzip navigieren.

Schwert- oder Killerwale zählen zu den größten Exemplaren der Delphinfamilie. Ihren Ruf als »Killer« verdanken sie dem Umstand, dass sie, obwohl sie sich vorwiegend von Seelöwen, Robben, Tümmlern und Fischen ernähren, auch andere Walspezies töten und verzehren. Menschen sollen von ihnen hingegen noch nie angegriffen worden sein. Schwertwale sind in allen Ozeanen der Welt zu Hause, von den Tropen bis zum Südpol. Sie halten sich jedoch vorzugsweise im nördlichen Atlantik und Pazifik sowie im Eismeer auf. Die meisten der von Schwertwalen erzeugten Töne liegen innerhalb des menschlichen Hörspektrums. Ford bedient sich einer relativ simplen Methode, um diese aufzuzeichnen. Er lässt ein Hydrophon (Unterwasserschallempfänger) über die Bootskante ins Wasser hängen, verstärkt die aufgefangenen Geräusche elektronisch und zeichnet sie mit einem Bandgerät auf. Ihm gelang es, die Rufe – die »Dialekte« – eines jeden Familienverbands (engl. »pod«) auf Band festzuhalten, wobei er die Feststellung machte, dass jede Herde 12 unterschiedliche Laute absetzt. Jedes Mitglied einer Herde beherrscht den gesamten Lautsatz. Ford behauptet, dass das Rufsystem ganz unterschiedlich ist. Es unterscheidet sich sowohl quantitativ als auch qualitativ von denen anderer Wale. Die meisten Rufe werden nur innerhalb einer Herde benutzt, obwohl einige von ihnen auch zwischen einander fremden Verbänden zur Anwendung kommen. Ford will auch herausgefunden haben, dass die »Dialekte« innerhalb einer Herde von Generation zu Generation weitergegeben werden, und er spekuliert darüber, dass differente Herden mit gleichen Rufen womöglich gemeinsame Vorfahren haben. Diese phylogenetische (stammesgeschichtliche) Verbindung zwischen »Sprache« und Herde lässt Wissenschaftler auch gut abschätzen, wie lange es dauert, bis sich schließlich ein separater »Dialekt« herausgebildet hat. Sie vermuten, dass Veränderungen Jahrhunderte in Anspruch nehmen und manche »Dialekte« Tausende von Jahren alt sind. Fords Forschungen lassen keine grammatikalische Struktur der Rufe erkennen. Es hat sich allerdings gezeigt, dass, wenn die Tiere erregt sind, die Rufe schneller, häufiger und in einer höheren Tonlage als normal abgesetzt werden. Die Quintessenz aus Fords Forschungsarbeit gipfelt in dessen Feststellung, dass Walrufe einen »kunstvollen Code der Herdenidentitat« darstellen, der jedem der Tiere das rasche Identifizieren der Mitgliedschaft zur gleichen Herde ermöglichen.

Neben der Duft- und akustischen Kommunikation gibt es im maritimen Bereich noch die Verständigung auf elektrischem Wege, mittels elektrischer Felder, den so genannten »Elektrizitätssinn«. Mitte des vorigen Jahrhunderts entdeckte Professor H. W. Lissmann von der Cambridge University (England) mehr durch Zufall, dass der Große Nilhecht mit einem elektrischen Ortungssystem ausgestattet ist. Nicht nur, dass dieser Fisch ständig binnen einer Sekunde bis zu 300 Schwachstromimpulse abzugeben, sondern mittels eines Empfangssystems auch andersartige Impulse fremder/feindlicher Fischspezies zu erkennen vermag. Dieser Elektrizitätssinn funktioniert nicht nach dem Radarprinzip, dem Messen des Echos eines abgestrahlten Impulses, sondern er orientiert sich – viel komplizierter noch – an den Veränderungen der Feldlinien des von ihm um sich herum aufgebauten elektrischen Feldes. Diese Veränderungen lassen ihn sowohl jedwede Hindernisse als auch Beutetiere erkennen. Bei dieser Ortungsmethode senden acht röhrenförmige elektrische Organe (Körpermitte bis Schwanzende) binnen einer einzigen Sekunde 300-mal schwache Stromimpulse aus. Da während der Abstrahlung der Kopf des Nilhechtes elektrisch positiv und das Schwanzende negativ aufgeladen ist, entsteht, ähnlich wie beim Stabmagneten, ein elektrisches Feld. Treffen die symmetrischen Feldlinien auf irgendein Hindernis, erfährt das Feldlinienmuster infolge Modifikation der elektrischen Leitfähigkeit eine Veränderung. Mit winzigen organischen Empfängern in seinen Hautporen misst der Nilhecht die Linienmusterveränderungen und gewinnt so ein durchaus echtes Bild von der jeweiligen Umgebung. Wie groß die Messempfindlichkeit seines Empfangssystems ist, zeigen einschlägige Experimente, nach denen der Hecht noch Potenzialgefälle von bis zu drei Millionstel Volt pro Zentimeter zu registrieren vermag – für menschliche Begriffe geradezu unvorstellbar.

Über einen »elektrischen Sinn«, einen organischen Feldlinienempfänger ähnlich dem des Nilhechts verfügen auch die Neunaugen *(Petromyzonidae)* oder Pricken, die zu den primitivsten Vertretern der Wirbeltiere gehören. Es sind aalförmige Tiere ohne Schuppen und Flossen – also keine Fische –, die bis zu einem Meter lang werden können und sich schlängelnd durch das Wasser fortbewegen. Sie besitzen ein gefährliches Saug-/Sägemaul, mit dem sie sich, nachdem sie mit ihrem Feldliniensinn einen meist alten oder kranken Fisch geortet haben, in diesen so festsaugen und -beißen, dass dieser sie nicht mehr abzuschütteln vermag. Der Parasit bohrt mittels seiner mit Zähnen ausgestatteten Zungenspitze die Beute sofort an, versieht die Wunde mit einem gewebeauflösenden Sekret und saugt aus ihr Blut sowie Muskelfleisch heraus.

Elektrische Sinnesorgane besitzen auch Raubwelse sowie die entwicklungsgeschichtlich uralten Knorpelfische wie Rochen und Haie. Die so genannten »Lorenzinischen Ampullen« – Haie besitzen hiervon bis zu tausend Stück – sind extrem feine Spezialempfänger für elektrische Felder, die selbst Spannungsgefälle von einem hundertmillionstel Volt pro Zentimeter registrieren. Verglichen hiermit müsste ein elektronisches Spannungsmessgerät noch in etwa 1500 Kilometer Entfernung ein von einer Taschenlampenbatterie erzeugtes Feld anzeigen. Mit diesen wärmeempfindlichen, auf variierende Salzkonzentrationen im Meerwasser reagierenden Empfänger-»Ampullen« stöbern z. B. Haie Fische selbst dann noch zielsicher auf, wenn diese sich im Sand des Meeresbodens verbuddelt haben.

Neben den schwachelektrischen Meerestieren, die elektrische Felder ausschließlich zum Orten der Beute benutzen, gibt es noch die so genannten »Starkstromer« – Zitterrochen, Zitterwelse und -aale usw., die mit Spannungen zwischen 350 und 550 Volt sowie Stromstärken bis zu 2 Ampere nicht nur andere Tiere, sondern selbst Menschen zu töten vermögen.

Wissenschaftler sind in den letzten Jahrzehnten der Frage nachgegangen, ob sich »Elektro«-Fische auch mittels elektrischer Signale untereinander verständigen. Der Tübinger Zoologe F. P. Möhres, der seit längerer Zeit mit »Schwachstromern« wie z. B. Tapirfischen experimentiert, will einmal eine lebhafte elektrische »Unterhaltung« zwischen zwei dieser Einzelgänger abgehört haben. Bei ihm heißt es: »Dringt ein Artgenosse in ein besetztes Revier ein, dann nimmt er bei Annäherung an den Revierinhaber in zunehmendem Maße dessen Entladungen wahr. Aber auch der Revierinhaber erkennt das Nahen des Eindringlings. Die Signale des Gegners werden meist von beiden Seiten mit einer erheblichen Beschleunigung und Verstärkung der eigenen Entladungen beantwortet. Es setzt ein Kampf mit Entladungen ein, der, wenn sich nicht einer der beiden Gegner zurückzieht, schnell in einen wirklichen Kampf mit Rammstößen und Bissen übergeht, der rabiate Formen annimmt.« Als Kommunikation kann dieses Verhalten allemal bezeichnet werden.

Es gibt aber auch Beispiele für höflichere elektrische Umgangsformen, z. B. zwischen Glasmesserfischen. Ihr Signal-»Gespräch« beginnt damit, dass, wenn beide die gleiche Frequenz benutzen, jeder die seine ändert. Ihr Kommunikationsprinzip ist offenbar weit entwickelt, und man fragt sich, über was sie sich so alles unterhalten mögen.

Mehr noch als die Kommunikation von Tieren untereinander interessiert uns die Herstellung emotionaler und geistiger Kontakte zu anderen Lebensformen. Wissenschaftlern und Tierfreunden geht es vor allem darum, mehr über das Leben der Tiere, ihre Intelligenz, Gefühle, Empfindungen, Gewohnheiten und Abneigungen in Erfahrung zu bringen, um so vielleicht zu einem verständnisvolleren Miteinander zu gelangen und Vorurteile abzubauen.

6.4 »Wunderpferde« im Fadenkreuz der Wissenschaft

Dass Tiere untereinander kommunizieren, innerhalb ihrer Gattung zumindest einfache Botschaften übermitteln, gilt nach dem heutigen Stand der Verhaltensforschung als erwiesen. Mehr noch als die interanimalische Kommunikation interessieren uns allerdings Verständigungsmöglichkeiten mit Tieren, um deren Begriffsvermögen, Arbeitsintelligenz und Bewusstheit wissenschaftlich auszuloten. Um kommunizieren zu können, müssen sich, wie in den vorausgegangenen Kapiteln bereits mehrfach dargelegt, Mensch und Tier auf bestimmte Buchstaben/Zahlen, Worte oder ganze Sätze zuzuordnende Symbole oder Zeichen einigen. Mit anderen Worten: Der Mensch muss dem Tier zunächst einmal beibringen, welche Symbole/Zeichen für welche Buchstaben oder Zahlen, Worte oder Satzbedeutungen stehen. Erst wenn ein Tier die Bedeutung der Wahl eines bestimmten Symbols oder Zeichens verstanden hat, diese mit den richtigen Entsprechungen in Zusammenhang zu bringen vermag, kann die eigentliche Kommunikation beginnen. Und erst dann kann ein Tier unter Beweis stellen, ob es die von Menschen gestellten Fragen verstanden hat und, wenn ja, ob es sie vernünftig zu beantworten vermag.

Die Kommunikation Mensch/Tier und umgekehrt kann auf unterschiedliche Weise erfolgen:

- Mittels dem Tier zuvor verständlich gemachten Symbolen (bestimmten Bildern auf Bildtafeln, Computerzeichen usw.) bzw. mittels Handzeichen entsprechend der Taubstummensprache (z. B. Ameslan). Die Tiere »beantworten« die an sie gerichteten Fragen durch Deuten auf Symbol-/Bildtafeln bzw. durch Drücken entsprechend markierter Tasten.
- Tiere verstehen die Bedeutung der von Menschen in ihrer Sprache oder durch Handzeichen (z. B. bei Delphinen) geäußerten Worte/Sätze und handeln danach korrekt, ohne akustischen Kommentar (lautlose Kommunikation).
- Tiere verstehen die Bedeutung der an sie gerichteten Fragen

und »beantworten« sie durch Tapsen mit der Pfote bzw. Bellen (Hunde), Scharren mit dem Huf (Pferde) oder anderweitig.

- Tiere versuchen mit ihren Stimmwerkzeugen Fragen in Sprachen der Menschen zu artikulieren (hierunter soll nicht das Nachplappern von Worten und ganzen Sätzen durch Wellensittiche oder Papageien verstanden werden, weil dies keine echte Kommunikation ist).
- Vereinzelten Berichten über Fälle, in denen sich Tiere angeblich unaufgefordert in imitierter menschlicher Sprache über sich und ihre Umgebung geäußert haben sollen, begegnen Wissenschaftler verständlicherweise mit äußerster Skepsis.
- Tier-Mensch- bzw. Mensch-Tier-Kommunikation, die offenbar auf Bewusstseinsebene (evtl. telepathisch) stattfindet, wird durch glaubhaft belegte Vorfälle bestätigt.

Die indirekte Kommunikation mit Tieren wie z. B. die »Beantwortung« von Fragen durch Klopfen (Tapsen), Scharren mit dem Huf, Bellen usw. war Anfang des vorigen Jahrhunderts etwas in Verruf geraten. Auslöser der Misere war das so genannte »Kluge Hans«-Phänomen, das damals Wissenschaftler in ganz Europa beschäftigte.

Bei dem »Klugen Hans« handelte es sich um einen russischen Hengst, dem der Berliner Lehrer und Pferdetrainer Wilhelm von Osten nicht nur eine Art »Scharr-« oder »Klopfsprache«, sondern – wie zunächst angenommen wurde – im Laufe der Zeit auch das Zählen, Rechnen, Lesen sowie Unterscheiden von harmonischen und unharmonischen Akkorden beigebracht hatte. Der »Kluge Hans« beantwortete die an ihn gerichteten Fragen nach einem bestimmten Hufschlagcode. Das Ergebnis von Rechenaufgaben signalisierte er, indem er die Zehner stets mit dem linken und alle Zahlen von 1 bis 9 mit dem rechten Vorderhuf »klopfte«.

Seine vermeintlichen Rechenkünste erregten in der Bevölkerung, aber auch unter Wissenschaftlern großes Aufsehen. Wilhelm von Osten, der mit dem Zurschaustellen seines Pferdes keine finanziellen Absichten verfolgte, ging es vor allem darum, seine Mitmenschen von der hohen Intelligenz dieser Tiere zu überzeugen. Deshalb hatte er auch nichts gegen die Anwesenheit von Korrespondenten großer in- und ausländischer Zeitungen einzuwenden. Die Vorführungen spielten sich im Hof vor den Stallungen ab. Ein Mitarbeiter führte den Hengst zu einer schwarzen Schultafel, auf die von Osten z. B. eine Rechenaufgabe schrieb, deren Wortlaut er laut vor sich hin sprach. Kaum, dass die Aufgabe auf der Tafel stand, begann der »Kluge Hans«, ohne seinen Besitzer anzusehen, auch schon mit den Hufen das Resultat zu »klopfen«. Erstaunlicher noch: Der Hengst löste die Rechenaufgabe auch dann, wenn sie ihm von einem der Gäste gestellt wurde und von Osten sowie sein Personal außer Sicht- und Hörweite waren. Betrugsexperten der Polizei und Pferdekenner, die bei zahllosen Tests anwesend waren, konnten keinerlei Tricks feststellen. Erst drei Jahre später wollen die Psychologen Oskar Pfungst und Carl Stumpf nachgewiesen haben, dass, wenn keine der bei dem Experiment anwesenden Personen die Lösung der Rechenaufgabe kannte, der Hengst versagte und weiterklopfte. Sie fanden heraus, dass ein Mensch beim Mitzählen der Huftritte unwillkürlich eine Entspannungsreaktion erkennen lässt, sobald das Tier das Ergebnis erreicht hat. Selbst wenn sich die betreffende Person noch so zusammennimmt, um ihre Reaktion zu unterdrücken, wird dies nie völlig gelingen. Eine Kopfbewegung von nicht einmal einem fünftel Millimeter – für das bloße menschliche Auge nicht sichtbar – genügt, um ein Pferd über das Ende des Experiments, das Beenden des Hufschlagens, zu instruieren. Es muss dabei die reagierende Person nicht einmal direkt ansehen. Und dieses unbewusst wiedergegebene Signal genügt, wenn es innerhalb einer Gruppe von nur einer Person ausgesandt wird. Tiere beobachten eben viel schärfer als Menschen, was z. B. im Winter beim Auslegen von Vogelfutter festgestellt werden kann.

Der Elberfelder Kaufmann Karl Kroll, der den voll ausgebildeten »Klugen Hans« geerbt hatte, kaufte später die beiden

Araberhengste »Muhamed« und »Zarif« sowie »Berto« und das Pony »Hänschen« hinzu. Auch diese Tiere wurden entsprechend trainiert, um nach einem Hufschlagcode Rechenaufgaben zu lösen, Texte zu buchstabieren und die Uhrzeit anzugeben. Hinzu kommt, dass diese Pferde auch andere Fragen »sinnvoll« beantworten konnten. So zeigte man einem dieser Hengste das Foto eines Mädchens und fragte ihn, was das Bild wohl darstelle. Er identifizierte es nach dem Hufschlagalphabet fast korrekt als »Metgen«. In diesem Fall dürfte die Entspannungsruck-Theorie wohl kaum greifen.

Der belgische Schriftsteller Maurice Maeterlinck (1862 bis 1949) meinte seinerzeit zu den Bravourstückchen der Krollschen Vierbeiner beschwichtigend, dass wir auch bei so genannten Rechengenies nicht wüssten, wie diese innerhalb kürzester Zeit schwierige mathematische Operationen im Kopf durchführten. Und der polnische Psychologe Julian Ochorowicz (1850–1917) äußerste im Zusammenhang hiermit einmal, dass der wache Zustand dieser Pferde »viel Ähnlichkeit mit Trancezuständen des Menschen« habe.

Man könnte es mit der sicher wohl durchdachten und durch zahlreiche Experimente bestätigten Theorie des Oskar Pfungst bewenden lassen, hätte es da nicht ein französisches Gegenstück vom »Klugen Hans« gegeben – den »Klugen Bertrand«. Doch dieser war völlig blind, ein Umstand, der zumindest eine unbewusst ausgelöste visuelle Zeichengebung ausschließt. Inwieweit irgendwelche akustischen Signale Auslöser dieses einmaligen Phänomens hätten sein können, bleibt dahingestellt. Lautzeichen – und diese wohl eher in betrügerischer Absicht – wären aber bei einschlägigen Demonstrationen kaum überhört worden.

Im Fall des »Klugen Bertrand« ist Telepathie offenbar noch die wahrscheinlichste aller Hypothesen. Man fragt sich, wie viele interessante Berichte über »zählende« und »sprechende« Tiere aufgrund der verallgemeinernden Pfungst'schen Ausdrucksbewegungshypothese von Fachleuten wohl achselzuckend als irrelevant abgetan worden sein dürften. Eine einzige

Versuchsserie, ein einziges wackeliges »Gutachten« genügte, um für die Mehrzahl der Verhaltensforscher die Zeichengebungshypothese als für alle solche Fälle verbindlich erscheinen zu lassen.

6.5 Mit Affen plaudern

In Märchen, Mythen und Fabeln fast aller Kulturen begegnen wir sprechenden Tieren, ist von irgendwelchen Hilfsmitteln wie z.B. dem Ring des Königs Salomon die Rede, die es dem Menschen erlauben, mit anderen Spezies zu kommunizieren. In solchen Geschichten drückt sich der sehnliche Wunsch des Menschen aus, unsere Isolation, wenn schon nicht in den Weiten des Alls, so doch wenigstens zwischen uns und unseren tierischen Mitkreaturen zu überbrücken.

Da sich Tiersprachen nicht zur Verwirklichung des Jahrtausendtraumes von einer Konversation »Mensch-Tier« eignen, versuchen es Wissenschaftler in aller Welt seit Jahrzehnten mit einer anderen Methode: Sie bemühen sich hartnäckig, Tieren unsere Sprache und Wortinhalte beizubringen, wobei sie sich der Einfachheit halber auf unsere nähere »Verwandtschaft« – Menschenaffen – konzentrieren. Schon bevor das Ehepaar Gardner mit dem Schimpansenmädchen »Washoe« zu experimentieren begann, waren Versuche unternommen worden, Primaten eine vokale menschliche Sprache beizubringen. Sie alle waren Misserfolge, weil Stimmapparat und Sprachverhalten der Primaten – Schimpansen und Gorillas – anders als beim Menschen sind. Da es aufgrund dieser Hindernisse nicht gelungen war, den Tieren »richtig« sprechen zu lehren, versucht man seit den sechziger Jahren, Dialoge mit Hilfe der bereits erwähnten Handzeichensprache »Ameslan« (American Sign Language), mit Bildtafeln und Computersymbolen in Gang zu bringen. Obwohl Experimentatoren, die mit solchen Hilfsmitteln arbeiten, schon nach wenigen Jahren beeindruckende Resultate vorweisen konnten, hielten Kritiker den Kommunikationsexperten entgegen, dass sie die Tiere nur dressierten. Die Zeichensprache, die Bedeutung der Symbole und selbst das Betätigen der Computertasten müssten auch den klügsten Tieren erst einmal von Menschen beigebracht werden. Es wären die gleichen Menschen, die dann mit ihnen Kommunikationsexperimente durchführten und diese zu allem Überfluss auch noch selbst interpretierten. Die Kritiker wollten damit zum Ausdruck bringen, dass in solche Versuche mit Tieren zu viele menschliche Fehlinterpretationen miteinfließen würden. Sie vergessen mit ihrer vorschnellen Kritik, dass Kleinkinder – um es einmal überspitzt auszudrücken – im Elternhaus, in der Schule und später, in weiterführenden Bildungsstätten, in ähnlicher Weise »dressiert« werden, und dies auf naturwissenschaftlicher, politischer, gesellschaftlicher und religiöser Ebene. Dass gerade durch ein solches Lehr-»Dressur«-System völlig falsche, abstruse Weltbilder mit schrecklichen Folgen entstehen können, scheint vorprogrammiert zu sein, erleben wir derzeit selbst in aller Deutlichkeit. Nur: Was bei uns Menschen offenbar als durchaus tolerierbar, ja unvermeidbar gilt, wird bei der Bewertung tierischer Fähigkeiten pingelig kritisiert. Deshalb sollten wir uns von der überkritischen und oft ins Irreale abschweifenden Beurteilung der Gardner'schen und ähnlicher Kommunikationsprogramme seitens anders argumentierender Berufskollegen nicht weiter beeinflussen lassen.

Die Vielseitigkeit der menschlichen Sprache hängt, verglichen mit der tierischen Artikulation, nicht nur von einem großen Wortschatz ab, der den Kommunizierenden bekannt sein muss, sondern auch von beiderseits verstandenen Regeln über ihre Kombination, damit sie zusätzliche Bedeutung erlangt. Durch Kombinieren von Wörtern in bestimmter Weise ergeben sich oft neue Mitteilungen. Wenn wir ständig neue Wörter erfinden müssten, um Satzbedeutungen zu transportieren, würde das hierfür benötigte Vokabular schon bald die Kapazität der leistungsstärksten menschlichen Gehirne übersteigen.

Hat ein Kind erst einige Wörter erlernt, kann es deren Effizienz rasch steigern, in dem es sie zu neuen Mitteilungen zusammensetzt (kombiniert). In seinem Werk »The psychology of communication« (Die Psychologie der Kommunikation) bezeichnet G. H. Miller diesen Vorgang als »kombinatorische Produktivität«, und er hält diese für die wichtigste Eigenschaft der menschlichen Sprache.

Affen können durch Gebärden oder Betätigen von Kunststoffsymbolen bzw. Bedienen von Tastaturen lernen, ihren menschlichen Partnern zahlreiche einfache Gedanken, Wünsche und Gefühle zu übermitteln. Wenn ein entsprechend angelernter Affe signalisiert, dass er ein ganz bestimmtes Futter haben möchte, muss er zwangsläufig an dieses gedacht, sich seinen Geruch und/oder Geschmack vorgestellt haben. Der genaue Gedankeninhalt lässt sich aus dieser Information zwar nicht erschließen; er muss aber zumindest sach- oder ereignisbezogen sein.

Die Gardners hatten Washoe z. B. ein bestimmtes Zeichen für »Blume« beigebracht, das diese aber nicht nur für richtige Blumen, sondern auch für Pfeifentabak und Küchengerüche benutzte. Sie dürfte somit beim Gebrauch jenes Wortes wohl eher an Gerüche, als an den farblichen Aspekt der Blumen gedacht haben. Washoe hatte also zumindest ein Charakteristikum von Blumen korrekt gedeutet.

Das Forscherehepaar hielt Washoe an der Universität von Nevada (USA) jahrelang in einem separaten Bereich, um alle ihrer Entwicklung abträglichen Fremdeinflüsse von ihr fern zu halten. Andere Kommunikationsmittel als Ameslan waren nicht erlaubt. Die dort tätigen Mitarbeiter der Gardners kommunizierten selbst untereinander nur in Ameslan, um Washoe den Eindruck zu vermitteln, dass diese Sprache die einzige Verständigungsmöglichkeit sei.

Im Alter von erst 18 Monaten konnte sie bereits zwei Wortkombinationen wie »mach auf!« und »gib Bonbon!« signalisieren – ein Beweis dafür, dass ihre »kombinatorische Produktivität« nicht durch Zufall zustande kam. Damit jemand ihr den Kühlschrank aufschließen möge, benutzte sie die Wortkombination »Öffne Schlüssel Futter!« in der richtigen Reihenfolge.

Die Kombination »Öffne Schlüssel sauber!« gebrauchte sie, um an die unter Verschluss gehaltene Seife zu gelangen. Und »Öffne Schlüssel Decke!« (Bettdecke) war ihr Signal für das Herbeibringen ihres Bettes. Letzteres erscheint ein bisschen weit hergeholt, aber dennoch logisch zu sein, wenn man bedenkt, dass sie mit der Einleitung »Öffne Schlüssel!« so viel wie »Beschaffe mir Zugang zu …« oder »Hole mir herbei …« meint. Als sie fünf Jahre alt war, ließ Washoe sogar eine rudimentäre Syntax erkennen, indem sie die Worte (im Englischen) so kombinierte, dass sie Verben stets zwischen Subjekt und Objekt platzierte, wie dies gemäß den Gardners in der amerikanischen Wissenschaftszeitschrift »Science« in dem Satz »Du kitzelst mich« zum Ausdruck kommt.

Washoe konnte auch entsprechende Zeichen machen, wenn man ihr Bilder von Gegenständen zeigte. Gelegentlich schien sie spontan neue Zeichen bzw. Kombinationen aus zwei Zeichen zu improvisieren. Beim erstmaligen Erblicken eines Schwans soll sie z. B. die Wortkombination »Wasser-Vogel« signalisiert haben.

Kritik blieb jedoch auch im Fall der intelligenten Washoe nicht aus. Spitzfindig bestritt der Verhaltensforscher Jacob Bronowski, dass die Schimpansin eine »Sprache« benutze, da sie selbst nie fragen und ihr gegenüber aufgestellte (falsche) Behauptungen nie zurückweisen würde. Bei weiteren Experimenten stellte es sich jedoch heraus, dass es zwischen der Verwendung von Ameslan und der normalen von Menschen benutzten Sprache keine echten Unterschiede gibt.

Anfang der sechziger Jahre wurde Washoe zur Schimpansenkolonie am *Institute for Primate Studies* in Oklahoma (USA) in den Ruhestand versetzt, wo sie einer ausgewählten Gruppe Schimpansen mit Erfolg die Verständigung in Ameslan beibrachte. So kombinierte einer ihrer gelehrigen Schüler Zitrusfrüchte als »Geruchsfrüchte« und Wassermelonen als »Trinkfrüchte«. Schimpfwörter und Flüche gehörten ebenfalls zu Washoes Vokabular. Von ihrer Zugehörigkeit zur menschlichen Rasse offenbar fest überzeugt – sie hatte immerhin fünf

Jahre ausschließlich in menschlicher Gesellschaft verbracht – bezeichnete sie ihre neuen Kollegen in der Schimpansenkolonie zunächst etwas überheblich als »schwarze Wanzen«. Als Washoe von ihren langjährigen Betreuern Roger und Jack in einen Transportkäfig verfrachtet wurde, in dem sie zu ihrem neuen Domizil gebracht werden sollte, machte sie ihrer Wut hierüber dadurch Luft, dass sie die Beschimpfung »dreckiger Roger« und »dreckiger Jack« signalisierte. Gerade der Gebrauch des Adjektivs »dreckig« im übertragenen Sinn – das Symbolisieren, das bis dahin als eine ausschließlich menschliche Verhaltensweise angesehen wurde – zeigt die Befähigung, etwas frei mit einer bestimmten Bedeutung zu charakterisieren. Washoe hatte in der Extremsituation, in der sie sich befand, nicht nur die Verwendungsmöglichkeit des Wortes »dreckig« erfasst, sondern auch sehr klare Vorstellungen über ihre eigene Identität, ihren fast menschlichen Status. Sie hatte die eigentliche Bedeutung des Wortes »dreckig« zur Charakterisierung des Verhaltens ihrer bisherigen Betreuer umfunktioniert, um ihrer Empörung Ausdruck zu verleihen und somit ein hohes Maß an *Abstraktionsvermögen* bewiesen.

Ähnlich den Gardners haben andere Wissenschaftler Primaten dazu gebracht, sprachliche Kommunikationssysteme zu benutzen, die auf einem differenten Prinzip beruhen. Da die Anwesenheit menschlicher Zeichengeber Affen in kaum kontrollierbarer Weise beeinflussen könnten, wurden »Sprachen« entwickelt, die auf mechanischen, von Tieren leicht zu bedienenden Vorrichtungen beruhen. So benutzt z. B. David Premack von der *University of Pennsylvania* Kunststoffplättchen, die sich zu wortkettenähnelnden Mustern anordnen lassen. Die Schimpansin Sarah, mit der er vorzugsweise arbeitete, lernte, auf Fragen, die ihr auf diesen Plättchen gestellt wurden, mit der Wahl der richtigen Erwiderungsplättchen zu »antworten«. Auf diese Weise wusste sie z. B. Fragen nach bestimmten Objekten und nach deren Farbe korrekt zu beantworten.

In den *Yerkes Laboratories* der *Emory University* benutzen Duane und Sue Savage-Rumbaugh eine Antwortapparatur mit

Leuchttaste, die den Schimpansen dazu dienen, durch Tastendrücken Wünsche zu formulieren bzw. Fragen zu beantworten. Die Apparatur besteht aus einer Tafel mit mehr als 200 Tasten, die unterschiedliche geometrische Symbole darstellen. Jeder Tastendruck entspricht einem bestimmten Wort. Ein Computer registriert, wann welches Wort wie häufig benutzt wurde. Mit dieser Vorrichtung können die Tiere bei ihren Betreuern nicht nur Futter und Spielzeug, sondern – unter sich – auch Werkzeuge voneinander anfordern. Die von den dort lebenden Schimpansenmännchen Sherman und Austin sowie von dem im Sprachforschungszentrum in Atlanta getesteten Zwergschimpansen Kanzi (vgl. Kapitel 3.2) benutzten Tastensprache wird als »Yerkisch« bezeichnet, weil sie im Yerkes-Primatenzentrum entwickelt wurde.

Kanzi erwies sich als besonders sprachbegabt. Als ihre Mutter Matata in Yerkisch unterrichtet wurde, verfolgte sie die Lektionen so ganz nebenbei, gewissermaßen aus den Augenwinkeln heraus. Eines Tages ging Kanzi unaufgefordert zur Symboltafel und bestellte sich kurzerhand per Tastendruck einen Drink – eine geradezu geniale Leistung für ein Jungtier. Dadurch, dass Sue Savage-Rumbaugh hin und wieder Yerkisch-Symbole begleitend in Englisch artikulierte, lernte Kanzi im Laufe der Zeit auch diese Sprache. Er kann aufgrund der andersartigen Beschaffenheit seines Rachenraumes zwar kein Englisch sprechen, wohl aber gesprochene Worte verstehen und darauf entsprechend reagieren. Dieser Theorie widerspricht jedoch Professor Dr. C. Niemitz (vgl. Kapitelende).

Um selbst schärfste Kritiker ihrer Experimente zu überzeugen, ließ Savage-Rumbaugh zwischen einem damals zweijährigen Mädchen Alia und Kanzi einen Sprachwettbewerb durchführen. Beide Kandidaten hatten 660 gesprochene Kommandos (Sätze) zu befolgen. Der Test erfolgte nach strengsten wissenschaftlichen Maßstäben. Versteckte Zeichengebung war völlig ausgeschlossen, und selbst das neutrale Überwachungspersonal war in den Test miteinbezogen worden. Man hatte es mit isolierten Kopfhörern ausgestattet, so dass es die Kommandos nicht vernehmen konnte. Alia und Kanzi schnitten bei diesem Test gleich gut ab. Erst als Alia zweieinhalb Jahre alt war »überholte« sie Kanzi in ihren sprachlichen Fähigkeiten.

Wie hier immer wieder kritisiert, finden die meist mühsamen, von zahlreichen Rückschlägen begleiteten Kommunikationsexperimente aufgeschlossener Wissenschaftler selten den ungeteilten Beifall ihrer weniger einfalls- und erfolgreichen Kollegen. Viele von ihnen werten die Äußerungen der Primaten in *Ameslan, Yerkisch* oder in einer vergleichbaren Zeichensprache als primitives »Sprachgestammel« ohne erkennbare Satzbildung und grammatikalische Systematik, allenfalls vergleichbar mit dem begrenzten Wortschatz und Sprachverhalten eines Kleinkindes. Wer allerdings die sprachliche Messlatte für Tiere derart hoch hängt, verkennt die Situation, in der sich unsere Mitkreaturen befinden. Tiere besitzen eben keine schulische Ausbildung und kein spezifisches Fachwissen. Sie werden von keinem Forscher jemals auf geistige Höchstleistungen getrimmt, sondern allenfalls »dressiert«, um die Grenzen ihrer geistigen Kapazität auszuloten. Wer sich darüber alteriert oder gar amüsiert, wer die trotz widriger Umstände erzielten beachtlichen Ergebnisse kleinzureden versucht, hat offenbar ein Problem – ein gestörtes Verhältnis zur Tierwelt. Vielleicht stellen die Betreffenden jegliche Kommunikationsmöglichkeiten mit Tieren nur deshalb in Abrede, weil sie fürchten, dass diese eines Tages unseren oft frevelhaften Umgang mit der belebten Natur anprangern und wir unseren durch nichts zu rechtfertigenden, selbstgefälligen Prioritätsanspruch verlieren könnten.

Die zuvor erwähnte Affendame Koko ist heute 30 Jahre alt, beherrscht mittlerweile rd. 1000 Zeichen und versteht fast 2000 englische Wörter. Tests haben ergeben, dass sie einen Intelligenzquotienten (IQ) von bis zu 95 erreicht, gerade einmal 5 Punkte unter dem Durchschnittswert des Menschen. Wie ihr Geist arbeitet, geht aus einem »Interview« hervor, das vor einiger Zeit die amerikanische Psychologin Penny Patterson mit ihr führte.

184

Frage: Was machen Gorillas, wenn sie sich freuen? Koko: (Sie zieht Mundwinkel hoch) Gorilla umarmen …
Frage: Was macht dich glücklich? Koko: (Sie lacht) Gorilla Baum …
Frage: Was macht dich wütend? Koko: (Mundwinkel nach unten) Arbeit …
Frage: Was tun Gorillas am liebsten? Koko: (Sie lacht) Gorilla lieben essen gut …
Frage: Wann sterben Gorillas? Koko: (Sie schüttelt den Kopf) Alt …
Frage: Wohin gehen sie dann? Koko: Bequeme Höhle …

In neuerer Zeit versuchen der Anthropologe Professor Dr. Carsten Niemitz, FU Berlin und Verhaltensforscher des *Max-Planck-Instituts für Evolutionäre Anthropologie* im weltweit größten Affenareal in Leipzig, sich dem Sprachverhalten von Schimpansen und Bonobos (Zwergschimpansen) mehr aus dem Blickwinkel der Tiere zu nähern. Sie haben festgestellt, dass sich Affen untereinander durch Gestik und Mimik verständigen, dass sie etwa 150 selbst festgelegte anatomische Gesten beherrschen, die im unterschiedlichen Kontext unterschiedliche Dinge bedeuten können. Allein durch Gestik – ohne Einbeziehung der Mimik – kommt ein Schimpanse auf ein Vokabular von 500 Begriffen. Affen setzen sie ganz gezielt ein, um, wie Menschen, miteinander zu kommunizieren. Was sie von uns an »menschlichem« Vokabular lernen, ist für sie so etwas wie eine »Fremdsprache«. Die meisten Forscher gehen bei der Kommunikation mit Affen sehr menschenbezogen vor, was Professor Niemitz für ausgesprochen arrogant hält. Er ist der Auffassung, dass wir uns mehr mit den eigentlichen »Affensprachen« – »Schimpansisch«, »Orang-Utanisch« usw. – befassen und diese zu »knacken« versuchen sollten, als den Tieren unbedingt die »Sprache des menschlichen Gehirns« (wörtlich) beizubringen.

Niemitz und seine Kollegen sind davon überzeugt, dass es solche Tiersprachen wie Schimpansisch, Orang-Utanisch usw. tatsächlich gibt, und er meint, dass sich Menschenaffen darüber verständigt haben müssten, welche Zeichen sie jeweils benutzen wollen, andernfalls hätten sie auch keine »Fremdsprachen« (das von uns vermittelte Vokabular) erlernen können. Der Anthropologe räumt auch mit der bislang vermittelten Hypothese auf, dass Affen deshalb nicht sprechen könnten, weil ihr Kehlkopf zu tief sitzen würde. Er argumentiert, dass das, was die Inhalte der menschlichen Sprache transportieren würde, nicht etwa Vokale seien, sondern Konsonanten. Schimpansen hätten Lippen und Zungenspitzen wie wir, und sie könnten so, ohne weiteres, z. B. die Konsonanten »t« und »m« verständlich artikulieren, wenn sie denn »das Gehirn dazu« hätten, was aber nicht der Fall sei. Nach Niemitz könnten Konsonanten durchaus alle Inhalte transportieren.

In den bisherigen Kapiteln wurde dargelegt, dass auch Tiere über geistige Kapazitäten verfügen – über artspezifisches Denk- und Kombinationsvermögen, über Arbeitsintelligenz, Gefühle, ja sogar über rudimentäre Formen von Bewusstsein und Ich-Bewusstsein. Diese fast menschlichen Eigenschaften allein dürften schon genügen, um ihnen unseren Schutz angedeihen zu lassen, sie nicht länger wie beliebig manipulierbare Objekte zu behandeln. Die Natur hat zahlreiche Tiere zudem noch mit allerlei speziellen physischen Besonderheiten ausgestattet, die bei einem Vergleich das menschliche Leistungsspektrum häufig um ein Vielfaches übertreffen und von uns nur mit hohem technischen Aufwand nachempfunden werden können. Die Folgekapitel befassen sich daher vorwiegend mit ungewöhnlichen sensorischen Leistungen der Tiere, die dazu beitragen, dass sie den täglichen Kampf ums Überleben bestehen und die Erhaltung ihrer Art sicherstellen.

7 XXL – Höchstleistungen in der Tierwelt

- *Tiere besitzen vielfach »schärfere« Sinnesorgane als Menschen; sie verfügen über Wahrnehmungsmöglichkeiten, die unsere fünf Sinne übersteigen.*

- *Das »Dritte Auge« der Amphibien und Reptilien.*

- *Katzen und Hunde mit hochpräzisem Sinnesspektrum.*

- *Wissenschaftler untersuchen den Zeitsinn der Tiere, ihre »innere Uhr«.*

- *Tierisches Gespür für drohende Unwetter, Überschwemmungen, Erdbeben und andere Katastrophen.*

- *Ultraschallwellenorientierung der Fledermäuse und Delphine.*

- *Gefiederte Supernavigatoren mit »eingebautem Kompass«.*

- *Experimente zur Ermittlung des Orientierungssinns und Zugverhaltens von Vögeln.*

7.1 Supersinne als Überlebensstrategie

Die Beschaffenheit tierischer Sinnesorgane – ihre Perfektion und Präzision – beeinflussen Leben und Verhalten der Tiere in weitaus stärkerem Maße als gemeinhin angenommen wird. Diese Sinnesorgane sind nichts anderes als Spezialempfänger für bestimmte natürliche Signale aus der Umwelt, die den Tieren das Überleben in einer ihnen nicht immer friedlich gesonnenen Umgebung sichern helfen.

Viele dieser Signale vermögen wir nicht zu empfangen, da wir aufgrund mangelnder Notwendigkeit die entsprechenden Sinnesorgane nie besessen oder sie auf dem langen Marsch durch die Evolution eingebüßt haben. Erst durch die rasante Entwicklung auf allen Gebieten der Technik, vornehmlich der Elektronik, Biophysik und Ortungstechnik, konnten wir einige dieser fehlenden oder unzureichend entwickelten Sinnesorgane nach-»erfinden«. Ein Gutteil dieser »Erfindungen« haben wir den Tieren abgeschaut, zu unserem Nutzen kopiert und weiterentwickelt, ohne dafür eine »Gegenleistung« erbringen zu müssen.

Das Repertoire der tierischen Sinneswelt geht weit über das hinaus, was wir als die typischen fünf Sinne – hören, sehen, riechen, schmecken und tasten – bezeichnen. Es sind ja nicht nur die viel »schärferen«, delikaten Sinne der Tiere (eine Art Hyperästhesie), die Tiere von der Sinneswelt des Menschen unterscheiden, sondern mehr noch deren zahlreiche Spezialsinne wie z. B. ihre Haut- und Wärme-/Lichtsinne, der Zeitrhythmensinn (»innere Uhr«), der Wetter-, Erdbeben- und Orientierungssinn usw.

Grubenottern und Riesenschlangen wie z. B. die Königs-
schlange *(Boa constrictor)*, Anakonda und Pythonschlange, besitzen zwischen Augen und Nase eine kleine Öffnung, einen
hoch empfindlichen Detektor für Wärmestrahlen, der den Tieren selbst bei Dunkelheit ein 3-D-Infrarotbild von ihrer näheren Umgebung liefert. Dieses etwa fünf Millimeter tiefe *Grubenorgan* mündet in eine extrem feine zweiteilige Membran,
über deren Bedeutung sich die Fachwelt lange Zeit nicht einig
war. Erst Mitte der dreißiger Jahre fanden die beiden Forscher
Gladwyn Noble und Arthur Schmidt experimentell heraus,
dass es sich bei dem Grubenorgan um einen Wärmestrahlen-,
d. h. einen Infrarot(IR)-Empfänger handelt, ein Organ, das andere Tierarten auch an ihren Lippen tragen.

Untersuchungen am Neurologischen Institut von La Jolla
(Kalifornien) zeigten, dass das Grubenorgan Temperaturunterschiede von nur drei Tausendstel Grad erfühlen kann. Es liefert
der Schlange bei Nacht einwandfreie IR-Bilder kleiner Beutetiere, da diese wärmer als ihre Umgebung sind. Etwa 150 000
Sinneszellen pro Quadratzentimeter registrieren diese Wärme-
kontraste, so dass das Tier in der Dunkelheit gut sehen und
jagen kann. Neurophysiologen konnten einen rasterförmigen
Aufbau der Membran feststellen. Die von den Sinneszellen erfühlten thermischen Impulse werden im Gehirn der Schlange
ähnlich wie entsprechende visuelle Impulse der Augen verar-
beitet.

Bei Amphibien und Reptilien findet man unter der Haut ein
kleines Loch in der Schädeldecke, einen mit Lichtsinnzellen
versehenen Ausläufer der Zirbeldrüse: das Stirn- bzw. Scheitelauge, das früher auch »Drittes Auge« genannt wurde. Mit ihm
finden z. B. die mehr solo lebenden Tigersalamander ihren Weg
zu den belebten, viele Kilometer entfernten Laichteichen und
zurück ins heimatliche Revier. Ähnlich den Bienen orientieren
sie sich nach dem jeweiligen Sonnenstand, wobei sie einen direkten Kurs einschlagen.

Die leichte Pigmentierung des Stirnauges erlaubt den Photo-
nen des Sonnenlichts, die Hautsperre zu durchdringen. Sie tref-

fen durch eine kleine Öffnung im Schädeldach auf besagte Zirbeldrüse (Pineal), die selbst einem blinden Tigersalamander noch die exakte Sonnenkursbestimmung ermöglicht, so dass er mühelos zu seinem Heimatrevier zurückfinden kann. Das Pinealorgan geht auf die Urzeiten der Evolution, auf eine Zeitspanne von rd. 400 Millionen Jahre zurück. Frösche, Schlangen, Echsen und Kröten verfügen ebenfalls über dieses »Dritte Auge«. Schlangen besitzen eine äußerst komplexe Form des »Dritten Auges«. Ihr Organ unter der Öffnung im Schädeldach ist mit Hornhaut, Linse und Netzhaut versehen und vermag sogar zwischen den Farben grün und violett zu unterscheiden. Waldklapperschlangen orientieren sich bei ihrer Zielwanderung zum Winterquartier beim Durchqueren unübersichtlicher Territorien über weite Strecken mittels ihres Stirnauges, und die kleinen Strumpfbandnattern bringen es sogar fertig, mit Hilfe dieses Organs vertraute Höhlen aufzuspüren, die nur mauselochgroß sind.

Der Lichtsinn spielt auch in der Welt des Kleinen eine überaus wichtige Rolle. Die Hydra (lat. *Hydra vulgaris*), ein in einheimischen Teichen vorkommender winziger Süßwasserpolyp, den man irrtümlicherweise lange Zeit für eine Pflanze hielt, fängt mit seinen langen Ärmchen kleine Krebstierchen, die er durch den Mund ins Tentakelsystem transportiert. Diesem Minipolypen fehlen nicht nur die Augen, sondern auch lichtsensible Sinneszellen in der Haut. Man sollte daher annehmen, dass er stockblind sei, und man konnte sich nicht erklären, wie er auf Kleinstlebewesen Jagd macht. Da die Beutezüge der Hydra dennoch erfolgreich verlaufen, sprechen Biologen, ohne damit zur Aufhellung dieses Phänomens beizutragen, vom *»unmittelbaren Hautlichtsinn«*. Bei einigen Hydraarten hat man allerdings herausgefunden, dass die Außenhaut der Fangarme lichtempfindlich ist. Übrigens: Unter günstigen Bedingungen ist die Hydra »unsterblich«, da für tote Zellen sofort multifunktionale Ersatzzellen gebildet werden. Sie vermehren sich meist vegetativ durch Knospung. In ungünstigen Fällen bedient sich der Minipolyp der geschlechtlichen Fortpflanzung, bei der

er als Zwitter sowohl die Vater- als auch die Mutterrolle übernimmt.

Muscheln und Weichtiere besitzen ebenfalls den Hautlichtsinn. Gleiches gilt für Kraken, Kalmare und Tintenfische, die
außer ihren leistungsstarken Augen auch mit der Haut »sehen«
können. Mikroorganismen wie die Grüne Geißelträgerin
Euglena *(E. gracilis)*, die als Schwellenwesen zwischen Tier
und Pflanze vegetiert, besitzen gleichfalls einen ausgeprägten
Lichtsinn. Dieser spielt zudem bei einzelligen Amöben und
den Grünen Pantoffeltierchen eine wichtige, lebenserhaltende
Rolle.

Die ausgeprägten, oft von Arbeitsintelligenz begleiteten
Sinne unserer Haustiere, nötigen uns immer wieder Bewunderung ab. Über eine besonders gewiefte Katze wurde vor einigen Jahren in der englischen Wissenschaftszeitschrift »New
Scientist« berichtet. C. G. Martin, ein in der englischen Stadt
Stoke-on-Trent ansässiger Konstrukteur, hatte eine verwilder-
te Katze einzufangen. Er benötigte einige Zeit, um Gitterstäbe
und Querverbindungen der Falle Marke »Eigenbau« sinnvoll
anzuordnen und den Köder auszulegen. Nach getaner Arbeit
beobachtete er das Verhalten der Katze von einem nicht ein-
sehbaren Versteck aus. Martin: »Die Katze näherte sich der
Falle und umrundete sie argwöhnisch, um sich dann erst einmal
zurückzuziehen. Sie saß einfach da und erweckte den Anschein, als ob sie die Situation zunächst überdenke. Dann,
innerhalb kürzester Zeit, viel weniger als die, die ich benötigt
hatte, um das Funktionsprinzip der Falle auszutüfteln, betrat
sie zielbewusst die Fangvorrichtung, legte ihre Pfoten geschickt
unter die Auslöseplatte, schnappte sich vorsichtig den ausge-
legten Köder und bewegte sich rückwärts aus der Falle heraus.«

Katzen sind, was die Wahrnehmung allerschwächster Geräusche anbelangt, in Topform. Jedes Ohr wird von 27 Muskeln
bewegt. Auf diese Weise kann sie ihre kleinen »Schalltrichter«
unabhängig voreinander auf jedwede Geräuschquellen richten
und dabei sogar noch die Entfernung abschätzen. Mäuse
bewegen sich für uns völlig lautlos durchs Gelände. Doch Kat-

zen erwachen selbst aus tiefstem Schlaf, wenn eine Maus in 15 Meter Entfernung vorbeitrippelt. Wenn der Mensch, dessen akustischer Wahrnehmungsbereich bei 20 000 Hz endet, ebenso deutlich hören wollte, müssten tausend Mäuse gleichzeitig Revue passieren. Hinzu kommt, dass Katzen auch mit den Augen hören. Diese verfügen nämlich über Nervenzellen, die auch akustische Reize aufnehmen und an das Hörzentrum im Gehirn weiterleiten, wo sie mit den von den Ohren empfangenen Geräuschen kombiniert werden.

Ungewöhnlich sind auch die Vibrationsempfänger von Heuschrecken und anderen Insekten. Diese sitzen nämlich über den Kniegelenken der Tiere, und sie sprechen auf Schwingungen an, die kleiner als der Durchmesser eines Wasserstoffatoms sind. Insekten können so mit ihren zerbrechlichen Kniechen selbst feinste Geräusche vernehmen.

Befassen wir uns noch ein wenig mit weiteren Sinnesbesonderheiten der Katzen. Ihre Augen stellen ein Meisterwerk an optischer Präzision dar. Die Katze nimmt selbst noch aus sechs Meter Entfernung eine am Boden kriechende Ameise wahr. Zur gleichen Zeit kann sie aufgrund ihres 186 Grad (!) umfassenden Blickfeldes eine Biene beobachten, die sich an einer abgelegenen Stelle seitwärts im Gelände an einer Blüte delektiert. Nachts vergrößert sich die Pupillenweite der Katze, so dass selbst minimale Lichtreste zum Augenhintergrund vordringen können. Die dort sitzenden Spiegelplättchen reflektieren das Licht, das verstärkt auf die Netzhaut zurückgeworfen wird und es der Katze ermöglicht, sechs- bis zehnmal besser als der Mensch zu sehen. Sollte infolge einer Augenverletzung oder anderweitig die visuelle Orientierung einmal ausfallen, treten taktile Sinnesorgane – die Schnurrhaare – in Aktion. Diese nehmen etwa herumstehende Objekte noch vor der eigentlichen körperlichen Berührung wahr. Die Schnurrhaare informieren die Katze rechtzeitig über Luftdruckveränderungen, über jedweden Luftstau, so dass sie gewarnt ist und den im Weg stehenden Gegenstand vorsichtig umrunden kann. Luftwirbel lassen sie sogar im Dunkeln Bewegungen registrieren, was bedeutet, dass auch blinde Katzen Fliegen und Mäuse fangen können.

Bei anderen Tieren haben sich während der Evolution z. B. die Geruchsorgane zu hypersensiblen »Detektoren« entwickelt. So sollen Mottenmännchen ihre weiblichen Partner noch in Entfernungen bis zu 800 Metern riechen. Seidenspinnermännchen folgen der Duftspur von Weibchen in Abständen von bis zu elf Kilometer, obwohl diese nur ein Tausendstel Milligramm ihres Lockduftstoffs versprühen. Und Schmetterlinge vermögen mit ihren Geruchsantennen Duftmoleküle aufzuspüren, für die wir Menschen kein Sensorium besitzen. Der Durchschnittsmensch kann zwar zwischen 8000 unterschiedlichen Geruchsnoten unterscheiden, aber kein Neurobiologe oder mit Duftstoffen befasster Chemiker weiß, auf welche Weise, mit welcher Technik er diese Unterschiede ermittelt.

In Karelien spüren schon seit den sechziger Jahren so genannte Prospektorhunde Pyritlager auf, die in sieben bis fünfzehn Meter Tiefe zu finden sind, ganz gleich, ob das Gelände aus trockenen oder versumpften Böden besteht. Die »Allwetter«-Hunde sind in der Lage, Mineralien sogar unter einer 1,5 Meter dicken Schneedecke zu »erriechen«. In solchen Fällen dürfte man schon Hyperästhesie – eine ins Extreme verlaufende Überempfindlichkeit der Gefühls- und Sinnesnerven – vermuten.

Wie extrem die Sinnesnerven der Prospektorhunde entwickelt sind, so dass diese zwischen unerwünschten Fremd- und gesuchten, nutzbaren Mineralien zu differenzieren vermögen, selbst wenn diese in noch so kleinen Mengen beigemischt sind, zeigt ein Fall, über den der russische Geologe Professor Izot Litenetsky berichtete. Seine Hunde waren darauf abgerichtet, Quecksilbervorkommen aufzuspüren. Einmal bellten sie stur drauflos, als sie eine Lagerstätte mit rosafarbenem Calcit (Kalkspat) gefunden hatten. Nach allen Erfahrungen der dort beschäftigten Geologen enthält Calcit kein Quecksilber. Schon begann man das Spürvermögen der Hunde anzuzweifeln, als

Chemiker feststellten, dass die Calcitmaterialien quecksilberhaltige Zinnobersedimente enthielten. Zinnober oder Quecksilbersulfid enthält im reinsten Zustand rd. 86 Prozent Quecksilber und gilt daher als das wichtigste Quecksilbermineral überhaupt.

Die Russen setzen entsprechend trainierte Hunde auch zum Inspizieren ihrer Gaspipelines ein. Sie überprüfen die Dichtheit der Rohre zuverlässig und legen dabei innerhalb von zehn Tagen Strecken von bis zu 100 Kilometer zurück. Gastechniker mit Spezialspürgeräten benötigten für die gleiche Strecke viel länger.

Überall in der Natur gibt es Höchstleitungen der Tiere, denen wir Menschen, auf uns selbst gestellt, nichts entgegenzusetzen haben. Verglichen mit diesen erscheinen wir – ohne technische Hilfsmittel – mitunter recht hilflos, ausgesprochen »unterentwickelt«. Gerade, was die Supersinne der Tiere, so vor allem in Extremsituationen, anbelangt, können wir noch viel von ihnen lernen.

7.2 »Just in Time« – vom Zeitsinn der Tiere

Gelegentlich fragen wir uns, welche Rolle die Zeit im Leben der Tiere spielen mag, ob Tiere überhaupt eine Vorstellung von dem haben, was wir generell als *Zeit* bezeichnen, diesem unsichtbaren, nicht greifbaren Etwas, das zwischen gestern und morgen scheinbar gleichförmig dahinfließt und für uns Sterbliche voller Rätsel steckt. Tiere besitzen, wenn überhaupt, wohl kaum die gleiche Zeitvorstellung wie wir, schon gar nicht die von einer Uhrzeit. Vielleicht leben sie außerhalb unserer aus astrophysikalischen Erkenntnissen abgeleiteten Zeiteinteilung, mehr in einer kosmischen Zeitordnung, in einer aus natürlichen Rhythmen vorgegebenen »Überzeitlichkeit«. Auf diesen, vorwiegend aus Naturkonstanten abgeleiteten Zustand anspielend, meinte der südafrikanische Naturforscher Dr. Lyall Watson einmal: »Eine Rinderzecke kann monatelang auf einem

Baum am Ende eines Zweiges sitzen und auf ein vorüberlaufendes Säugetier warten.« Zeit scheint für dieses unscheinbare, wenig nützliche Insekt offenbar überhaupt nicht zu existieren.

Zikadenlarven (*Magicicadae septendecim*), die den Altersrekord unter den Insekten halten, besitzen eine »eingebaute« 17-Jahres-Uhr. Sie beginnt zu ticken, wenn die Zikadenmutter die befruchteten Eier tief im trockenen Astholz ablegt. Genau sechs Wochen später entschlüpfen ihnen flügellose Larven, die sich fallen lassen und in Baumnähe mit ihren Vorderbeinschaufeln in den Boden eingraben, um dort die Säfte der Baumwurzeln anzuzapfen. Ihre Parasitenexistenz dauert genau 17 Jahre. Dann verlässt sie zeitgleich mit Millionen anderen Zikaden ihre Erdröhre, um auf einen Baum zu klettern und dort ihre Larve abzuwerfen. Aus ihr schält sich ein neues, fertiges Flügelwesen heraus. Nach dieser Metamorphose stimmen die Männchen – nur sie sind bei Stimme – ihren durch Schwirren ihrer Flügel ausgelösten Werbungschor an, um den paarungsbereiten stummen Weibchen ihre Absicht kundzutun. Nach vierwöchigem Tanz hat jedes der Weibchen bis zu 400 Eier gelegt. Dann setzt das große Sterben ein und der 17-Jahres-Zyklus beginnt von neuem, meist zum gleichen Tag, zur gleichen Jahreszeit. Und niemand weiß, was den Langzeitwecker in Gang hält, wie die Natur es fertig bringt, die »inneren Uhren« von Millionen Zikaden so zu synchronisieren, dass der Erweckungsvorgang ziemlich genau zum gleichen Zeitpunkt stattfindet.

Für die Zikaden gehen diese langen Zeiträume vorbei wie ein einziger Augenblick. Sie spielen in ihrem Leben keine größere Rolle als für uns das Intervall zwischen zwei Herzschlägen. Watson: »Jede Tierart lebt auf ihre eigene Weise und in ihrer eigenen Zeit, und sie sieht nur einen Ausschnitt ihrer Umgebung durch den engen Schlitz ihres eigenen Sinnensystems. Der wirkliche Raum und die wirkliche Zeit existieren außerhalb des individuellen Bewusstseins.«

Ob jedoch Tiere eine eigene Zeitvorstellung, ein Zeitempfinden, ähnlich dem unsrigen entwickelt haben, bleibt dahingestellt. Wenn ja, wäre es interessant zu erfahren, welche Kriterien zur Beurteilung von Zeitabläufen für sie maßgebend sind. Es ist anzunehmen, dass sie bei Tieren unterschiedlicher Größe verschieden sind. Bakterien, einzellige Kleinstlebewesen in der Größenordnung von einem Tausendstel bis zu einem Zehntausendstel Millimeter, teilen sich in der Regel alle zwanzig Minuten. Manche von ihnen verwandeln sich in widerstandsfähige Sporen, die, in Felsgestein eingeschlossen, Millionen von Jahren überdauern, um plötzlich, als wäre die Zeit einfach stehen geblieben, wieder zum Leben zu erwachen und sich ungehemmt weiter zu vermehren. Leben in dieser »tiefgefrosteten« Spielart hebt – in menschlichen Lebensspannen gemessen – die Zeit buchstäblich auf.

Ein noch größeres Mysterium umgibt die zur Klasse der Würmer gehörenden Rädertierchen, die kleinsten unter den Vielzellern. Ihren Namen verdanken sie einem auf dem Kopf befindlichen Räderorgan, das sowohl zum Antrieb als auch zur Nahrungsbeschaffung dient. Man findet sie vornehmlich in Süßwassertümpeln, und hier sind sie weltweit mit der gleichen Art vertreten. Bei veränderten Umweltbedingungen schrumpfen und vertrocknen sie, nehmen sie die Gestalt von Staubkörnern an. In diesem Zustand findet man sie noch in Höhen von mehr als 15 Kilometern. Laborversuche haben ergeben, dass sie im gekapselten Zustand selbst das im Weltraum herrschende Vakuum zu überstehen vermögen. Lyall Watson meint, »es wäre sogar möglich, dass sie ursprünglich aus dem Weltraum auf die Erde kamen, den normalen Generationsabstand von Tagen zu Lichtjahren ausdehnten, die Zeit in Raum verwandelten und Teil des Raumzeit-Systems wurden.«

Die dominierende aller biologischen (»inneren«) Uhren ist der 24-Stunden- oder Zirkadian-Rhythmus. Er schwankt, je nach Lebensform, zwischen 22 und 25 Stunden, und er wird bei einigen Tieren mit bis zu 20 unterschiedlichen Prozessen in Verbindung gebracht. Beim Mensch sind es sogar 150 physische Prozesse, die im 24-Stunden-Rhythmus ablaufen. Die Chronobiologie (Biorhythmik), die diesen angeborenen natürlichen Taktgeber untersucht, hat grundsätzlich gleiche oder ähnliche Rhythmen bei allen Tierspezies festgestellt. Bei Mäusen weicht die »innere« Uhr gerade einmal eine Minute oder zwei von der Norm ab, obwohl diese Tiere schon seit jeher vornehmlich im Dunkeln hausen.

Dem zuvor (Kapitel 2.3) erwähnten deutschen Zoologieprofessor Karl von Frisch, der sich viele Jahre auch mit dem Zeitsinn der Bienen befasst hatte, war aufgefallen, dass die Bienen immer dann auftauchten, wenn die Nektarquellen der Blumen am ergiebigsten sprudelten. Nachdem er sein Bienenvolk durch verschiedenfarbige Farbtupfer gekennzeichnet und an eine Schale mit Zuckerwasser gewöhnt hatte, konnte er wissenschaftlich nachweisen, dass auch Bienen über einen hervorragenden Zeitsinn verfügen. Sie kamen stets nur zur Fütterungszeit zu den Zuckerwasserschälchen, die sie zu anderen Zeiten völlig unbeachtet ließen. Nicht Hunger bestimmte ihr pünktliches Erscheinen, sondern ihr Zeitsinn. Hinzu kommt ihr bemerkenswertes Zeitgedächtnis, denn sie irren selbst dann äußerst selten, wenn sie zu verschiedenen Zeiten an ganz unterschiedlichen Plätzen gefüttert werden. Karl von Frisch will an Bienen auch so etwas wie einen »inneren Wecker« festgestellt haben, der die schlafenden oder vor sich hin dösenden Tiere immer dann munter werden lässt, wenn die Fütterungszeit kurz bevorsteht. Er ist so exakt eingestellt, dass er noch den unterschiedlich langen Flugweg zur jeweiligen Futterstelle mitberücksichtigt.

Bei der Suche nach den Ursachen des Zeitsinns der Bienen, wurde ein kleines Bienenvolk in Paris in einer Dunkelkammer auf die Fütterungszeit 12 Uhr mittags dressiert und nach Beendigung des Dressuraktes in einem verschlossenen Kasten nonstop nach New York geflogen. Erneut in eine Dunkelkammer platziert, zeigte es sich, dass die kleinen Zwangstouristen nicht etwa zeitversetzt, d. h. später, sondern genau zur Paris-Zeit zur Futterquelle eilten. Ihre »innere Uhr« musste demzufolge nach von Frisch im Stoffwechsel des Bienenkörpers zu suchen und auf einen 24-Stunden-Rhythmus eingestellt sein.

Auch Ameisen wissen zwischen unterschiedlichen Fütterungszeiten und -orten zu unterscheiden. Die französischen Biologen Guy Beugnon und Paul Sabatier von der Universität Toulouse befassten sich mit der Frage, ob sich Ameisen darauf abrichten lassen, zu unterschiedlichen Zeiten differente Futterstellen aufzusuchen. Sie verfrachteten eine Kolonie tropischer Ameisen *(Ectatomma ruidum)* in einen kleinen Behälter, der mit einer Zone verbunden war, die durch Röhrchen mit drei Futterschalen in Verbindung stand. Jeder der Plätze offerierte zu verschiedenen Tageszeiten eine Stunde lang Honig. Die Wissenschaftler verfolgten drei Wochen lang jeden Tag die Futtersuche der Tiere. Am 15. Tag stellten sie fest, dass die Ameisen die richtige Futterstelle zur korrekten Zeit aufsuchten. Sie markierten daraufhin neun Futtersuchende und beobachteten deren Reaktionen, als am 22. Tag in keiner der Schalen Futter angeboten wurde. Natürlich machten sich die Ameisen zur gewohnten Zeit in Richtung Schalen auf den Weg, weil sie erwartet hatten, dass sie mit Honig gefüllt seien.

Beugnon vertritt die Ansicht, Ameisen seien in der Lage zu lernen, dass Futter nur zu einer bestimmten Zeit an einem ganz bestimmten Ort erhältlich ist. David Nash von der Universität Bath (GB) meint hingegen, dass einige der Testameisen einer chemischen Spur gefolgt seien, die andere gelegt hätten. Sollte sich jedoch anhand weiterer Untersuchungen diese Hypothese als haltlos erweisen, würde dies die vorherrschende Meinung der Biologen widerlegen, dass Ameisen wie kleine Automaten ausschließlich nach Instinkt und genetischer Programmierung handeln. Wenn also Beugnons und Sabatiers Studie korrekt sein sollte und Ameisen zwischen Zeit und Ort Assoziationen herstellen können, müssten ihre Nervensysteme weitaus komplexer beschaffen sein, als bislang angenommen wurde.

Manche Tiere wurden von der Natur neben Tages- und Gezeitenschwingungen auch mit wesentlich langsameren Rhythmen als Zeitgeber ausgestattet. Diese können sich von Wochen bis hin zu vielen Jahren erstrecken, wie uns der Zikadenzyklus deutlich macht. Bei manchen Haustieren ist der Wochenzyklus besonders auffällig entwickelt.

Der Stadtkämmerer von Baton Rouge, Louisiana (USA), besaß einen Pitbullterrier namens Zip, dem er aus falsch verstandener Tierliebe eine Menge Freiheiten einräumte. Er hatte ihm unter anderem gestattet, auf der Kühlerhaube seines Wagens sitzend durch die Stadt zu kutschieren, was manche Mitbürger ärgerte, weil dadurch die Disziplin der anderen Hundhalter allmählich nachließ und viele Hunde unbeaufsichtigt in der Stadt herumlungerten. Als die Behörden nach mehreren unangenehmen Vorfällen einen Hundefänger einstellten, um der Hundeplage Herr zu werden, sollte es auch mit Zips Extravaganzen vorbei sein. Sein Herrchen brachte ihn in Stadtnähe bei einem Farmer unter, wo er sein Leben als Kettenhund fristen musste. Obwohl ihn der Farmer gut fütterte und für eine bequeme Unterkunft sorgte, regte sich in ihm doch das Verlangen, das Wochenende bei seinem Besitzer zu verbringen. Er jaulte ununterbrochen von Samstag früh bis zum Beginn der neuen Woche und versuchte, sich von der Kette loszureißen. Das Gleiche wiederholte sich am darauf folgenden Wochenende, woraufhin der Farmer den Hundebesitzer anrief. Beide Männer waren davon überzeugt, dass Zip genau wusste, wann das Wochenende nahte, da er immer dann mit seinem Herrchen in der Stadt herumgondeln durfte, was ihm offenbar Spaß bereitete. Alsdann unternahm man den Versuch, Zip auf der Farm frei herumlaufen zu lassen, ein Experiment, das er durch Anhänglichkeit belohnte. In der Folge verschwand er nur jeden Samstagnachmittag, um pünktlich gegen 15 Uhr bei seinem Herrchen aufzutauchen und gemeinsam mit ihm das Wochenende zu verbringen. Am Montag früh trabte er von allein zur Farm zurück, wo er, jetzt ohne die lästige Kette, die Woche über treu seine Dienste als Wachhund verrichtete.

Kater Willie, ein Streuner, der bei Gustav Eckstein, einem Psychologieprofessor an der Universität von Cincinnati (USA) Gastrecht genoss, war ebenfalls auf einen Wochenrhythmus eingestellt. Pünktlich montags um 19.30 Uhr tauchte er an der

Küchentür des Professors auf, um seine Portion Katzenfutter in Empfang zu nehmen. Immer, wenn er sich den Bauch voll geschlagen hatte, verschwand er, um erst am Montag der darauf folgenden Woche zur gleichen Zeit zu erscheinen. Niemand wusste, wo er sich die ganze Woche über herumtrieb. Neugierig geworden, folgte Professor Eckstein eines Tages seinem Teilzeitgast. Er beobachtete, wie Willie vorschriftsmäßig bei Grün die Straße überquerte und dann den Weg zur Frauenklinik einschlug. Dort angekommen – es war inzwischen 19.45 Uhr – sprang er auf den Fenstersims vor dem Aufenthaltsraum, um zwei Stunden lang dem Bingospiel des Personals zuzuschauen. Dann trottete er gemächlich davon. Professor Eckstein überwachte den Weg der Katze an drei Montagen. Stets bot sich ihm das gleiche Bild … eine Katze mit Gewohnheiten, mit »eingebautem« Wochentaktgeber.

Die »innere Uhr« der Meerestiere ist mehr von den Gezeiten, dem Wechsel von Ebbe und Flut, abhängig. Die zur Klasse der Blumentiere – hierzu zählen etwa 6500 Arten – gehörenden, am Meeresboden fest haftenden Purpurseerosen *(Actinia equina)* öffnen im 12,4-Stunden-Gezeitentakt bei Eintritt der Flut ihren Tentakelkranz und bieten sich dem Betrachter ähnlich wie eine in voller Blüte stehende Blume dar. Sinkt bei Ebbe der Wasserstand, schließen sich die Tentakel, fällt der zylinderförmige Rumpf zur Seite und verharrt dort mehrere Stunden ohne auszutrocknen. Durch Laborexperimente – man brachte die Purpurseerose in einem Aquarium unter – hat man herausgefunden, dass dieser Mechanismus nicht vom jeweiligen Wasserstand, sondern tatsächlich vom 12,4-Stunden-Takt der Gezeiten abhängig ist. Sie besitzt demnach eindeutig eine »innere Uhr«.

Die frei im Meer lebenden Plattwürmer *(Convoluta)* – man kennt etwa 10 000 Arten – leben mit Grünalgen in Symbiose. Während der Flut bleiben sie im Sand vergraben. Immer wenn die Flut fällt, kommen sie aus dem Sand des Meeresbodens hervorgekrochen, um ihren kleinen grünen Körper zu sonnen. Rachel Carson, Biologin und Autorin des Buches »The Sea

Around Us« (Das Meer um uns herum), setzte einige dieser Würmer in ein Aquarium, um deren Verhalten unter Laborbedingungen zu studieren. Sie resümiert: »Zweimal am Tag kommen die Convoluta aus dem Sandboden des Aquariums hervorgekrochen, um sich dem Sonnenlicht zu exponieren und den Algen die Photosynthese zu ermöglichen und zweimal sinken sie zum Boden zurück. Ohne Gehirn, ohne Gedächtnis oder klare Wahrnehmung lebt dieser Organismus, dem selbst ein Kreislaufsystem fehlt, in einer für ihn völlig fremden Umgebung, indem jede Faser seines kleinen Körpers dem Gezeitenrhythmus des fernen Meeres folgt.«

Die meisten an Gezeiten gebundenen Tiere werden in Meeresnähe gelegenen Laboratorien untersucht. Anders verhält es sich mit der Forschungsstation des Meeresbiologen Professor Frank A. Brown von der North Western University, der 1954 die natürlichen Rhythmen von Austern zu untersuchen begann. Er hatte nämlich festgestellt, dass die hirnlosen Tiere einen ausgeprägten Gezeitenrhythmussinn besitzen und ihre Schalen bei Flut öffnen, um zu fressen und bei Niedrigwasser schließen, um Verletzungen und Austrocknen zu vermeiden. Zur Feststellung der zeitlichen Anpassungsfähigkeit dieser Tiere an veränderte Umgebungsbedingungen hatte sich Brown ein besonders raffiniertes Experiment ausgedacht: Er verfrachtete eine kleine Austernkolonie vom Long-Island-Sund (Atlantikküste) im US-Staat Connecticut zum etwa 1300 Kilometer entfernten Evanston, ein Vorort von Chicago (Illinois) am Ufer des Michigansees. Genau 14 Tage erinnerten sich die Austern noch an den heimatlichen Gezeitenrhythmus. Die Überraschung war groß, als Brown am 15. Tag eine Verschiebung des Rhythmus feststellte. Alle Austern öffneten und schlossen sich jetzt nicht länger konform mit den am Long-Island-Sund beobachteten Gezeiten. Brown überprüfte die Differenz zwischen dem früheren und dem jetzigen Rhythmus, wobei er diesmal die geographisch bedingte Zeitverschiebung miteinkalkulierte. Es zeigte sich, dass die Austern genau in dem Augenblick ihre Schalen öffneten, wenn die Flut des rd.1300 Kilometer entfernten Atlantiks die Stadt Evanston erreicht hätte. Sie müssen demnach irgendwie erfahren haben, dass man sie etwa 1300 Kilometer nach Westen transportiert hatte. Sie besaßen also die unglaubliche Fähigkeit, den Gezeitenplan neu zu berechnen und ihren hierauf reagierenden Organismus umzuprogrammieren. Man glaubte zunächst, dass dies auf die veränderten Sonnenaufgangs- und -untergangszeiten zurückzuführen sei, musste aber bald erkennen, dass Austern, die direkt nach dem Fang in einen dunklen Behälter gebracht und am Zielort in diesem weiter gehalten wurden, den gleichen Verschiebungseffekt zeigten. Später fand Brown eine handfeste Erklärung für das seltsame Phänomen: die Mondrhythmen, denn die meisten Austern öffneten sich, sobald der Mond genau über Evanston stand.

Über eine »innere Uhr« und genaues »Timing« verfügen auch die in den Weiten des Pazifiks lebenden Bastardschildkröten, die jedes Jahr zu Zehntausenden an ihren angestammten Nistplätzen in den Buchten von Costa Rica fast zeitgleich eintreffen. Die präzise Ankunft der Tiere überrascht, wenn man bedenkt, dass sie doch ganz unterschiedliche riesige Wegstrecken zurückzulegen haben. Wer oder was gibt ihnen in ihren heimatlichen Gefilden den »Marschbefehl«, wer oder was kalkuliert zuvor die Wegstrecke zu den Nistplätzen und, in Abhängigkeit hiervon, die Reisedauer, so dass die Tiere, aus allen Himmelsrichtungen kommend, fast zur gleichen Zeit am Zielort anlangen? Mit genetischer Programmierung dürfte sich dieses Phänomen sicher nicht erklären lassen.

Zwischen Suppenschildkröten (Chelone mydas), die Längen von mehr als zwei Meter und ein Gewicht von oft über 500 Kilogramm erreichen, und eifressenden Kojoten besteht ebenfalls ein zeitlicher Zusammenhang. Jedes Jahr treffen an der mexikanischen Küste nördlich von Tampico innerhalb weniger Stunden Zigtausende dieser schwerfälligen Riesen ein, um sich mühsam die Dünen hochzuarbeiten und dort unter dem Sand ihre Eier einzuscharren. Kaum, dass sich das Gros der Schildkröten verzogen hat, fallen die Kojoten über die in geringer

Tiefe deponierten Eier her, um sich an ihnen zu laben. Normalerweise halten sich Kojoten nie in Küstennähe auf und man fragt sich, warum diese Tiere immer dann dort auftauchen, wenn die Schildkröten während eines ziemlich genau festliegenden Zeitfensters ihren gewohnten Strandabschnitt zur Eiablage aufsuchen. Schildkröten und Kojoten treffen stets gemeinsam »vor Ort« ein, selbst wenn sich erstere – durch irgendetwas aufgehalten – einmal um ein paar Tage verspäten sollten. Könnte es sein, dass die Kojoten zur ungefähren Ankunftszeit ihre »Scouts« aussenden, die das Eintreffen der Eierspender ihren Artgenossen melden oder ist in diesem Fall so etwas wie tierische Telepathie im Spiel. Wir werden uns in einem späteren Kapitel etwas eingehender mit diesen ungewöhnlichen Fähigkeiten der Tiere befassen.

Nachdem Wissenschaftler experimentell in Erfahrung gebracht hatten, dass Tiere, genau wie Menschen, über eine »innere Uhr« verfügen, ging man daran, deren »Sitz« oder Auslöser zu ermitteln. Fest steht, dass die »Schwingungen« dieser »Uhr« im Tierkörper selbst erzeugt werden. Die Insektenforscherin Janet Harker, die mit amerikanischen Großschaben (*Periplaneta*) experimentierte, machte als Erste die Feststellung, dass diese immer dann ihren Zeitsinn, den leicht zu überwachenden 24-Stunden-Rhythmus einbüßten, wenn sie geköpft wurden. Die kopflosen Tiere leben zwar noch einige Wochen, können aber während dieser Zeit offenbar nicht mehr zwischen Tag und Nacht unterscheiden, krabbeln also immerfort umher, ohne sich bei Tag die sonst übliche Ruhepause zu gönnen. Harker war klar, dass der Zeitsinn der Schaben an irgendeiner Stelle im Kopf seinen Ausgang nehmen und von dort aus deren zeitabhängigen Reaktionen steuern musste. Als sie dann einem kopflosen Exemplar Blut einer gesunden, unversehrten Schabe spritzte, stellte sich beim Geköpften wieder der normale Zeitsinn ein: Bewegung und Ruhe jeweils im 12-Stunden-Rhythmus. Als auslösender Informationsstoff der »inneren Uhr« erwies sich ein Hormon, das angeblich in einem bestimmten Nervenknoten produziert werden soll.

Ob man damit letztlich das eigentliche Steuerungszentrum, den Taktgeber der Schaben gefunden hat, bleibt dahingestellt, zumal andere Wissenschaftler, die sich ebenfalls mit solchen Experimenten befassten, Harkers Resultate nicht bestätigen konnten. Die Suche nach den Auslösern des tierischen Zeitsinns geht schon deshalb weiter, weil er bei jeder Spezies anders beschaffen sein kann.

7.3 Frühwarnung – ein Gespür für Katastrophen

Tiere besitzen die Gabe, sich anbahnende Natur- und Umweltkatastrophen – Unwetter, Hurrikane, Überschwemmungen, Vulkanausbrüche, Erdbeben, Lawinenabgänge usw. – Stunden, Tage, ja sogar Wochen im Voraus zu spüren. Wenige Tage vor dem Ausbruch des auf der Insel Martinique gelegenen Vulkans Mt. Pelé im Jahre 1902, bei dem wegen fahrlässigen Verhaltens der damaligen Kolonialbehörden etwa 30 000 Menschen den Tod fanden, zeigten dort beheimatete Tiere ein höchst sonderbares Verhalten. Sie liefen ihren Besitzern davon, suchten seichte Küstenstreifen auf oder wechselten ihre jeweiligen Standorte. Hatten sie mit ihren ins Extreme entwickelten Sinnesorganen etwa die nahende Katastrophe »gewittert«?

Der durch zahlreiche wissenschaftliche Publikationen bekannt gewordene amerikanische Naturforscher Professor I. T. Sanderson vertrat die Meinung, dass es sich beim antizipativen Verhalten der Tiere vor Erdbeben und anderen Naturkatastrophen mehr um »über-sinnliche« und nicht so sehr um »außersinnliche« Wahrnehmung, also um *Hyperästhesie* handele. Mediziner verstehen hierunter vornehmlich eine Überempfindlichkeit der Sinnes- und Gefühlsnerven, die leicht mit paranormalen Fähigkeiten verwechselt werden kann, auf die wir im nächsten Hauptkapitel noch zu sprechen kommen.

Aus den Urwaldgebieten des brasilianischen Bundesstaates Acre berichtet Pfarrer Maria Lima, der sich vor Jahren unter anderem mit dem Wettersinn einheimischer Ameisenspezies eingehend befasst hat: »Schon lange vor dem Einsetzen der Regenzeit beginnen die Ameisen mit einer merkwürdig anmutenden Tätigkeit. Sie verlassen ihre gewohnten Arbeitsplätze und klettern viele tausend Mal an Bäumen auf und ab. Sodann verharren sie an bestimmten Punkten, meist auf kleinen Anhöhen und bewegen ihre Fühler kreisförmig. Zuerst die linken, dann die rechten. Diese Beschäftigung dauert einige Wochen, wiederholt sich in mehreren zehntausend Positionen und dehnt sich über das ganze von ihnen bewohnte Gebiet aus. Sobald dieses ›Datensammeln‹ abgeschlossen ist, trifft sich eine Gruppe Ameisen – die ›Chef-Meteorologen‹ – zu einer ›Konferenz‹. Am Versammlungsort tauschen die Tiere offenbar ihre Erfahrungen aus, indem sie sich mit den Fühlern stundenlang gegenseitig Informationen übermitteln. Plötzlich ist die ›Besprechung‹ zu Ende, und die gefassten Beschlüsse werden dem Ameisenvolk mitgeteilt. Sofort formiert sich die große Auswanderung. Das Entscheidende: Immer wird das verlassene alte Wohngebiet überschwemmt, der neue Platz hingegen nie. Wir stehen vor einem Rätsel: Die Ameisen können vorausberechnen, welche Stellen vom Wasser bedeckt werden und welche nicht.«

Tiere verfügen über eine stark ausgeprägte Wetterfühligkeit. Ivan Sanderson beobachtete einmal in Honduras, wie bei normaler Witterung eine gewaltige Krabbenschar vom Meer ins Landesinnere zog. Vierundzwanzig Stunden später sank das Barometer rapide, als ein Hurrikan mit aller Wucht zuschlug und die gesamte Küstenregion verwüstete. Irgendwie müssen die Krabben rechtzeitig eine deutliche Warnung aus der Natur empfangen haben.

Weitflieger – z. B. Mauersegler, aber auch andere Vogelarten – erfassen mit ihren hoch empfindlichen Sensoren das Nahen von Unwettern, lange bevor meteorologische Stationen diese registrieren. Sie nehmen Schlechtwetterzonen selbst in Entfernungen von mehr als tausend Kilometer wahr und ändern ihren Kurs, um so den ihnen drohenden Gefahren weiträumig auszuweichen. Obwohl viele Tiere so etwas wie ein »inneres Barometer« besitzen, kann dieses für die empfangenen Unwetter-warnungen nicht ausschlaggebend sein. Erdgebundene Tiere bewegen sich im Gelände ständig in unterschiedlichen Höhen und Vögel sind ohnehin häufig wechselnden Höhenunter-schieden ausgesetzt. Da Luftdruckunterschiede höhenabhän-gig sind, müsste es beim Beurteilen der zu erwartenden Wet-tersituation zwangsläufig zu Irritationen kommen.

Bei einem heranziehenden Tief ändert sich aber nicht nur der Luftdruck, sondern, und schon lange vor diesem, der elektri-sche Zustand der Atmosphäre, die Konzentration der elektro-statischen Ladungen der Luft. Diese Ladungen werden u. a. durch die Zunahme der natürlichen Luftradioaktivität bzw. durch Reibungseffekte der Hagelkörner und Regentropfen ab-gegeben. Durch elektrische Feldänderungen kommt es zu Ent-ladungen, die langwellige elektromagnetische Strahlung freiset-zen und diese kündigt eine Schlechtwetterfront lange vor jedweder Luftdruckänderung an. Wer ein Radio mit Langwel-lenteil besitzt, empfängt solche durch Unwetter ausgelösten Störgeräusche oft viele Stunden vor dem Aufzug einer Gewit-terfront.

Tiere scheinen – der Natur enger verbunden als wir – neben einem ausgeprägten Wettersinn auch ein Gespür für bevorste-hende Erdbeben zu haben. Sie empfangen unter günstigen Vor-aussetzungen Warn-»Signale«, die selbst für hoch empfindliche seismische Messinstrumente zu schwach sind, um registriert zu werden. Bevor die chilenische Stadt Conceptión im Jahre 1835 durch ein schreckliches Erdbeben total zerstört wurde, konn-ten aufmerksame Beobachter ungewöhnliche Aktivitäten unter den einheimischen Tieren feststellen. Gegen 10.30 Uhr waren am Himmel über der Stadt riesige Scharen laut schreiender Möwen zu sehen. Um 11.30 Uhr tobten Pferde, von panischer Angst ergriffen, durch ihre Koppeln und rissen alles um, was ihnen im Weg stand. Hunde stürzten, wie von Furien gehetzt, aus den Häusern ins Freie. Gegen 11.40 Uhr hatten gewaltige Erdstöße die Stadt völlig eingeebnet, lagen tausende Einwoh-ner tot unter den Trümmern ihrer eingestürzten Häuser.

Vor dem Erdbeben, das im Jahre 1963 ganz Alaska erschütterte, zeigten die Zootiere im mehr als 2000 Kilometer entfernten Seattle (USA) auffällige Angstreaktionen. Und Dr. Edgar W. Spencer von der Lee University in Washington wusste zu berichten, dass die meisten Vögel 1963 vor dem großen Beben im südöstlichen Teil von Montana den Luftraum über dem Epizentrum schon längst »geräumt« hatten.

Japaner, die in Regionen zu Hause sind, in denen es infolge geologischer Verwerfungen häufig zu Erdbeben kommt, halten sich vorzugsweise Goldfische, die immer dann in helle Aufregung geraten und wie irre im Aquarium herumschwimmen, wenn sie auch noch so schwache Erdstöße verspüren. Vorgewarnt, können sich aufmerksame Goldfischhalter rechtzeitig in Sicherheit bringen und ihre Häuser verlassen. Da Wasser Vibrationen besonders gut leitet, eignen sich Fische in nachgerade idealer Weise als Beben-Frühwarnsysteme. Schon Stunden vor einem Erdbeben verlassen Wildkaninchen, Maulwürfe, Ratten, Schlangen und andere Kleintiere ihre Höhlen, kommen Rehe, Hirsche und Wildschweine aus ihren Verstecken im Wald, um sich auf freiem Feld in Sicherheit zu bringen. Hühner, Gänse und Enten flattern ängstlich auf Dächer und Bäume, Pferde überrennen Stallbedienstete, um ins Freie zu gelangen, und Weidetiere kämpfen ohne erkennbare Ursache miteinander.

Unter Zugrundelegung traditioneller Erfahrungen mit dem eigenwilligen Verhalten von Tieren vor Erdbeben, haben die Chinesen in Verbindung mit elektronischen Sensoren ein Frühwarnsystem entwickelt, durch das bereits Tausende von Menschenleben gerettet wurden. In der besonders erdbebengefährdeten mandschurischen Industrieprovinz Liaoning mit etwa 30 Millionen Einwohnern wurden im Sommer 1974 hunderttausend freiwillige Helfer im Beobachten des Tierverhaltens vor Beben ausgebildet, zwanzigtausend Meldetrupps zusammengestellt und umfangreiche Evakuierungspläne ausgearbeitet. Als nach Wochen der Ruhe beim Krisenstab mit einem Mal massiert Meldungen über Fälle von ungewöhnlichem Tierverhalten eintrafen, rechneten die Behörden mit einem unmittelbar bevorstehenden Beben und gaben deshalb am 4. Februar 1975 um 11 Uhr Alarm. Städte und Dörfer wurden diszipliniert geräumt und die evakuierten Menschen auf freiem Feld in Sicherheit gebracht. Noch am gleichen Abend, um 19.36 Uhr, brach das erwartete Beben mit einer Stärke von 7,3 auf der Richterskala los und zerstörte in der betroffenen Provinz 50 Prozent aller Gebäude. Aufgrund der getroffenen Vorsichts- und Evakuierungsmaßnahmen kamen bei diesem schweren Beben nur wenige Personen ums Leben. Sie hatten den Anordnungen der Behörden zuwider gehandelt und waren damals zu früh in ihre Häuser zurückgekehrt.

Lange suchten Seismologen, Biologen und Verhaltensforscher nach den Ursachen des panischen Verhaltens der Tiere vor Erdbeben. Zunächst glaubte man, dass ausschließlich akustische Signale, d.h. Vibrationen, die beim Verschieben großer Erdmassen entstehen, lange vor dem Ausbruch eines Bebens empfangen werden. Diese Hypothese konnte aber kaum für alle Tiere zutreffen, da deren Hörvermögen ganz unterschiedlich ausgebildet ist. Es hatte sich jedoch gezeigt, dass *alle* Tiere gleichermaßen, wenn auch in artspezifischer Weise, auf bevorstehende Beben reagierten. Es musste demnach etwas anderes sein, das bei ihnen Panikreaktionen auslöste. Wie so häufig, sollten den Wissenschaftlern auch diesmal wieder der Zufall zu Hilfe kommen. Am 6. Mai 1976 gegen 21 Uhr Ortszeit wurde die norditalienische Region Friaul völlig unerwartet von einem Erdbeben der Stärke 6,5 heimgesucht, das mehr als tausend Tote forderte. Auch hier hatten sich Tiere Stunden zuvor sonderbar verhalten, ein Phänomen, das die von der Katastrophe Betroffenen seinerzeit nicht zu deuten vermochten.

Als der Feinmechaniker Rudi Zuder aus dem Ort San Leopoldo dem italienischen Naturwissenschaftler Dr. Helmut Tributsch berichtete, dass er kurz vor dem Beben eine in Reparatur befindliche Armbanduhr nicht mehr zusammensetzen konnte, weil sich die Metallteile einander abstießen, wurde dieser hellhörig. Abstoßeffekte setzen nämlich eine elektrische

Aufladung voraus. Da Zuder an einem Holztisch arbeitete, musste die Aufladung über die Luft erfolgt sein, durch Schwebeteilchen, so genannte Aerosole – elektrisch positiv geladene Ionen. Tributsch entwickelte in der Folge eine einleuchtende Hypothese zur Erdbebenfühligkeit der Tiere, die auf das Verhalten *aller* Tiere vor Beben zutraf und die nach Entkräftung sämtlicher Einwände schließlich auch von Skeptikern akzeptiert wurde. Sie beinhaltet, vereinfacht dargestellt, folgende Vorgänge: Im quarzhaltigen Gestein des Erdinneren wird vor einem Beben infolge starken Drucks so genannte Piezoelektrizität (Druckelektrizität) freigesetzt, die aufgrund des Spannungsanstiegs Glimmentladungen zur Folge hat. Diese zersetzen das in den Rissen des zerberstenden Gesteins enthaltene Grundwasser und lassen so positiv geladene Aerosolgase mit darin enthaltenen fein verteilten winzigen Schwebeteilchen entstehen, die durch Spalten im Erdinneren nach oben entweichen. Als Aerosolwolken tragen sie im tierischen Organismus zur verstärkten Serotoninausschüttung bei. In hohen Konzentrationen kann dieses Nervenhormon auch bei Tieren schwere physische und psychische Störungen – Herzanfälle, Nervosität, Übelkeit, Kurzatmigkeit usw. – auslösen.

Je nach Beschaffenheit der geologischen Formation kann die Glimmentladung und damit auch die Freisetzung von Aerosolwolken schwächer oder stärker ausgeprägt sein, so dass infolgedessen Tierreaktionen unterschiedlich ausfallen. Tiere werden in der Folge von Panik ergriffen, wollen den unsichtbaren verderblichen Aerosolwolken entkommen. Das hysterische Verhalten von Tieren vor Bebenseintritt ist demnach weniger akustisch bedingt, sondern erwiesenermaßen ein piezoelektrisch-chemischer Prozess.

Was immer man in das abstruse Verhalten der Tiere vor einem Erdbeben hineinzuinterpretieren versucht, entspricht nicht den Tatsachen. Tiere reagieren nur indirekt auf Beben, gewissermaßen auf ein solches im Entstehen. Ursachen und Auswirkungen solcher Katastrophen werden ihnen hingegen nicht bewusst.

7.4 »Sehen« mit den Ohren –
High-Tech-Ortung in der Natur

Ende des 18. Jahrhunderts machte der italienische Geistliche und Naturforscher Lazzaro Spallanzani die Entdeckung, dass Eulen, anders als bis dahin vermutet, bei völliger Dunkelheit blind sind und dadurch ihre Orientierung verlieren. Spallanzanis Neugierde war geweckt, und er begann mit Fledermäusen zu experimentieren, von denen ebenfalls behauptet wurde, dass sie über totale Nachtsicht verfügen. Er brachte einige Exemplare dieser nachtaktiven Tiere in seine Studierklause, wo sie im Dunkeln offenbar mühelos umherflatterten und geschickt jedem Hindernis auswichen. Um die Versuchsbedingungen zu erschweren, spannte er in beliebiger Anordnung dünne Bindfäden im Raum von Wand zu Wand und befestigte an diesen Glöckchen, die ihm etwaige Zusammenstöße signalisieren sollten. Doch, trotz betriebsamen Herumflatterns blieben diese stumm.

Da der experimentierfreudige Geistliche glaubte, dass die Resthelligkeit im Raum dennoch zur Ortung von Hindernissen ausreiche, verpasste er den Fledermäusen zunächst eine undurchsichtige und später eine durchsichtige Haube, die er über deren Kopf stülpte. Daraufhin verloren die Tiere mit einem Mal die Orientierung und stießen laufend mit allen dort herumstehenden Objekten zusammen. Trotz des Misserfolges gab Spallanzani nicht auf. Er war fest entschlossen, das Ortungsprinzip der Fledermäuse zu ergründen.

Im Jahre 1793 stellte Spallanzani fest, dass total blinde Fledermäuse sowohl bei Licht als auch bei völliger Dunkelheit jedweden Hindernissen ausweichen konnten. Den gleichen Effekt beobachtete sein Genfer Kollege, der Insektenforscher Louis Jurin. Er ging sogar noch einen Schritt weiter und blockierte mit einem Wattepfropfen den Gehörgang einer blinden Fledermaus, woraufhin diese ihren Orientierungssinn einbüßte und überall anstieß. Die Ohren des Tieres schienen demnach beim Erkennen von Gegenständen in totaler Finsternis eine wesentliche Rolle zu spielen. Nachdem beide Naturforscher die restlichen Sinnesorgane der Tiere ausschließen konnten, gelangten sie zu der Überzeugung, dass ihre Flugbewegungen tatsächlich über die Ohren gesteuert werden. Einfacher ausgedrückt: Fledermäuse »sehen« mit den Ohren. Der geniale Spallanzani dachte natürlich auch darüber nach, wie das »Sehen« mit den Ohren vor sich gehen könnte. Er spekulierte, dass Geräusche, die vom Flügelschlag der Tiere herrühren, von Hindernissen zurückgeworfen und von deren Ohren erfasst werden könnten. Damit kam er dem erst viel später entdeckten Prinzip der Ultraschall-Echoortung ziemlich nahe.

Die Vermutung, dass Fledermäuse »Schreie« mit Schallschwingungen von etwa 20000 Hz aufwärts – oberhalb der Hörgrenze des menschlichen Ohres – ausstoßen könnten, die durch Reflexion am Hindernis und anschließendes »Verarbeiten« im Gehirn der Tiere ein »Hörbild« entstehen lassen, äußerte erstmals im Jahre 1920 der in Cambridge (GB) dozierende Psychologe Hamilton Hartridge. Da es zur damaligen Zeit noch keine Ultraschallempfänger gab, ging man Hartridges Hypothese nicht weiter nach. Interessant ist, dass Spallanzani eine ähnliche Vermutung gehabt haben musste, indem er bei einem seiner Experimente einer Fledermaus den Mund verstopfte, woraufhin diese ebenfalls die Orientierung verloren hatte.

Es sollte dem bekannten amerikanischen Biologen und Verhaltensforscher Professor Donald R. Griffin – Ende der dreißiger Jahre noch Zoologiestudent – vorbehalten sein, mit Hilfe eines gerade entwickelten Ultraschallempfängers nachzuweisen, dass Fledermäuse tatsächlich hochfrequente »Schreie« ausstoßen, mit denen sie Objekte in ihrer Umgebung einwandfrei orten (anmessen) und durch Interpretieren deren Echos in »Hörbilder« umsetzen können. Die weltweit anzutreffenden Flattertiere nutzen das auch von Menschen angewandte Prinzip der Echopeilung, um sich zur nächtlichen Stunde ihre Nahrung zu beschaffen, die in Europa hauptsächlich aus Kerbtieren – Nachtschmetterlingen, Fliegen, Mücken, Käfern –, andernorts auch aus Früchten, abgesaugtem Blut größerer Tiere und Wirbeltieren besteht.

Fledermäuse stoßen durch den Mund bis zu 170-mal pro Sekunde für uns nicht vernehmbare Ultraschallwellensignale von 30 000 bis 70 000 Hz aus und fangen die durch Hindernisse reflektierten Schallwellen mit ihren überproportionalen Ohren auf, die aufgrund zahlreicher Querfalten leicht beweglich sind. Die Natur hat durch Selektion das nicht gerade attraktive, bizarre Aussehen dieser Tiere den funktionalen Aufgaben in nachgerade idealer Weise angepasst.

Durch Schallabtastung vermag eine Fledermaus im Flug nicht nur kleinste Insekte zu erfassen und zu jagen, sondern sich auch ein bleibendes »Hörbild« von fremden Umgebungen zu beschaffen. Da die Schallabtastung der Umgebung immer nur partiell, d. h. in kleinen Segmenten erfolgt, muss das Tier kleinste Echobilder zu einem Ganzen, einem Erinnerungsbild, zusammenfassen – eine Meisterleistung der Evolution. Es konnte natürlich nicht ausbleiben, dass die Natur auch den Beutetieren eine Überlebenschance einräumte. Nachtfalter wie Bärenspinner, Spanner und Eulenfalter, von denen es zigtausend Arten gibt, sind an ihrem Hinterleib mit einem Spezialempfänger ausgestattet, der ihnen die Ultraschallsignale der Fledermäuse rechtzeitig meldet. Sobald dieser Empfänger anspricht, fliegen sie Ausweichmanöver. Gegen dieses Frühwarnsystem der Nachtfalter richtet sich der erratische Flatterflug der Fledermäuse, der Überraschungsattacken gestattet. Doch unmittelbar vor dem Zugriff schlägt der Ultraschallempfänger der Falter erneut Alarm – Signal für den Bedrohten, die Flügel anzulegen und sich einfach zu Boden fallen zu lassen.

Ein raffiniertes Antipeilsystem haben einige Bärenspinnerarten entwickelt. Kaum, dass ihr Empfänger die Nähe einer Fledermaus meldet, aktivieren sie eine Art »Störsender«, der auf der gleichen Ultraschallwelle Störsignale abstrahlt und so die Flattertiere derart verwirrt, dass sie von ihrem Opfer ablassen.

In Kapitel 3.3 wurde bereits erwähnt, dass auch Delphine die Ultraschallortung anwenden, dass sie Ultraschallwellen bis zu 150 000 Hz aufnehmen und solche bis zu 120 000 Hz aussenden. Von den beiden dort genannten Primärlauten – Pfeif- und Klickgeräuschen – dienen die sich rasch wiederholenden »Klicks« der Echoortung. Laborversuche haben gezeigt, dass ihr »Sonar«-System besser als das der Fledermäuse funktioniert, was darauf zurückzuführen sein dürfte, dass Wasser Schallwellen besser als Luft leitet.

Das Ultraschall-Ortungsprinzip der Delphine wurde auch erst Ende der dreißiger Jahre entdeckt. Um die anfängliche Vermutung, dass bei der Ortung Ultraschallwellen beteiligt sind, zu überprüfen, blendete man Delphine im Aquarium mit undurchsichtigen Haftschalen aus Gummi. Trotz dieser künstlichen Behinderung lösten die Tiere mühelos selbst schwierigste Ortungsaufgaben. Auch sie sind in der Lage, sich durch Echopeilung von ihrer Unterwasserumgebung ein Bild zu machen. Ihre Echohörbild ist äußerst präzise. Geblendet schwimmen sie mit Höchstgeschwindigkeit auf Aquariumswände und Hindernisse zu, ohne auch nur einmal anzustoßen. Zudem können sie mit ihrem Ultraschall-Ortungssystem blitzschnell zwischen Fischen und wassergefüllten fischähnlichen Attrappen gleicher Größe unterscheiden. Ihr Ortungsorgan ermöglicht die Wahrnehmung selbst kleinster Objekte in Größenordnungen bis zu drei Millimeter.

Delphine und verwandte Walarten wandeln die mit ihrem Ultraschall-Ortungssystem gesammelten Daten in ihren großen, etwa 1800 Gramm schweren Gehirnen – das akustische Zentrum allein ist zehnmal größer als das des Menschen – in ein plastisches »Hörbild« um, das sie in ihrem Gedächtnis abspeichern. Spekulationen besagen, dass die amerikanische Marine mittels im Delphingehirn eingepflanzten Sensoren die dort gespeicherten akustischen »Landkarten« abtasten und über Funk speziellen Rechnern zuführen, um auf diese Weise in den Besitz genauer Daten über Küstenverlauf und Unterwasserstraßen zur Erstellung exakter Seekarten zu gelangen. Ein solches System könnte u. U. auch als Anti-U-Boot-Waffe eingesetzt werden – eine moderne Form des Missbrauchs von Tieren.

Ist die natürliche Gabe der Ultraschallortung schon erstaunlich genug, wird sie vom Orientierungssinn der Tiere, der exakten Einhaltung ganz bestimmter Zielkoordinaten über Tausende von Kilometern hinweg, noch übertroffen. Nachdem zuvor bereits das Zielfindungsvermögen einiger Schildkrötenarten angesprochen wurde, wollen wir uns im Folgekapitel mit dem Zielflug bestimmter Vogel- und Schmetterlingsarten befassen.

7.5 Zielflug – Vögel mit »eingebautem« Kompass

Brieftauben der Spitzenklasse, die in Transportkörben an einen bis zu tausend Kilometer entfernten Ort gebracht und dort gestartet werden, können innerhalb eines Tages in ihren heimischen Schlag zurückfinden, selbst wenn man ihnen die Augen mit Haftschalen abdeckt, ihre Nasenlöcher verstopft (um eine Geruchsorientierung auszuschließen) und/oder ihnen eine Kopfhaube verpasst. Wenn sie beim Überqueren von Gebirgszügen besonders hohen Gipfeln ausweichen, d. h. ein Ausweichmanöver fliegen müssen, schlagen sie nach dessen Beendigung sofort wieder den korrekten Heimatkurs ein. Dieses Flugverhalten einschließlich der Kurskorrekturen wurde häufig von Hubschraubern, Flugzeugen und peilfunkgestützten Landfahrzeugen aus überwacht, so dass über ihr phantastisches Heimfindevermögen kein Zweifel besteht. Die losgeschickten Brieftauben scheinen demnach jederzeit zu wissen, wo sie sich gerade befinden und welcher Kurs sie schnellstens zum Ziel führt. Wie sie das fertig bringen, war lange Zeit ein Rätsel.

Albatrosse sind Weitflieger mit Flügelspannweiten bis zu vier Meter, die in einem Jahr, ohne an Land gehen zu müssen, die Erde gleich mehrmals umrunden. Sie sind auf den Weltmeeren der südlichen Halbkugel, u. a. auf den im Pazifik gelegenen Midwayinseln zu Hause. Als die Amerikaner nach dem Zweiten Weltkrieg auf einem dortigen Atoll eine Luftwaffenbasis errichteten, fürchteten sie, dass diese Großsegler den Flugbetrieb empfindlich stören könnten und begannen mit der

»Umsiedlung« der aus 18 Albatrossen bestehenden Brutkolonie. Sie wurden mit Flugzeugen in alle Himmelsrichtungen verfrachtet: nach Alaska, Japan, Kalifornien, Neuguinea, Samoa und den Philippinen. Einige Albatrosse hatte man auf Atollen um die Midways herum abgesetzt. Bis auf vier dieser Tiere fanden in Zeiträumen zwischen sieben und zweiunddreißig Tagen zur heimischen Kolonie zurück. Zwei der in den USA ausgesetzten Vögel hatten 5100 Kilometer zurückgelegt, und einer, der nach Luzon (Philippinen) verbracht worden war, musste sogar eine Strecke von mehr als 6500 Kilometer bewältigen. Er benötigte für diesen Flug 32 Tage. Die beiden in den USA gestarteten Vögel dürften ohne große Unterbrechung zur Futteraufnahme ihr Midwayatoll in zehn bzw. zwölf Tagen direkt angeflogen haben.

Den Vorteil der Albatrosse, auf dem Wasser niedergehen und sich jederzeit Nahrung aus dem Meer beschaffen zu können, haben die kleinen landgebundenen Goldregenpfeifer natürlich nicht. Wenn die im Norden der USA beheimateten Arten die weite Reise von Alaska in wärmere Gefilde wie z. B. Hawaii antreten, müssen sie, da sie nicht wassern können, die Pazifikstrecke von mehr als 3000 Kilometer zwangsläufig nonstop zurücklegen. Für diese gewaltige Strecke benötigen sie etwas mehr als 30 Stunden, ohne merklich zu ermüden. Ihr Navigationsvermögen muss ausgezeichnet sein, da jede größere Kursabweichung ihr Tod bedeuten könnte.

Selbst die winzigen Kolibris, die jedes Jahr etwa 4000 Kilometer gen Süden ziehen, bewältigen ein Viertel dieser Strecke über offenem Meer. Wegen ihres geringen Gewichtes von zwei bis drei Gramm können sie bei Ermüdung nicht auf dem Wasser niedergehen, da die Adhäsionskräfte sie am Wiederaufstieg hindern würden. Bewundernswert ist nicht nur ihre hervorragende Navigationsleistung, sondern auch die Ausdauer der Leichtgewichtler, mit der sie die Riesenstrecke meistern.

Schmetterlinge mit einem noch viel geringeren Gewicht als Kolibris bewältigen ebenfalls große Entfernungen, in einigen Fällen sogar bis zu 3000 Kilometer. Jedes Jahr im Oktober kommen unzählige Schwärme der Falterspezies Monarch aus Kanada zum kalifornischen Pacific Grove sowie nach San Luis Potosi (Mexiko), um dort zu überwintern und, sobald der Frühling naht, sich zu paaren. Dann ziehen sie mit einer Durchschnittsgeschwindigkeit von 100 Kilometer/Stunde wieder heim nach Kanada, wo sie und die nächste Generation, die Raupen, sich an der Milch der dort in Hülle und Fülle vorkommenden Wolfsmilchgewächse laben. Mit dem Genuss der Milch dieses giftigen, ein Digitaloid enthaltenden Gewächses, halten sich die Monarchen hungrige Vögel vom Leib, da sie der Verzehr der Schmetterlinge erbrechen lässt. Sobald die Jungfalter geschlüpft sind, zieht es die reiselustigen Falter im Herbst wieder ins warme Winterquartier. Über den Zug der Monarchen weiß man deshalb so gut Bescheid, weil man an ihren Flügeln codierte Spezialetiketten befestigt und diese statistisch ausgewertet hat.

Zugvögeln ist die Zugrichtung in der Regel genetisch vererbt. Deshalb können die in den Sommermonaten geschlüpften Jungen auch ohne ihre Eltern ihr Ziel finden. Es stellt sich allerdings die Frage, woher ein Vogel, der in südlichen Gefilden überwintern muss, weiß, in welcher Richtung Süden liegt. Einer, der sich auch experimentell mit dem Orientierungssinn der Zugvögel befasst hat, war der deutsche Ornithologe Gustav Kramer. Er und sein englischer Kollege Geoffrey Matthews, die sich vor allem für das Ziehen der Wildgänse und Schwalben interessierten, fanden heraus, dass sich diese Vögel an der Stellung der Gestirne – Sonne, Mond und Polarstern – orientieren und dabei auch klimatische Verhältnisse, Windrichtung, Erdmagnetismus und gravitative Einflüsse berücksichtigten. Da sich die astronomischen Lichtquellen, an denen sich die Vögel vorwiegend orientieren, ständig verändern, müssen die Tiere öfters das »Besteck machen«. Mit anderen Worten: Sie müssen während des Fluges in Sekundenbruchteilen höchst genau die eigene Fluggeschwindigkeit, Umlaufgeschwindigkeit der Gestirne sowie Abdrift zueinander in Beziehung bringen und hieraus resultierende Korrekturen vornehmen (!), etwas, das an

Bord von Flugzeugen von Computern automatisch erledigt wird.

Gustav Kramer beobachtete im Jahre 1948, dass sich Stare, die er in einem drahtbespannten Käfig untergebracht hatte, in der angeborenen Zugrichtung Nordwest orientierten. Sie saßen, mit den Flügeln schlagend, auf Stangen, die den Blick nach Nordwesten ermöglichten. Die Tiere brauchten also nicht erst, wie bis dahin angenommen, eine Zeit lang am Himmel zu kreisen, damit sie die genetisch programmierte Richtung finden. Um die Versuchsbedingungen weiter zu erschweren, ließ Kramer den Käfig in einem Rundpavillon mit Fenstern aufstellen. Vor jedem der Fenster war ein Spiegel angebracht, der dem Star einen um 90 Grad versetzten (falschen) Sonnenstand vorgaukelte. Sofort hüpften die Stare auf der Rundstange so lange herum, bis sie die Pseudo-Nordwest-Richtung zu erblicken glaubten. Mit diesem einfachen Experiment hatte Kramer den Sonnenkompass der Zugvögel nachgewiesen.

Da die Mehrzahl der Zugvögel in der Nacht reist, um in der Dunkelheit weniger den Attacken von Raubvögeln ausgesetzt zu sein, war Gustav Kramer schon Ende der vierziger Jahre davon überzeugt, dass sich die Tiere nicht nur am Sonnenstand orientieren. Den Beweis hierfür erbrachte der Zoologe Franz Sauer, der mit nachtwandernden Sperlingsvögeln, den Grasmücken *(Sylviidae)*, experimentierte. Er steckte die von ihrer Geburt an in einem Klimaschrank unter kontrollierten Umgebungsbedingungen aufgezogenen Grasmücken bei Einsetzen der so genannten Zugunruh in einen Rundkäfig und transportierte sie in das Planetarium der Bremer Seefahrtsschule. Sobald die künstlichen Sterne unter der Kuppel des Planetariums aufleuchteten, entfernte er die Käfigabdeckung, so dass die Vögel nur mit dem künstlichen Firmament konfrontiert waren. Sogleich nahmen die Grasmücken auf der Rundstange eine Süd-Südost-Position ein – die ihrer Art geläufige Zugrichtung, die über den Balkan in den Süden führt.

Immer, wenn das Pseudofirmament in eine andere Position bewegt wurde, folgten die gefoppten Vögel, bis sie auf der

Rundstange erneut die S-SO-Richtung eingenommen hatten. Sie richten sich demnach eindeutig nach dem Stand der Sterne, verfügen folglich über einen »Sternenkompass«. Franz Sauer glaubte ferner nachgewiesen zu haben, dass seine Versuchsvögel mit Hilfe ihres Sternenkompasses sogar navigieren können. Sie würden also nicht nur stur den vorgegebenen Kurs bis zum Eintreffen am Zielort einhalten, sondern immer wieder ihre aktuelle Position auf einer imaginären »Landkarte« ermitteln und dann den Kompasskurs neu festlegen. Es bedurfte aber noch einer Reihe weiterer, verfeinerter Experimente, um die Richtigkeit der Sonnen- und Sternenkompass-Orientierung der Zugvögel glaubhaft nachzuweisen. Erst als man mit Hilfe neu entwickelter empfindlicher Radargeräte feststellte, dass Zugvögel von zusammenhängenden, massiven Wolkenformationen unbeeinflusst, d. h. ohne den Sternenhimmel zu erblicken, zielorientiert ihren Kurs verfolgten, wusste man, dass es einen dritten, witterungsunabhängigen »Kompass« geben musste, der »Blindflüge« möglich macht.

Dem kleinen Team von Professor F. W. Merkel vom zoologischen Institut der Universität Frankfurt war aufgefallen, dass die dort bei künstlicher Beleuchtung aufgezogenen Rotkehlchen im Herbst zugunruhig wurden und, obwohl ihnen nie der Blick zum Himmel vergönnt war, an dem sie sich hätten orientieren können, sie in Richtung ihres Winterquartiers Spanien, d. h. nach Südwesten schwirrten. Einer spontanen Eingebung folgend, platzierten die Wissenschaftler den Käfig mit den Rotkehlchen in eine Stahlkammer, wo sie mit einem Mal ziellos umherschwirrten. Erst nach Jahren unbeirrten Forschens und nach entmutigenden Rückschlägen fand Merkel heraus, dass man den Versuchstieren einige Tage Zeit geben muss, um sich an die in der Stahlkammer stark abgeschwächten Magnetfelder zu gewöhnen. Die Stärke der in *Gauß* (G) gemessenen Magnetfelder beträgt in Frankfurt gerade einmal 0,46 G. Es stellte sich heraus, dass Rotkehlchen nach kurzer Verweildauer in der Stahlkammer sogar die dort gemessenen äußerst schwachen 0,14 G registrierten. Liegt die Feldstärke ober- oder unterhalb des örtlichen Toleranzbereiches, benötigen die Tiere ein paar Tage, um durch Justieren – Einstellen auf die neue Feldstärke – den korrekten Kompasskurs zu erhalten. Durch Experimentieren mit rotierbaren künstlichen Magnetfeldern und automatischen Zählvorrichtungen konnten die Frankfurter Wissenschaftler schließlich beweisen, dass sich Vögel tatsächlich auch an Magnetfeldern orientieren können. Man hatte den dritten Kompass – den tierische Magnetsinn – hieb- und stichfest nachgewiesen. Der Vogelkompass unterscheidet, anders als unser gewöhnlicher Magnetkompass, nicht zwischen Norden und Süden. Vögel orientieren sich an der so genannten *Inklination* der Magnetfeldlinien – dem Winkel, den die Feldlinien zur Erdoberfläche bilden. Am magnetischen Südpol treten die Feldlinien senkrecht aus der Erde aus, verlaufen am magnetischen Äquator horizontal und neigen sich in Richtung Nordpol nach unten. Vögel nehmen nur die Neigung der Linien wahr, d. h. sie unterscheiden lediglich zwischen pol- und äquatorwärts. Wenn durch den horizontalen Verlauf der Felder am magnetischen Äquator die Magnetfeldinformation unsicher wird, orientieren sich die Tiere anhand ihrer anderen Kompasse. Wie aber sollte man sich die Funktionsweise dieses auf das Erdmagnetfeld ansprechenden organischen »Kompasses« vorstellen?

Dr. Lester Tarkington vom IBM-Systems Research Institute glaubte 1964 die Lösung im Pektin der Vogelaugen – ein hochmolekularer kohlehydrathaltiger Pflanzenstoff – gefunden zu haben. Er argumentierte, das Augenpektin würde es den Vögeln ermöglichen, Unterschiede im Gradienten des irdischen Magnetfeldes festzustellen. So könnten z. B. Tauben Feldstärken zwischen 0,460 und 0,465 G deutlich unterscheiden, Differenzen von drei Stellen hinter dem Komma. Struktur und Ausrichtung der Pektinmembran würden diese zu einem idealen Miniinstrument zum Abfühlen induzierter Mikrospannungen machen. Sollte diese Theorie stimmen, würden Vögel nach geomagnetischen Feldern suchen, die ein Strommuster bilden, das dem beim Flug in Gradientennähe Erzeugten entspricht. Den meisten Vögeln, aber auch Reptilien und einigen Fischarten, konnte man ebenfalls Pektin in den Augen nachweisen. Diese Hypothese versagt jedoch, wenn man sie auf die Zielfindungsleistungen anderer Spezies anzuwenden versucht, wenn man zu erklären hat, wie z. B. im zuvor erwähnten Fall Monarchschmetterlinge über eine Flugstrecke von bis zu 3000 Kilometer ihr Ziel mit schlafwandlerischer Sicherheit finden und wie Meeresschildkröten, die in Brasilien starten, über etwa die gleiche Strecke die winzige, gerade einmal 90 Quadratkilometer große Vulkaninsel Ascension mitten im Südatlantik orten.

Amerikanische Bakteriologen, die Mitte der siebziger Jahre so genannte Geißelbakterien (Spirochäten) mikroskopisch untersuchten, machten die Feststellung, dass sich diese selbst bei völliger Dunkelheit nach Norden orientieren und mit einem Magneten ablenken lassen. Da sie zwei würfelförmige Ketten des stark eisenhaltigen Magnetit (Magneteisenstein) enthalten und infolgedessen wie lebende Kompassnadeln wirken, nannte man sie »Kompassbakterien«. Als man diese organischen Magnetnadeln, die von Lebewesen selbst hergestellt werden, nicht nur in Bakterien, sondern auch in den Organismen von Vögeln, Bienen, Kröten usw. entdeckte, glaubte man die Navigationsbasis der Tiere gefunden zu haben. Bei Brieftauben sollen sie sich unter der Schädeldecke und im Nackenbereich befinden.

Dem amerikanischen Biologen Professor William Keeton von der Cornell University gelang es schließlich, die Existenz des organischen Magnetkompasses – den Magnetsinn der Tiere – nachzuweisen. Indem er auf den Rücken einer Taube einen kleinen Magneten klebte, dessen Nordpol in Kopfrichtung zeigte, konnte er den Kurs des Tieres nachweislich beeinflussen, was besagt, dass sich die Tiere auch an einem biologischen Magnetkompass orientieren. Keeton folgert aus seinen Untersuchungen, dass der Zielflug der Brieftauben und Zugvögel durch das Zusammenspiel der drei natürlichen Kompasse und, bei Zielerkennung, durch direkte Sicht zustande kommt. Am

Tage, bei schönem Wetter, würden die Tiere nach dem Sonnen-kompass und in der Nacht nach dem Sternenkompass fliegen. Erst, wenn alle diese Möglichkeiten versagen sollten – z. B. beim »Blindflug« infolge schlechter Sicht – verlassen sie sich auf ihren Magnetkompass, der ihnen übrigens auch zum Eichen der anderen Kompasse dient.

Unlängst hat man herausgefunden, dass sich der Magnetsinn der Zugvögel auf eine Gesichtshälfte konzentriert. Der Zoo-loge Wolfgang Wiltschko und seine Mitarbeiter von der Universität Frankfurt sowie der Psychologe Onur Güntürkin von der Abteilung Biopsychologie der Universität Bochum haben experimentell ermittelt, dass der Magnetsinn bei Rot-kehlchen, aber auch bei anderen Vögeln, ausschließlich im rechten Auge sitzt. Sie folgern hieraus, dass, da die von den Augen der Tiere abgehenden Fasern der Sehnerven fast voll-ständig zur jeweils gegenläufigen Gehirnseite verlaufen, bei Verarbeitung von Magnetfeldinformationen vor allem die linke Gehirnhälfte ausschlaggebend ist. Wissenschaftler vermuten heute, dass Vögel Magnetfelder regelrecht »sehen« können. Nur, wie »Nord« und »Süd« aussehen, dürfte vorläufig ein Rät-sel bleiben.

Inzwischen wissen wir, dass auch andere land- bzw. wasser-gebundene Tiere einen »eingebauten« Kompass besitzen: z. B. *Bienen*, deren Schwänzeltanz durch das im Tagesverlauf perio-disch schwankende Erdmagnetfeld beeinflusst wird, *Lachse*, die bei bedecktem Himmel auf komplexen Wasserwegen vom Ozean zum Laichen in ihre angestammten Flüsse und Bäche finden und bestimmte *Robbenarten*, die auf ihren kilometer-langen Tauchgängen ein bestimmtes Atemloch in der Eisdecke wiederfinden. Sie alle und viele andere Tiere orientieren sich an den unsichtbaren und für uns normalerweise nicht spürbaren magnetischen Feldlinien.

Doch manchmal werden wir mit tierischen Fähigkeiten kon-frontiert, für die es keine *natürliche* – will heißen, konven-tionell-naturwissenschaftliche – Erklärung gibt, die sich auch nicht mit den hier angeführten artspezifischen Supersinnen interpretieren lassen. In der Folge wollen wir auch diesen, in der Literatur meist stiefmütterlich behandelten paranormalen Aspekt tierischen Daseins etwas näher betrachten, da er alle Geschöpfe der Erde ursächlich zu vereinen scheint.

Er ist für die Erforschung des scheinbar »Übersinnlichen« so wichtig, weil Tiere, die über solch anormale Fähigkeiten verfügen – anders als Menschen –, weder von äußeren Einflüssen abgelenkt werden, noch Ergebnisse manipulieren. Tiere sind absolut neutrale »Versuchsobjekte«, und die mit ihnen gesammelten Daten betrachtet man als die zuverlässigsten überhaupt. Lassen wir uns überraschen.

8 Animal Psi – unerklärliche Fähigkeiten der Tiere

- *Hyperästhesie und Psi: Extremfähigkeiten der Tiere.*

- *Rupert Sheldrakes »morphogenetische Resonanz« als Erklärung für Tiertelepathie.*

- *William McDougalls Rattenexperimente an der Havard-Universität bestätigen die Existenz von Sheldrakes morphogenetischen Feldern.*

- *Fälle unerklärlichen Heimfindevermögens von Haustieren.*

- *Hypothesen zum Phänomen des »Psi-Trailing«.*

- *Enge geistig-seelische Kontakte zwischen Mensch und Tier.*

- *Teilnahme der Leser an Rupert Sheldrakes Experimenten zum Nachweis morphogenetischer Felder (Kasten).*

- *Paranormale Fähigkeiten der Tiere.*

- *Totemismus: Fortsetzung des engen Verwandtschafts-verhältnisses Mensch/Tier.*

- *Psychokinetische Fähigkeiten der Tiere wissenschaftlich untersucht.*

8.1 Jenseits des Sinnenspektrums – die morphogenetischen Felder des Rupert Sheldrake

In den vorangegangenen Kapiteln haben wir die äußerst subtilen, z.T. bis zu einer Art Hyperästhesie entwickelten sowie einige der dem Menschen versagten Spezialsinne der Tiere – Wärme-, Licht-, Zeitrhythmus-, Erdbeben- und Ultraschall-Ortungssinne sowie die nicht visuellen Orientierungsmöglichkeiten (Sonnen-, Sternen- und Magnetkompass) – kennen gelernt. Bis auf die Gabe der Hyperästhesie, die extreme Überempfindlichkeit der Sinnes- und Gefühlsnerven, gibt es für sie alle konventionell-naturwissenschaftliche Erklärungen.

Was vor noch nicht allzu langer Zeit, mystisch verbrämt, als »übersinnlich« galt – das Ultraschall-Peil-/Ortungssystem der Fledermäuse und Delphine, die Art und Weise, wie »elektrische« Fische kommunizieren bzw. ihre Beute orten, die Frühreaktionen der Tiere lange vor eintretenden Naturkatastrophen usw. – lässt sich, im Sinne der Erklärbarkeit, mit den heutigen Instrumentarien der Technik, wissenschaftlich gesichert, als völlig »normal« bezeichnen. Das mitunter sehr ungewöhnliche Verhalten mancher Tiere erschien den Menschen früherer Zeiten nur deshalb »übernatürlich«, weil sie es von der Kapazität ihrer eigenen fünf Sinne her abzuleiten versuchten, was zwangsläufig zu Fehleinschätzungen führen musste.

Die in der Folge angesprochenen ungewöhnlichen, auf den ersten Blick unwirklich anmutenden Phänomene beruhen auf neuen bio- und quantenphysikalischen Hypothesen, die aufgrund der sehr komplexen Zusammenhänge für den Leser vordergründig etwas schwierig erscheinen mögen. Wir sollten ihnen dennoch Beachtung schenken, weil sie eine ideale Grundlage für das naturwissenschaftliche Verständnis all dieses phantastischen Geschehens sind.

Mit dem Begriff der mehr auf bestimmte Extremfähigkeiten angewandten *Hyperästhesie* nähern wir uns gewissen Sinnesfähigkeiten, die schon nicht mehr so recht in unser gewohntes naturwissenschaftliches Weltbild hineinpassen wollen. Wenn z. B. ein Junge behauptet, in Hypnose die Zellen mikroskopischer Präparate mit bloßem Auge sehen und ein Buch, aus dem ein anderer liest, (ohne Hinzuschauen) »mitlesen« zu können, wenn ein Blinder weiß, dass die ihm nicht bekannte Straße, durch die er gerade geht, eine Sackgasse ist und wenn er, rein gefühlsmäßig, eine komplexe Maschine auseinander nehmen und dann wieder ordnungsgemäß zusammensetzen kann, spricht man von *Hyperästhesie*. Noch erstaunlicher erscheint der Fall des Nicolaus Saunderson (1682–1739), Professor der Mathematik in Cambridge (England), über den die Schweizer Zoologin und Parapsychologin Dr. Fanny Moser berichtete: »Im ersten Lebensjahr durch Pocken völlig erblindet, las er, wie es in der Biographie heißt, die seinen ›Elements of Algebra‹ vorgedruckt ist, über Optik, zeigte er seinen Hörern nachts den Stand der Gestirne, urteilte er über die Richtigkeit eines mathematischen Instruments, wenn er nur die Finger auf dessen Einteilung legte, konnte er in einem Haufen römischer Münzen die falschen erkennen, wenn selbst die besten Kenner betrogen wurden, leicht ein Fünftel eines Tones unterscheiden, bei stiller Luft Bäume wahrnehmen, an denen er vorbeiging usw. Manches hing fraglos mit seinem erstaunlichen Gedächtnis zusammen. So konnte er z. B. im Kopf die Quadrat- und Kubikwurzeln vierstelliger Zahlen ziehen.«

Hyperästhesie dürfte auch bei manchen tierischen Höchstleistungen mit im Spiel sein, bei Fähigkeiten, deren Ursachen sich nicht länger konventionell-naturwissenschaftlich erklären lassen. Man denke nur einmal an die als »Erzschnüffler« ausgebildeten Prospektorhunde, die in beträchtlichen Tiefen Erz- bzw. Ölvorkommen »aufspüren« (vgl. Kapitel 2.1). Wissenschaftler vermuten heute, dass die ins Sinnesextreme verlaufende Hyperästhesie paranormale Merkmale aufweist, die sich nicht mehr psychisch oder physikalisch »normal« deuten lassen, sondern einem anderen, erweiterten naturwissenschaftlichen Bezugsrahmen angehören dürften. Langjährige Untersuchungen namhafter Wissenschaftler an Hochschulen und Universitäten in aller Welt haben gezeigt, dass nicht nur Menschen, sondern auch viele Tiere über solch außergewöhnliche Wahrnehmungsfähigkeiten verfügen, die unter dem mehr volkstümlich zu verstehenden Sammelbegriff *Psiphänomene* bekannt geworden sind. Psi (ψ) ist der 23. Buchstabe des griechischen Alphabets und der erste des griechischen Wortes »*psyche*« (Seele). Die Psychologen R. H. Thouless und B. P. Wiesner führten diesen Begriff in den vierziger Jahren des vorigen Jahrhunderts ein, um hiermit die psychische Fähigkeit zu bezeichnen, »ohne normale sensorische oder muskuläre Betätigung mit seiner Umwelt in Kontakt zu treten«. Professor J. B. Rhine, ein amerikanischer Biologe und Parapsychologe, der sich, wie kaum ein anderer, mit zahllosen Laborexperimenten um die Parapsychologie und Paraphysik verdient gemacht hat, war schon in den dreißiger Jahren der Meinung, dass die Psifunktion »nicht-physikalischer Natur und als ein allgemeiner, unbewusster Faktor anzunehmen sei«.

Zum paranormalen Leistungskatalog der Tiere gehören vor allem das nicht durch Inanspruchnahme der drei natürlichen »Kompasse« erfolgende Heimfindevermögen (*Psi-Trailing*), die *telepathische Kommunikation* Mensch/Tier und Tier/Tier, *hellseherische Leistungen* und das *Vorausahnen* von Geschehnissen sowie – in einigen Fällen – die Fähigkeit, Bewusstsein auf materielle Objekte einwirken zu lassen (sog. *Psychokinese*).

Professor Rhine, der ab 1950 zwölf Jahre lang 500 Fälle rätselhaften tierischen Verhaltens untersuchte, war aufgrund der vielen positiven Ergebnisse fest davon überzeugt, dass auch Tiere über gewisse paranormale Fähigkeiten verfügen. Seine Studien erstreckten sich vorwiegend auf das extrasensorische Heimfindevermögen von Tieren, die über weite Entfernungen zu ihrem Besitzer (Vorbesitzer) zurückfanden. In 54 Fällen »folgten Hunde, Katzen und Vögel ihrem abgereisten Besitzer über völlig ungewohntes Gelände, zu einer Zeit und unter Bedingungen, die das Orientieren an einer sensorischen Spur ausschlossen« (wörtlich Prof. Rhine). Er untersuchte ferner Fälle, in denen Tiere den Tod ihres Besitzers in der Ferne spürten, in denen sie irgendwie vorausahnend (präkognitiv) zu wissen schienen, wenn abwesende Bezugspersonen auf dem Heimweg waren oder wenn ihnen bzw. ihrem Besitzer Gefahr drohte.

Halter von Hunden und Katzen behaupten oft, an ihren Haustieren telepathische Fähigkeiten – einen »sechsten Sinn« – entdeckt zu haben. Bedauerlicherweise schenkten, bis vor kurzem, nur wenige naturwissenschaftlich orientierte Parapsychologen, Biologen, Zoologen und Verhaltensforscher solchen Berichten Beachtung. Sie wurden meist vorschnell mit der Bemerkung zurückgewiesen, dass anekdotische Berichte für eine wissenschaftliche Bewertung nicht ausreichten. In seinem 1994 erschienenen Buch »Seven Experiments that Could Change the World« (Sieben Experimente, die die Welt verändern könnten) hat der international bekannte, ganzheitlich orientierte englische Biochemiker und Naturphilosoph Dr. Rupert Sheldrake interessierte Leser eingeladen, an einem breit angelegten, einfachen und ohne großen Aufwand zu realisierenden Laienexperiment teilzunehmen, das beinhaltet, über ungewöhnliche Fähigkeiten ihrer Haustiere – so vor allem über das antizipative Verhalten derselben vor der Heimkehr ihrer Besitzer – zu berichten. Unabhängig von diesem Forschungsprojekt führte Sheldrake im Großraum der nordwestenglischen Stadt Manchester eine Telefonbefragungsaktion durch, an der 394 nach dem Zufallsprinzip ausgesuchte Haustierhalter beteiligt waren.

Etwa 46 Prozent der befragten Hundebesitzer und 14 Prozent Katzenhalter gaben an, dass ihre Tiere wüssten, wann Familienmitglieder auf dem Nachhauseweg wären. Ihre Tiere würden zwischen weniger als fünf Minuten bis zu zehn Minuten und mehr vor Ankunft der betreffenden Person reagieren. 69 Prozent der Hunde- und 48 Prozent der Katzenbesitzer behaupteten, ihre Tiere wüssten, wann immer sie ausgeführt werden sollen, bevor Anwesende dies durch irgendwelche Aktivitäten zu erkennen gäben. Ferner hatten etwa 53 Prozent der Hunde- und 33 Prozent der Katzenhalter das Empfinden, dass die Haustiere auf ihre Gedanken, ihre stillen Befehle reagieren würden, dass sie mit ihnen in telepathischer Verbindung (sog. *Rapport*) stünden.

Mehr Hunde- als Katzenhalter behaupteten, dass sie gelegentlich selbst schon paranormale Erfahrungen gemacht hätten, und von dieser Gruppe waren es auch mehr Personen, die Tiere mit solchen Fähigkeiten zu haben vorgaben. Natürlich schloss Sheldrake nicht aus, dass sich vermeintliche telepathische Fähigkeiten auch anderweitig, z.B. mit den besonders scharfen Sinnen und Hyperästhesie erklären ließen. Bestimmte Gewohnheiten oder zeitabhängige Verhaltensweisen Anwesender könnten den Tieren Hinweise auf die bevorstehende Ankunft der erwarteten Bezugsperson geben und ein scheinantizipatives Verhalten auslösen. Dem hält Sheldrake jedoch entgegen, dass, wenn Tiere zehn Minuten oder mehr vor Ankunft des Betreffenden auffällig reagierten, hyperästhetisch bedingte Geräusch- oder auch Geruchswahrnehmungen als Erklärung ausschieden. Auch würde sich die Bezugsperson zum fraglichen Zeitpunkt noch in einer beträchtlichen Entfernung von ihrem Domizil aufhalten, womöglich mit dem Zug, Bus oder eigenen Fahrzeug unterwegs sein.

Ende der neunziger Jahre ging Sheldrake einem besonders interessanten Fall antizipativen Verhaltens nach, der sich in der Ortschaft Ramsbottom nahe Manchester (England) abspielte. Ein Hund, der auf den Namen »Jaytee« hört, reagierte in auffälliger Weise, indem er eine Warteposition einnahm, immer kurz bevor seine Halterin (eine Pamela Smart) den Heimweg antrat, auch wenn dies zu unregelmäßigen Zeiten erfolgte. Das Verhalten des Hundes wurde während der insgesamt hundert stattgefundenen Tests mit Videoaufzeichnungen akribisch überwacht. Vieles spricht dafür, dass es sich im Fall »Smart/Jaytee« um *Rapport*, um einen direkten psychischen Kontakt zwischen

Mensch und Tier handelt. Über solche und ähnliche Fälle tierischer Telepathie wird in den Folgekapiteln zu berichten sein.

Um die paranormalen Fähigkeiten der Tiere zu verstehen, müssen wir uns zunächst ein wenig mit der von Rupert Sheldrake entwickelten Konzeption der *morphogenetischen Felder* und mit der hiermit zusammenhängenden *morphischen Resonanz* befassen, Hypothesen, die vormals von der Schulwissenschaft heftig bekämpft wurden.

Der der Sheldrake'schen Feldphilosophie zugrunde liegende Gedanke eines natürlichen Organisationsschemas ist nicht neu. Schon in der Vergangenheit befassten sich Naturwissenschaftler und Philosophen gleichermaßen mit solchen Überlegungen. Sie versuchten immer wieder, die Existenz übergeordneter Organisationsfelder experimentell nachzuweisen. Der deutsche Naturforscher Professor Hans Driesch (1867–1941) dürfte mit seinem »entelechischen Prinzip« dieses jedwede Bioprozesse und Paraphänomene auslösende Feldgeschehen als erster erkannt haben. Er machte die Beobachtung, dass das Schicksal einer jeden in einem Embryo enthaltenen Zellgruppe nicht nur von der genetischen Programmierung, sondern auch von der Stellung im biologischen Gesamtsystem abhängt. Unter »Entelechie« (griech. *entelechaia*: was das Vollkommene in sich hat) wollte Driesch einen im Organismus enthaltenen Mechanismus, der dessen Entwicklung und Vollendung bewirkt – ein extrabiologisches Steuerungssystem – verstanden wissen.

Dr. Harold Saxton Burr vom medizinischen Institut der Yale-Universität (England), der auf Drieschs Erkenntnissen aufbaute, sah im entelechialen Prinzip das Wirken elektrodynamischer Felder, die er als Lebensfelder (L-Felder) bezeichnete. Wörtlich: »Die Organisationsmuster aller biologischer Systeme bestehen aus komplexen elektrodynamischen Feldern, die z. Tl. durch deren atomare physiochemische Komponenten beeinflusst werden. Umgekehrt beeinflussen diese Felder wiederum das Verhalten und die Orientierung besagter Komponenten. Die Felder sind elektrischer Natur. Sie lassen aufgrund ihrer Eigenschaften die Komponenten biologischer Systeme zu einem charakteristischen Muster zusammentreten und bilden selbst das Ergebnis jener Komponenten.« Burr glaubte erkannt zu haben, dass jeder noch so kleine Teil des L-Feldes das Gesamtschema eines Organs – gewissermaßen seine »Blaupause« – in sich trägt, eine Hypothese, deren Richtigkeit er durch zahlreiche Experimente zu erhärten versuchte. Sheldrake hält Burrs Hypothese allerdings für unzulänglich, da, seiner Meinung nach, die untergeordneten elektromagnetischen Felder kaum das eigentliche Verursacherprinzip darstellen könnten. Er glaubt, dass in der belebten Natur etwas viel Tiefgreifenderes zur Entfaltung kommt.

Nach herkömmlicher Auffassung besteht die DNS (oder: DNA; Desoxyribonukleinsäure; Träger der genetischen Information) aus einzelnen Genen, die jeweils die Entwicklung eines bestimmten Körperteils steuern. Auch diese Theorie stellt Sheldrake in Frage und er untermauert seine Theorie am Beispiel des Seeigels. Im Laufe der Entwicklung dieses Tieres teilen sich seine Zellen immer und immer wieder, bis daraus der vielzellige, sternförmige Organismus entstanden ist, wie wir ihn kennen. Wird jedoch ein Seeigel in einem frühen Entwicklungsstadium in mehrere Teile zerschnitten, entsteht aus jedem dieser Teile wieder ein kompletter neuer Seeigel. Die Zellen registrieren offenbar diesen äußeren Eingriff, vergessen darüber aber nicht ihr ursprüngliches Ziel. Hieraus folgert Rupert Sheldrake, dass dies weit über die in der DNS codierten Informationen hinaus gehen würde. Ähnliche Beispiele gibt es in der Natur zuhauf. Zerlegt man z. B. einen Schwamm in seine einzelnen Körperzellen und streicht sie dann durch ein Sieb, finden sich diese wieder zu einem vollständigen, lebendigen Schwamm zusammen. Auch bei höheren Lebewesen ist dieses Phänomen zu beobachten. Entfernt man Molchen chirurgisch die Augenlinsen, können sie diese neu bilden und danach wieder sehen.

Da solche Verstümmelungen in der Natur äußerst selten sind, ist es nicht ganz einfach nachzuvollziehen, wie sich die einzelnen Spezies im Laufe der Evolution auf solche Geschehnisse hätten einstellen können. Es hat fast den Anschein, als wären sich alle Lebewesen ihrer idealen Erscheinungsform und Struktur irgendwie bewusst und könnten, um diese zu erhalten, entsprechend reagieren. Sheldrake erklärt diese Fähigkeit mit der Existenz so genannter *morphogenetischer* (formbildender) *Felder.* Wörtlich: »Lebewesen streben danach, diese Baupläne [er meint die morphogenetischen Felder] zu kopieren – selbst unter künstlichen Bedingungen, denen sie in der Natur niemals ausgesetzt wären. In diesen morphogenetischen Feldern wird all das gespeichert, was eine Spezies im Laufe ihrer Entwicklung gelernt und erfahren hat. Handelt es sich bei diesen gespeicherten Informationen um einen nutzbringenden Bauplan, wird dadurch der Erfolg künftiger, ähnlich gebauter Organismen sichergestellt.«

Sheldrake ist der Auffassung, dass komplexe Verhaltensmuster nicht unbedingt auf Intelligenz und Erfahrung zurückzuführen sind, sondern durch *morphische Resonanz* wirksam werden können, unabhängig von Raum und Zeit. Unter dieser Resonanz versteht man das Mitschwingen eines schwingungsfähigen Systems. Auf diese Weise könnten sich Vertreter der gleichen Spezies gegenseitig beeinflussen. Sensationell sind geradezu gewisse Zusammenhänge zwischen Sheldrakes These und neuesten Forschungsergebnissen der Quantenphysik. Hier setzt sich neuerdings immer mehr die Vorstellung durch, dass Aktivitäten auch über große Entfernungen und Zeitspannen hinweg ausgelöst werden können (vgl. *Bells Theorem*). In Sheldrakes Denkmodell kann ein erfolgreiches morphogenetisches Feld andere, ähnliche Felder dadurch beeinflussen, dass es mit diesen in einer harmonischen Resonanz steht. Das funktioniert raumzeit-unabhängig ähnlich wie eine Stimmgabel, die nach dem Anschlagen eine andere gleicher Tonhöhe zum Mitschwingen anregt. Auch der Mensch vermag sich auf äußere Einflüsse »einzuschwingen«. Blinkt z. B. vor unseren Augen ein sehr helles Licht mit der gleichen Frequenz wie unsere Gehirnwellen, können durch den Lichtreiz resonante Hirnaktivitätsmuster ausgelöst werden, die im ungünstigsten Fall einen epileptischen Anfall auslösen.

Schon seit langem versucht man, den Teil des Gehirns zu isolieren, der für das Erinnerungsvermögen zuständig ist, ohne bislang fündig zu werden. Dass dieses »irgendwo« außerhalb der Hirnrinde angesiedelt sein muss, erhellt allein schon aus der Feststellung, dass Menschen, die infolge eines Unfalls oder einer Krankheit einen Großteil ihrer Gehirnmasse einbüßten, dennoch häufig über ein gutes Gedächtnis verfügen. Sheldrakes Theorie hierzu besagt, dass wir beim Zugriff auf Erinnerungen aus unserem früheren Verhalten, aber auch aus einem *kollektiven Gedächtnis* schöpfen, das für uns charakteristisch ist. Dafür, dass dies auch für Tiere zutreffend ist, gibt es inzwischen genügend Beweise.

Im Jahre 1920 führte Professor William McDougall von der Harvard-Universität mit Laborratten mehrere Experimente durch, die Rupert Sheldrakes Hypothese zu bestätigen scheinen. Er setzte die Ratten in einen Behälter mit zwei Ausgängen. Ein Ausgang war hell erleuchtet. Wollten die Tiere durch ihn entkommen, erhielten sie einen leichten elektrischen Schlag. Den unbeleuchteten Ausgang konnten sie hingegen unbeschadet passieren, was die Ratten sehr schnell lernten. Als die Experimentatoren die Nachkommen dieser Ratten in den gleichen Behälter setzten, entschieden sich diese von Generation zu Generation immer rascher für den ungefährlichen Ausgang. Doch die größte Überraschung stand den Forschern noch bevor. Bei ähnlichen, an den Universitäten von Melbourne (Australien) und Edinburgh (Schottland) durchgeführten Experimenten zeigte es sich, dass Laborratten in aller Welt immer schneller lernten, welchen Ausgang sie möglichst meiden sollten. Selbst Ratten, die nicht aus McDougalls Zucht stammten, wählten zielstrebig den harmlosen Ausgang. Es musste demnach einen Mechanismus geben, der den Informationsaustausch zwischen Ratten an weit voneinander getrennten Orten ermöglicht: morphische Resonanz bzw. Telepathie, was letztlich auf das gleiche Resultat hinausläuft.

Heute sind aufgeschlossene Vertreter einer bewusstseinsintegrierenden *Neuen Physik* und viele Parapsychologen der

Auffassung, dass Sheldrakes Hypothese von der *morphischen Resonanz* auch paranormale Aspekte tierischen Verhaltens erklären kann, so z. B. die zuvor dargelegte Übernahme bestimmter Verhaltensweisen, getrennt voneinander lebender Spezies gleicher Art, das »kompass«-unabhängige Heimfindevermögen, den telepathischen Rapport (Kontakt) zwischen Mensch und Tier und viele andere exzellente tierische Leistungen. Die Existenz der morphogenetischen Felder lässt sich aufgrund zahlloser überzeugender Indizien nicht länger leugnen. Da diese sich mit herkömmlichen elektronischen Messinstrumenten jedoch nicht registrieren lassen, hat man davon auszugehen, dass es sich hierbei um so genannte *nichtphysikalische* Felder handelt, die zunächst rein hypothetisch zu werten sind. Sie müssten einem höher dimensionalen Bereich jenseits unserer gewohnten vierdimensionalen Raumzeit-Welt – dem *Hyperraum* – angehören.

Natürlich kann man die Existenz eines nur hypothetischen (morphogenetischen) Feldes kaum durch die eines anderen hypothetischen, d. h. nur mathematisch darstellbaren Konstruktes (Hyperraum), »beweisen«. Dafür, dass es tatsächlich höher dimensionale Gebilde geben muss, mit denen wir untergeordnet berührungslos verschachtelt sind, gibt es allerdings Indizienbeweise und auch höchst interessante, durchaus nachvollziehbare theoretische Ansätze wie z. B. den zwölfdimensionalen Weltentwurf des genialen verstorbenen Physikers Burkhard Heim, der in den vorangegangenen Büchern des Autors näher erläutert wird.

Erst vor kurzem informierte mich mein amerikanischer Gewährsmann Ron Bryan, Professor für Nuklearphysik und kosmische Strahlung an der Texas A & M University, College Station, über ein ungewöhnliches Experiment zum Nachweis höher dimensionaler »Gebilde«, über die in diesem Buch erstmals berichtet wird.

Das bekannteste amerikanische Fernwahrnehmungsmedium, Joseph W. McMoneagle, der als Nachrichtenoffizier für verschiedene Abwehrdienste der US-Army tätig war und im

Auftrag der CIA auf Distanz (d. h. paranormal) ehemalige sowjetische Raketen- und Radarstationen ausforschte, befasste sich auf Professor Bryans Wunsch hin erst kürzlich mit dem Ermitteln der Herkunft der kosmischen oder Höhenstrahlung. Dabei will McMoneagle festgestellt haben, dass die Höhenstrahlung *in Nullzeit* auf der Erde eintrifft, dass sie keine Distanz zu überwinden hat, also praktisch »da« ist. Professor Bryan folgert aus dieser geradezu unglaublichen Beobachtung, dass die Höhenstrahlung demnach gar nicht unserem Universum entstammen kann, sondern dass ihr Ursprung in einer höher dimensionalen »Welt« – in dem zuvor erwähnten *Hyperraum* – liegen muss, mit dem unsere vierdimensionale Welt berührungslos verschachtelt ist.

Schon in wenigen Jahren dürfte es sich zeigen, ob McMoneagle mit seiner medialen Aussage Recht behält. Wenn, wie angenommen wird, kosmische Strahlung, die ein verhältnismäßig geringes Energieniveau besitzt, in der Erdatmosphäre winzige Schwarze Löcher (auch: *Wurmlöcher*; s. Begriffserläuterungen im Anhang) erzeugt, wären zu deren Entstehung zwingend weitere Dimensionen – ein Hyperraum – erforderlich. Mit dem im Jahre 2004 in Argentinien fertig gestellten *Pierre Auger Observatory* soll es, nach einer Meldung der englischen Wissenschaftszeitschrift »nature«, möglich sein, solche Mini-Schwarze-Löcher in der kosmischen Strahlung aufzuspüren – ein erster wissenschaftlicher Beweis für die reale Existenz eines Hyperraumes.

Mit dem Nachweis eines übergeordneten Universums sieht Bryan auch das Prinzip der konventionell-messtechnisch nicht nachweisbaren morphogenetischen Felder und, im Zusammenhang hiermit, den Wirkmechanismus aller Psiphänomene erklärt. Morphogenetische Felder und die morphische Resonanz dürften es sein, die das anderweitig unerklärliche Heimfindevermögen von Haustieren unter erschwerten Bedingungen über Tausende von Kilometer verständlich erscheinen lassen. Fälle dieser Art werden Gegenstand des Folgekapitels sein.

8.2 Psi-Trailing – der »vierte Kompass«

»Trailing« leitet sich aus dem englischen Verb »*to trail … einer Spur folgen*« ab und bezeichnet in Verbindung mit dem Präfix »*Psi*« die wohl ungewöhnlichste Form tierischen Heimfindevermögens. Während sich Brieftauben und Zugvögel beim Heim- bzw. Zielflug, aber auch verschiedene land- und wassergebundene Tiere beim Aufsuchen von Winterquartieren und Laichplätzen am Sonnenstand, an Sternenkonstellationen und an geomagnetischen Feldgradienten orientieren, dürfte es sich beim Psi-Trailing, dem Aufspüren unbekannter, zuvor nie besuchter Orte, um etwas völlig anderes handeln.

Eine Psikomponente wird immer dann vermutet, wenn nicht das Tier, wie z. B. beim Zielflug der Tauben, aus dem heimischen Schlag genommen und von einem entfernten Standort aus auf den Heimflug geschickt wird, sondern umgekehrt, wenn man sein ihm vertrautes Heim an einen anderen Ort versetzt und dieses neue, unbekannte Ziel anfliegen lässt. Das wäre z. B. beim Wegzug einer Familie der Fall, die ihr Haustier absichtlich oder unabsichtlich zurücklässt und erstaunt feststellen muss, dass es nach Wochen oder Monaten unverhofft am neuen Wohnort, im neuen Heim auftaucht.

Professor J. B. Rhine und Sara Feather haben während ihres Wirkens an der Duke University in Durham, North Carolina, mehr als 50 Fälle von Psi-Trailing untersucht, die allesamt die Kriterien einer echten Beweisführung erfüllten: Überprüfung besonderer körperlicher Merkmale der betreffenden Tiere wie z. B. Narben, evtl. mitgeführte Namensschilder, Aussagen unabhängiger Zeugen, die die Richtigkeit der vom Besitzer gemachten Angaben bestätigen konnten (sie evtl. unterwegs beobachtet hatten), konsistente Fallschilderungen und -daten usw. Bei den von Rhine und dessen Mitarbeiter überprüften Tieren handelte es sich, mit Ausnahme von vier Vögeln, ausschließlich um Hunde und Katzen. Die von den Tieren zurückgelegten Entfernungen beliefen sich auf durchschnittlich 50 Kilometer und mehr.

Immer wieder wird von Haustieren berichtet, die auf der Suche nach ihren Besitzern noch viel größere Strecken zurücklegen. Die Perserkatze *Sugar* war 1951 mit ihren Besitzern, der Familie eines Schulleiters, nach Oklahoma unterwegs, als sie bei Anderson, am nördlichen Ende des Sacramentotals (Kalifornien), durch den Autoverkehr irritiert, kurzerhand aus dem Wagen sprang und verschwand. Alle Bemühungen, sie zu finden, scheiterten. Verstört setzte die Familie ihre Fahrt nach Oklahoma fort, wo sie in der Landgemeinde Gage eine kleine Farm erworben hatte. Vierzehn Monate später tauchte Sugar dort unverhofft auf, nachdem sie die schier unglaubliche Distanz von etwa 2500 Kilometer zwischen Kalifornien und Oklahoma – Wüstengebiete, verschiedene Canyons und die Rocky Mountains – überquert hatte. Eine Verwechslung mit einer fremden Katze war ausgeschlossen, da Sugar eine Missbildung an der linken Hüfte besaß, die der dortige Tierarzt glaubhaft nachweisen konnte.

»Bobbie«, eine junge Collie-Hündin, war mit ihrer Familie von Ohio nach Oregon unterwegs, wo diese ihr neues Heim zu beziehen gedachte. Bei einem Zwischenstop in Indiana machte sich der durch die anstrengende Fahrt nervös gewordene Hund »selbstständig« und konnte trotz intensiven Suchens nicht gefunden werden. Unverrichteter Dinge setzte die Familie ihre Fahrt nach Oregon fort. Knapp drei Monate später tauchte die abgemagerte, arg mitgenommene »Bobbie« vor der Haustür ihrer Besitzer in Oregon auf. Ihre Identität ließ sich durch das mitgeführte Halsband sowie bestimmte körperliche Merkmale und Narben leicht nachweisen. Die Ausreißerin hatte ebenfalls mehr als 2000 Kilometer zurückgelegt, um »ihre Familie« wiederzufinden … in einer Gegend, in der sie sich zuvor nie aufgehalten hatte. Orientieren anhand der zuvor beschriebenen »Kompasse« dürfte hier mit Sicherheit auszuschließen sein.

Gleiches gilt für die zahlreichen Fälle, in denen sich Katzen als perfekte »Scouts« erwiesen. Im Jahre 1991 machte die Sekretärin G.W. aus Schleswig in dem portugiesischen Fischerdorf Livramento Urlaub. Sie hatte ihre geliebte Katze »Jenny«

im Wagen mitgenommen, weil sie diese zu Hause niemand anvertrauen wollte. Da geschah das Unerwartete. Jenny verschwand und konnte trotz tagelangen Suchens nicht gefunden werden. Traurig fuhr Frau W. nach Hause, ohne die geringste Hoffnung, ihre Jenny je wiederzufinden.

Zwei Jahre später vernahm sie eines Nachts im Garten ein klägliches Jammern. Als sie die Terrassentür öffnete, erkannte Frau W. im Schein einer Taschenlampe ihre total abgemagerte, vor Erschöpfung zitternde Jenny. Sie hatte die nahezu 3000 Kilometer von Portugal nach Schleswig endlich zurückgefunden – eine Meisterleistung tierischen Heimfindevermögens, die sich mit »natürlichen« Orientierungshilfen allein nicht erklären lässt.

Im Sommer 1991 war der zweijährige Kater »Piscou« von seiner Familie auf einen Campingplatz an der französischen Atlantikküste mitgenommen worden, von wo aus er sich eines Tages entfernte. Er war und blieb unauffindbar. Etwa eine Jahr später hatte er den Weg zum nordfranzösischen Rouen, der Heimatstadt seiner Besitzer, zurückgefunden und dabei rund 500 Kilometer zurückgelegt. Obwohl der Ausreißer ziemlich heruntergekommen aussah, erkannten ihn seine Besitzer sofort wieder. Sein Fell besaß nämlich eine auffällige, nicht alltägliche Musterung.

Im Jahre 1940 musste der Sohn eines County-Sheriffs in West Virginia zur Operation in das etwa 200 Kilometer entfernte Myers Memorial Hospital nach Philippe gebracht werden. Als der Junge eine Woche nach seiner Einlieferung nachts vor dem Fenster seines Zimmers ein sanftes Flattern vernahm, bat er die Krankenschwester, dieses zu öffnen, um »einen Vogel hereinzulassen«. Als sie seinen Wunsch erfüllt hatte, flatterte eine Taube ins Zimmer, die der Junge anhand der Beringung sofort als seine Lieblingstaube identifizierte. Nachdem man ihn ins Hospital gebracht hatte, konnten seine Eltern beobachten, wie das anhängliche Tier ein paar Mal das Haus umkreiste. Dann war die Taube mit einem Mal verschwunden, hatte sich auf den Weg gemacht in eine ihr völlig fremde Stadt, um während eines heftigen Schneegestöbers nach dem Jungen Ausschau zu halten.

Gelegentlich kommt es vor, dass auch größere Tiere ihr Heimfindevermögen unter Beweis stellen. Wie z. B. »Julieann«, eine 300 Kilogramm schwere Jungkuh, die auf ihrer zwanzigstündigen Tour von Read Hayes im Orange County (USA) über 50 Kilometer zu ihrem Vorbesitzer in Geneva, Florida, zurücklief und dabei fast 50 Kilogramm Gewicht einbüßte. Ihr früherer Eigner hatte sie gerade wegen ihres unbändigen Wandertriebs verkauft und war davon überzeugt, dass sie auf ihrer neuen Weide ausbruchsicher untergebracht war. Doch Julieann überwand alle Hindernisse: zwei 1,20 Meter hohe Stacheldrahtzäune, den Econlockhatchee-Fluss sowie mehrere kleinere Flüsse und Gräben. Dr. Hal Wallace vom Florida College of Agriculture und Tierforscher der Universität von Zentral-Florida räumten ein, noch nie von Kühen mit Heimfindefähigkeiten gehört zu haben. Der neue Eigentümer von Julieann meinte, nachdem man sie zurücktransportiert hatte, dass sich das Ausbruchsverlangen der Kuh sicher legen würde, sobald sie ein Kalb zu bemuttern habe.

Für Psi-Trailing, das paranormale Heimfindevermögen, könnte auch ein nach dem Verschwinden eines Tieres weiterbestehender telepathischer Kontakt ausschlaggebend sein. Es ist zu vermuten, dass Menschen an ihre abgängigen Haustiere mehr und intensiver denken, als wenn sie diese ständig um sich haben. Solche, vielleicht mehr im Unbewussten fortbestehenden Kontakte zwischen Mensch und Tier – Parapsychologen sprechen von *Rapport* –, könnten durch die allgegenwärtigen morphogenetischen Felder zustande kommen. Wenn sich die morphische Resonanz von Haustier und Tierhalter auf der gleichen »Frequenz« bewegt, dürfte es selbst über große Entfernungen zu einem Dauerkontakt kommen, an dem sich das heimstrebende Tier wie an einem Peilsender orientiert. Möglicherweise hinterlassen Mensch und Tier gleichermaßen beim Fortbewegen durchs Gelände eine resonante morphische Spur, auf die sich Zurückgebliebene oder Entlaufene einstimmen, ähnlich wie bei den zuvor erwähnten geomagnetischen Feldgradienten. Sheldrake ist der Ansicht, dass sich selbst Brieftauben an morphogenetischen Feldern orientieren. Er vergleicht sie mit unsichtbaren »Gummibändern«, die sich ausdehnen, wenn Tiere von zu Hause weglaufen und sich zusammenziehen, wenn sie den Rückweg zur gewohnten Umgebung, zu ihrem bisherigen Besitzer antreten.

Dass die Verbundenheit eines Tieres mit seinem Besitzer selbst über dessen Tod hinaus fortbestehen kann, zeigt ein Fall, der sich vor vier Jahren im englischen Cheshire zugetragen hat. Am Weihnachtsabend 1999 verließ der Schäferhund »Spot« sein neues Heim, um das Grab seines verstorbenen Herrchens zu suchen, das er zuvor noch nie zu sehen bekommen hatte. Indem er dem Verkehr auf der Hauptstraße geschickt auswich, legte er mehr als sechs Kilometer zurück, bis er schließlich den Friedhof der St.-James-Kirche gefunden hatte, wo sich das Grab befand. Ein Polizist, der zufällig dort vorbeikam, entdeckte »Spot« direkt auf dem Grab des Verstorbenen liegend, so als ob er ihm Gesellschaft leisten wolle. Daraufhin gab man »Spot« in die Obhut eines Hundetrainers, der den unternehmungslustigen Vierbeiner für Wettbewerbe ausbilden wollte.

Vielleicht ist die morphische Resonanz einer Freundschaft zwischen Mensch und Tier manchmal so stark, dass sie den Tod des einen oder anderen überdauert, vielleicht ist sie ein Indiz dafür, dass unser Bewusstsein überlebt.

8.3 Stille Kommunikation – Kontakte auf Bewusstseinsebene

Wir haben zuvor erfahren, dass Tiere recht vielseitig – durch Laute (Gesänge), körperliche Ausdrucksformen (Mimik), Tast- und elektrische Signale, durch Duftstoffe, Variieren der Körperfarbe usw. miteinander kommunizieren, dass zwischen Delphinen bzw. Primaten und Menschen sogar auf Zeichen und Bildern basierende »Sprachen« wie *Ameslan* und *Yerkisch* entwickelt wurden, die einfache, sachbezogene interkreatürliche Unterhaltungen ermöglichen. Es gibt nachweislich eine weitere zwischen Tier und Mensch bzw. Mensch und Tier offenbar unbewusst praktizierte Verständigungsmöglichkeit gedanklicher Art, eine rudimentäre Form von Telepathie, mit der sich in jüngster Zeit auch Fachwissenschaftler ernsthaft befassen. Grundsätzlich versteht man unter einer solchen *telepathischen Kommunikation* eine »nicht durch die uns bekannten Sinne vermittelte Erfahrung eines fremdseelischen Vorgangs, als einen kommunikativen Akt außersinnlicher Wahrnehmung« (Bonin, W. R.: »Lexikon der Parapsychologie«).

Diese für Mensch und Tier gleichermaßen zutreffende Definition gilt für die direkte Übermittlung von Gedanken, Konzepten, mentalen Eindrücken, Emotionen, Gefühlen und reinem Wissen. Neben den eingangs erwähnten Ausdrucks- und Verständigungsformen, mit der sich ja die Zoo-Semiotik befasst, bedienen sich Tiere entsprechend dem Grad ihrer Entwicklung im Kontakt mit anderen Tieren und Menschen mitunter auch telepathischer Signale. Wir Menschen empfangen telepathische Botschaften unserer Mitkreaturen in dem Maße, wie wir uns auf diese einstimmen können und zum Zuhören bereit sind. Jegliche Überheblichkeit ist hier fehl am Platz, blockiert die in unserem Bewusstsein eintreffenden sensiblen Gedankenmuster Dritter.

Man hat herausgefunden, dass Kinder mit telepathischen Fähigkeiten – die gedankliche Kontaktaufnahme mit eigenen Artgenossen und anderen Spezies – auf die Welt kommen, im Laufe ihrer Entwicklung jedoch von unserer Gesellschaft zum Gebrauch der verbalen Verständigung, als die konventionelle, hochwertigere (zivilisierte) Form der Kommunikation angehalten werden. Auf diese Weise wurde unsere natürliche Gabe, Gedanken und Gefühle anderer Menschen und die von Tieren direkt zu empfangen, allmählich abgetötet. Eine arrogante, besserwisserische Mediengesellschaft stellt Tiere in der Fähigkeit zu denken, fühlen und intelligente Entscheidungen autonom zu treffen als dem Menschen hoffnungslos unterlegen dar und unterbindet somit von vornherein eine gediegene Kommunikation mit anderen Spezies, was zwangsläufig zu einer Entfremdung der Natur führen muss.

Das englische Wort »animal« für Tier ist dem Lateinischen »anima« entlehnt, was so viel wie »Seele«, »Atem«, »Luft-(hauch)« oder schlechthin »Lebewesen« bedeutet. Telepathische Kommunikation beruht auf der Anerkennung der spirituellen Substanz eines Tieres. Da Tiere, wie wir, sowohl physische als auch spirituelle Wesen sind, nehmen sie sich selbst und ihre Umgebung in vielfältiger Weise wahr. Sie können mit all jenen kommunizieren, die sich einer Kommunikation und Verständigung öffnen, wenn wir sie als intelligente Partner ansprechen. Sie werden unsere Absichten, Emotionen, Eindrücke und Gedanken hinter dem Gesprochenen erfassen, selbst wenn sie die einzelnen Worte in ihrer Gesamtheit nicht verstehen. Anders als wir, werden sie ihre angeborene telepathische Sensitivität niemals einbüßen, da sie keiner zwingt, Worte oder Symbole als einzige Kommunikationsmöglichkeit zu akzeptieren.

Tiere bedienen sich vorzugsweise der Körpersprache, was z.B. bei Hunden durch Wedeln mit dem Schwanz zum Ausdruck kommt. Mein amerikanischer Autorenkollege Richard Webster erzählte mir von seinem Hund »Bruce«, der immer dann mit seinem Schwanz auf den Fußboden »trommelte«, wenn er liebevoll an ihn dachte, selbst wenn er schlief. Allem Anschein nach empfing er Richards Gedanken und freute sich über dessen Zuneigung. Sobald er aber daran dachte, dass Bruce wieder einmal ein Bad nötig hätte, nahm er Reißaus. Er spürte offenbar seine Absicht, obwohl er hierüber zu niemanden in Bruce' Gegenwart gesprochen oder entsprechende Vorbereitungen getroffen hatte. Richard glaubte zudem, die Gedanken seines Hundes erfassen zu können. Wie so viele Hundebesitzer, war er fest davon überzeugt, dass Bruce ihn telepathisch aufforderte, mit ihm »Gassi« zu gehen, sobald ihm dies opportun erschien. Erfahrene Hundetrainer sind der Meinung, dass man seine Vierbeiner nicht täuschen, etwas sagen, gleichzeitig aber etwas ganz anderes denken kann. Sie reagieren häufig auf nicht ausgesprochene Kommandos, was vor allem für Blindenhunde gilt.

Der russische Neurophysiologe Vladimir Bechterew, der seinerzeit am Institut für Gehirnforschung in St. Petersburg tätig war und sich zusammen mit seinen Kollegen A. Iwanow-Smolenskij und Bernard Kaschinskij anfänglich mit ungewöhnlichen physiologischen und psychologischen Phänomenen in Hypnose beschäftigte, wandte sich später auch der telepathischen Kommunikation mit Hunden zu. Er fand heraus, dass Hunde selbst dann telepathisch erteilten Anweisungen folgten, wenn sich die Kontaktperson hinter einem Vorhang versteckt hielt, um zu vermeiden, dass sich die Tiere an deren Körpersprache orientierten.

Auch Katzen können die Gedanken ihrer Halter aufnehmen. Sie reagieren aber aufgrund ihrer angeborenen Eigenwilligkeit nicht immer sofort. Dem Autor liegen glaubhafte Berichte von Katzenbesitzern vor, die telepathische Kontakte mit diesen psychisch äußerst sensiblen Tieren bestätigen. Manchmal genügt schon ein einfacher gedanklicher »Ruf«, um die Katze innerhalb weniger Minuten erscheinen zu lassen.

Unsere zuvor erwähnte Katzendame »Julchen« war einmal, ganz gegen ihre Gewohnheit, fünf Tage »außer Haus«. Nachdem wir sie die ersten drei Tage durch Rufen herbeizulocken versucht und die gesamte Umgebung nach ihr abgesucht hatten, befürchteten wir das Schlimmste. War sie vielleicht überfahren worden, hatte sie womöglich einer jener kriminellen Tierfänger aufgegriffen? Nachdem unsere direkten Bemühungen keinen Erfolg gebracht hatten, überkam uns ein Gefühl der Einsamkeit und Trauer. Doch spürten wir, dass wir mit unserer geliebten Hausgenossin, mehr noch als bisher, in emotionaler geistiger Verbindung standen. Der Gedanke an sie beschäftigte uns den ganzen Tag. War es dieses nonverbale SOS-Signal oder blanker Zufall, der »Julchen« am fünften Tag, nachdem wir schon alle Hoffnung, sie je wiederzusehen aufgegeben hatten, vor unsere Terrassentür »lotste«? Wir wissen es nicht.

Einer meiner erfolgreichen amerikanischen Autorenkollegen, Brad Steiger, hat aufgrund eigener Experimente und Erfahrungen einige wertvolle Verhaltensregeln zur telepathischen Kontaktaufnahme mit Haustieren aufgestellt, die jeder Interessierte mühelos nachvollziehen kann:

- Nehme gegenüber deinem Tier Platz. Betrachte, ohne zu sprechen, mindestens zwei Minuten lang sein Gesicht;
- werde dir aller Einzelheiten seines Gesichts bewusst, beachte die verschiedenen Farben und Texturen seines Fells, die Form und Charakteristika seiner Schnauze, Augen, Zähne usw.;
- versuche dir vorzustellen, was das Tier gerade denkt, wie du mit seinen Augen gesehen wirst, wie du für es ausschauen könntest, was es an deiner Erscheinung wohl am Attraktivsten findet;
- konzentriere dich auf das Verschicken oder Empfangen eines Gedankenbildes;
- gibt es irgendwelche Bilder (Vorstellungen), die dein Bewusstsein bewegen? Dann konzentriere dich auf diese Bilder;
- fahre mit der aufmerksamen Betrachtung des Tieres fort und beachte, ob es Nervosität oder Erregung zeigt;
- dein Tier könnte versuchen, dir ein Gedankenbild von dem zu übermitteln, was es gerade bedrückt;
- verhalte dich so lange wie möglich still;
- werte den Erfolg des Experiments ernsthaft und so objektiv wie möglich aus: Hast du ein klares Gedankenbild, neue Vorstellungen von der Persönlichkeit und der mental-emotionalen Struktur deines Tieres erhalten? Hast du den Eindruck, dass durch dieses Experiment eine tiefere Verbundenheit zwischen dir und deinem Haustier erreicht wurde?

Dass Tiere auch auf unbewusst in Gedanken geäußerte Wünsche reagieren können, zeigt ein Fall, der sich Anfang der neunziger Jahre in Laconia (New Hampshire) zugetragen haben soll. Frau Jenna Barlett und ihr Freund waren mit ihren Hunden unterwegs, als sie inmitten eines Teiches ein Büschel weißer Wasserlilien entdeckten. Gedankenversunken betrachtete Frau Barlett vom Ufer aus die in voller Blüte stehenden Gewächse und wünschte sich heimlich eine der Lilien als Zimmerschmuck, als »Plugger«, der Jagdhund ihres Freundes, beherzt ins Wasser sprang und geradewegs auf die Blumen zuschwamm. Was sie kaum für möglich gehalten hatte, spielte sich innerhalb weniger Sekunden ab. Plugger schnappte sich die erstbeste Lilie, schwamm zum Ufer zurück und legte sie Frau Barlett zu Füßen, um dann, offenbar etwas verlegen, davonzustürmen.

Gelegentlich hat man den Eindruck, dass Tiere unsere Gespräche aufmerksam belauschen, um danach in ungewöhnlicher Weise zu reagieren. Professor Henry H. Bauer vom Polytechnikum der Staatsuniversität Virginia in Blacksburg (USA), berichtet über einen Fall, den ihm Ende der neunziger Jahre einer seiner Studenten übermittelt hatte: »In einer Vorlesung über die Einmaligkeit der menschlichen Sprache diskutierten wir über die Möglichkeit, dass jede Spezies ihre eigene ›Sprache‹ entwickelt hat. Was unbeantwortet blieb, war die Frage, ob Tiere möglicherweise Unterhaltungen zwischen menschlichen Gesprächspartnern folgen können. Wenn nicht, meinte einer der Studenten, sollte ich (Professor Bauer) ihm einmal Folgendes erklären: ›Meine Schwester erwarb kürzlich ein junges Kätzchen. Eines Nachmittags stattete ihr meine Mutter einen Besuch ab, in dessen Verlauf sie ihr erzählte, dass ihre eigene Katze die schlechte Gewohnheit, mit ihren Klauen und Zähnen Toilettenpapier abzurollen und zu zerfleddern, entwickelt habe. Sie führte ihr dies nicht direkt vor, sondern schilderte ihr nur den Vorgang recht ausführlich. In den darauf folgenden Tagen begann das Kätzchen meiner Schwester die Rolle Toilettenpapier ebenfalls zu zerfleddern. Ich frage mich, ob es tatsächlich verstanden hat, über was sich die Frauen unterhielten. Hat sich überhaupt schon einmal ein Forschungszweig ernsthaft mit der Frage beschäftigt, ob Tiere unsere Sprache verstehen?‹«

In diesem Fall könnte man annehmen, dass die während der Unterhaltung anwesende Katze den Ausführungen der Mutter nicht verbal, sondern ausschließlich bildtelepathisch folgte. Die Mutter hatte den Vorgang des Zerreißens offenbar so lebhaft-anschaulich dargelegt, dass die Jungkatze auf telepathischem Wege von dem zerstörerischen Akt eine Vorstellung gewann, die sie später selbst umzusetzen versuchte.

In den siebziger Jahren wurden am Rockland State Hospital in Orangeburg, New Jersey, mit zwei für Jagdzwecke abgerichteten Beagles zahlreiche Telepathieversuche durchgeführt. Die Experimentatoren errichteten zunächst zwei mit Kupferblech ausgekleidete, erschütterungsfreie, schallgeschützte Versuchsräume – so genannte Faraday-Käfige, die zur Abschirmung jeglicher elektromagnetischer Strahlung dienen. Bei einem der mit diesen Jagdhunden durchgeführten Experimente ließ man den Hundehalter – der sich in dem zweiten Raum aufhielt – mit einem Luftgewehr auf die Diaprojektion einer Wildkatze feuern. Die Beagles, die durch ein versteckt installiertes Fenster ständig beobachtet werden konnten, wurden, als der Pseudoschütze die Wildkatzenprojektion »unter Beschuss nahm«, plötzlich vom Jagdfieber erfasst. Ihre Erregung hielt an, als der Jäger auf andere Wildziele feuerte.

In der gleichen Versuchsanlage führte man mit einem Boxer ein weiteres Telepathieexperiment durch, indem man diesmal den Hund an ein EKG-Gerät anschloss, um seine Herzfrequenz zu überwachen. Die Besitzerin des Boxers im anderen Raum wurde plötzlich, ohne zuvor vom Verlauf des Experiments unterrichtet worden zu sein, von einem Fremden, der den Raum durch eine zweite Tür betreten hatte, angefallen und körperlich bedroht. Der in dem schalldichten Raum untergebrachte Boxer musste die Bedrohung seiner Herrin augenblicklich gespürt haben, denn sein Herzrhythmus beschleunigte sich eine Zeit lang ganz erheblich. Dr. Aristide Esser, die Leiterin dieses Projektes, war davon überzeugt, dass zumindest einige Hunde über telepathische Fähigkeiten verfügen. Sie meinte, diese Gabe sei in Fällen, in denen ein enges emotionales Verhältnis zwischen Mensch und Tier bestünde, besonders stark ausgeprägt.

Ende der siebziger Jahre experimentierten die amerikanischen Verhaltensforscherinnen Patricia Heyes und Ann Phillip von der *Arthur Ford Academy of Parapsychology and Research* an der *Flipper's Sea School* in Grassy Key, Florida, mehrere Wochen mit Delphinen, um die Effizienz mentaler Kommunikation zwischen Mensch und Meeressäuger zu erkunden.

Gleich am ersten Tag machten die beiden Frauen die Erfahrung, dass ihr emotionaler Zustand von den drei dort anwesenden Delphinen Nat, Terce und Misty »abgelesen« und richtig verstanden wurde. Patricia, eine ausgezeichnete Schwimmerin, durfte sich an der Rückenflosse eines der Tiere fest halten und wurde von ihm kreuz und quer, auch unter Wasser, durch die gesamte Anlage gelotst. Gegenüber Ann verhielten sich die Delphine ganz anders, da diese sich im Wasser nicht sehr wohl fühlte. Beim Versuch, sich ebenfalls in der Anlage herumkutschieren zu lassen, gingen die Tiere besonders umsichtig vor, zogen sie nur zu Stellen mit einem niedrigen Wasserstand und dann zum sicheren Dock zurück. Sie schienen ihre emotionale Erregung gespürt zu haben. Patricia will im Sonarsystem der Delphine eine paranormale Komponente entdeckt haben, die ihnen Aufschluss über den emotionalen Zustand ihres Gegenüber gibt.

Der mentale Kontakt zwischen den beiden Forscherinnen und Delphinen kam durch bildhaftes Denken zustande. Patricia wörtlich: »Wir vermittelten ihnen (den Delphinen) ein mentales Bild von dem, was sie tun sollten. Und dieses Bild, das auf ihr Sonarsystem trifft, erzeugt in ihnen eine Vorstellung von unseren Wünschen. Alle drei Tiere haben auf unsere gedanklich-bildhaft dargelegten Wünsche reagiert, sich auf die Seite gelegt und die typische Flipper-Position eingenommen: Auf unseren telepathisch übermittelten Vorschlag hin machen sie z. B. einen ›Schwan‹, indem sie Kopf und Brust über Wasser hielten.«

Die Delphindame Misty, die sich als besonders gelehrig erwies, brachte ihre mental erworbenen Fähigkeiten später auch Nat und Terce bei. Natürlich wurden von den Tieren nicht alle gedanklich geäußerten Vorschläge hundertprozentig umgesetzt, was auch damit zusammenhängen könnte, dass sie manche Positionen nur ungern einnehmen, wie z. B. das aufrechte Fortbewegen auf der Schwanzflosse. Bei Terce war dies auf eine Missbildung an der Wirbelsäule zurückzuführen, die ihr beim aufrechten »Gang« Schmerzen verursachte.

Zwischen Naturvölkern und frei lebenden Delphinen scheint sich ein besonders inniges Verhältnis – eine ganz natürliche kommunikative Bindung – entwickelt zu haben. Arthur Grimble, der Mitte des vorigen Jahrhunderts als Kolonialbeamter auf dem im Pazifik gelegenen Kiribati (früher: Gilbertinseln) tätig war, berichtete erstmals über das so genannte Delphinrufen, ein Brauch, der auf Butaritari, dem nördlichsten Atoll, praktiziert wird. In seiner Beschreibung heißt es: »An einem bestimmten Tag, der schon Wochen zuvor festgelegt worden war, besuchte er [der Delphinrufer] die Bewohner des Dorfes Kuma, während ihr [lokaler] Delphinrufer – ein erbliches Amt bei diesem Stamm – allein in einer Grashütte lag, mit den Füßen nach Westen, und im Traumzustand die Delphine rief. Am späten Nachmittag drang ein ersticktes Geheul aus der Hütte des Träumers. Ich sprang auf und sah seinen schwerfälligen Körper mit dem Kopf voraus durch die Türblende stürmen. Im Dorf erhob sich ein Geschrei: ›Sie kommen, sie kommen!‹ Fünfzig Meter vor dem Riff hielten die Leute an und sahen zu, wie eine Unmenge von Tümmlern draußen durch die Brandung pflügte. Dann wogten sie durch einen Durchlass herein und bewegten sich auf die wartende Menge zu … Ihr Leittier trieb dicht neben den Beinen des Träumers an. Wortlos trat er beiseite, während der Delphin ruhig ins seichte Wasser glitt. Mit leisem Sprechgesang begrüßten die Dorfbewohner am Ufer die Gäste. Nur die Männer gingen neben ihnen her; die Frauen und Kinder folgten in ihrem Kielwasser und klatschten im Rhythmus eines Tanzes leicht in die Hände. Als wir uns dem smaragdgrünen seichten Wasser näherten, gerieten die Tiere mit dem Bauch allmählich auf Sand … Sie ließen nicht die geringste Angst erkennen. Es war, als wünschten sie nichts anderes als zu stranden.«

Da Grimble den Tag des Herbeizitierens der Delphine selbst gewählt hatte, scheidet eine saisonbedingte natürliche Migration von vornherein aus. Am einleuchtendsten erscheint hier noch die Hypothese von einer telepathischen Kontaktaufnahme in Trance.

Der Worpsweder Maler, Bildhauer und Goldschmied Reinhart Brandauer, der wegen seines natürlichen Umgangs mit ungezähmten Wildvögeln, die ihn, ohne angelockt zu werden, regelmäßig in seinem Heim besuchen, als »Vogelvater« bekannt wurde, spricht nicht nur mit seinen Schützlingen, sondern behauptet, mit diesen auch telepathisch in Verbindung treten zu können. In seiner Jugend mehr technisch orientiert – bis zu seinem 25. Lebensjahr mit Problemen der Aerodynamik befasst – konnte sich Brandau kaum vorstellen, dass sich Vögel auf Kontakte mit Menschen einstellen, mit ihnen kommunizieren können. Seine täglichen, ans Wunderbare grenzenden Erlebnisse mit Wildvögeln unterschiedlicher Arten, vor allem mit der Nebelkrähe »Mecki« und einer Singdrossel, überzeugten ihn, dass besonders Rabenvögel nicht so sehr von genetisch vorprogrammierten Instinkten geleitet werden, sondern, dass sie intelligente Wesen sind, die sogar über eine vogelspezifische Ethik verfügen. Seine diesbezüglichen Erkenntnisse will Brandau aufgrund seines innigen Verhältnisses zu der von ihm großgezogenen Nebelkrähe telepathisch gewonnen haben.

Natürlich versuchten unvoreingenommene Wissenschaftler immer wieder, auch im Labor mit raffiniert ausgeklügelten Vorrichtungen telepathische Fähigkeiten von Tieren untereinander nachzuweisen. Im Zusammenhang hiermit soll ein interessantes Experiment erwähnt werden, dass Sybo Schouten an der Universität Utrecht durchgeführt hat. Er arbeitete mit zehn Mäusen, die einen Hebel drücken mussten, woraufhin in ihrem Käfig ein Signallämpchen aufleuchtete. Beim korrekten Drücken, wurden die Mäuse mit einem Tropfen Wasser belohnt. Wenn nicht, gingen sie leer aus.

Nachdem alle Mäuse ein Training absolviert hatten, setzte Schouten eines der Tiere in einen Käfig mit Lampen, jedoch ohne Hebel. In einem benachbarten Raum war ein weiterer Käfig mit einem Hebel, aber ohne Lampen aufgestellt, in dem er ebenfalls eine Maus unterbrachte. Jedes Mal, wenn das Herunterdrücken des Hebels in dem einen und das Aufleuchten der Lampe im anderen Käfig übereinstimmten (also gleichzeitig erfolgten), gab es einen Wassertropfen als Belohnung. Ein Zufallsgenerator regelte das Einschalten der Lampe, und die Ergebnisse des Experiments wurden, unabhängig von anwesenden Personen automatisch registriert. Schon bei der ersten Versuchsserie erzielten etliche Mäusepaare konstant höhere Resultate, die sich nicht durch Zufall erklären ließen. Die erste durstige Maus muss also beim Aufleuchten der Lampe diese Information irgendwie an ihre »Kollegin« weitergegeben haben, die dann ganz richtig den Hebel herunterdrückte, um ebenfalls in den Genuss des Tropfens zu gelangen. Um diese offenbar telepathische, d. h., direkt erfolgte Informationsübermittlung von *Präkognition* (Vorauswissen eines Ereignisses) zu unterscheiden, startete Schouten eine weitere Versuchsreihe, in deren Verlauf er den ersten Käfig leer stehen ließ. Wenn Vorauswissen vorläge, würden die Mäuse im zweiten Käfig den Zeitpunkt des Hebeldrückens nur raten. Obwohl der erste Käfig unbesetzt war und daher keine Maus das Aufleuchten der Lampe telepathisch weitermelden konnte, erzielten die Mäuse im zweiten Käfig – es handelte sich diesmal nicht um dieselben Tiere, die bei der ersten Serie erfolgreich waren – überzufällige Ergebnisse. Schouten folgerte hieraus, dass es unter Mäusen sowohl telepathisch als auch präkognitiv veranlagte Tiere geben müsse. In den USA wurde am Mount Holyoke College in Massachusetts von Jim Terry und Susan Harris ein vergleichbares Experiment mit Ratten durchgeführt, das mit überzufälligen Ergebnissen ebenfalls erfolgreich verlief.

In komplexen Gesellschaften wie z. B. bei Bienen- und Ameisenvölkern könnte zur Aufrechterhaltung der Ordnung neben Pheromonen auch Telepathie eine wichtige Rolle spielen. Der in den Vorderkieferdrüsen von Ameisen enthaltene Alarmduftstoff wirkt nach seiner Freisetzung im Umkreis von vier Zentimetern gerade einmal 15 Sekunden. Er dient demnach nur als lokales Alarmsignal, das von weiter entfernten Ameisen gar nicht mehr wahrgenommen wird. Sollte im Zuge eines Großalarms die gesamte Ameisenkolonie rasch mobilisiert werden, würde der nur kurzzeitig wirkende Geruchsalarm wenig nutzen, wäre ein auf Telepathie beruhendes Alarmsystem sicher hilfreicher. Es hat den Anschein, als ob wir mit der Erforschung der »stillen« Kommunikation zwischen Wesen gleicher oder verschiedener Spezies gerade erst begonnen hätten. Das Prinzip der »morphischen Resonanz« könnte sich auch bei der sprachunabhängigen (nonverbalen) Kommunikation zwischen Mensch und Tier, beim Austausch bloßer bildhafter Gedankenmuster, durchaus als plausibler Funktionsmechanismus erweisen.

Die Amerikaner Fred Kimball, Beatrice Lydecker und Penelope Smith haben sich dank ihrer medialen Fähigkeiten den Ruf erworben, mit Tieren »sprechen«, d. h. deren Gedanken erfassen und ihre eigenen Vorstellungen ihnen gedanklich vermitteln zu können. Gemeint sind mehr telepathische Kontakte auf Basis der morphischen Resonanz.

Von Kimball wird berichtet, dass ihm einmal ein Pferd vorgestellt wurde, das man wochenlang ohne Erfolg wegen Lahmheit am Hinterschenkel behandelt hatte. Obwohl der Besitzer die tüchtigsten Veterinärärzte bemüht und die besten Arzneien ausprobiert hatte, verschlimmerte sich der Zustand des Tieres zusehends. Kimball, der sich während seiner Konsultationen ganz auf die Gedankenwelt der Tiere einzustimmen versucht, will von diesem hochsensitiven »Patienten« erfahren haben, dass er bei einer Rückwärtsdrehung im Stall ein ungehobeltes Brett gestreift habe, wobei ein winziger Splitter in seinen Rücken eingedrungen sei. Aufgrund dieser Information konnte besagter Splitter lokalisiert und durch einen kleinen Eingriff entfernt werden.

Natürlich kann man über die Objektivität solcher Berichte geteilter Meinung sein und einwenden, dass scharfsinnige Pferdekenner vielleicht zu einer ähnlichen Diagnose gelangt wären, gäbe es da nicht ausgesprochen komplexe Fälle, in denen Kimball mit einer gestörten psychischen Verfassung von Tieren konfrontiert wurde und aufgrund telepathisch gewonnener Informationen wirksame therapeutische Maßnahmen ergreifen konnte. Solche Fälle sollen wegen ihres mehr anekdotischen Charakters und möglicher Fehleinschätzungen hier nicht weiter erörtert werden.

Wenden wir uns zum Abschluss dieses Kapitels weiteren ungewöhnlichen, bislang wenig erforschten Fähigkeiten von Tieren zu, die das Wirken einer offenbar übergeordneten geistigen Komponente vermuten lassen: das Vorausfühlen oder -wissen zukünftiger Geschehnisse (Präkognition) sowie die wohl mehr unbewusste gedankliche Einflussnahme auf Gegenstände in der näheren Umgebung. Da Tiere, anders als Menschen, Experimenten gegenüber nicht voreingenommen sind und auch nicht zum Tricksen neigen, eignen sie sich in geradezu idealer Weise für objektive Tests.

An Dr. Rupert Sheldrakes Experimenten teilnehmen

Basiswissen zur morphogenetischen Konzeption

Die Theorie des Biochemikers Sheldrake besagt, dass morphogenetische Felder die gesamte belebte wie unbelebte Schöpfung prägen und steuern. Im Gegensatz zum mechanistischen Paradigma betrachtet sie das Universum mehr wie ein Organismus, der sich weiterentwickelt. Sheldrakes Konzeption von der *formbildenden Verursachung* beschäftigt sich mit der Frage, wie Tiere und Pflanzen ihre Form bzw. Gestalt annehmen. Wir wissen zwar, dass aus Samen Bäume und Blumen entstehen, aber der Vorgang der Formentstehung war bis vor kurzem noch nicht Gegenstand wissenschaftlicher Untersuchungen.

Unter dem heutigen Paradigma der mechanistischen Lebenstheorie wird der Versuch gemacht, den Prozess der Formbildung auf molekularer Ebene zu erklären. Zwar ist die DNS in all unseren Körperzellen die gleiche und wir haben identische Kopien des gesamten genetischen Materials jeder einzelnen Zelle, trotzdem ist die Form unserer Glieder und Organe verschieden voneinander. Es entstehen also bei gleicher chemischen Zusammensetzung – den gleichen Proteinen – unterschiedliche Formen. Chemische Stoffe allein können diese Formen nicht erklären. Daher vermuten Biologen, dass ein Organismus bei seinem Wachstum von unsichtbaren Feldern beeinflusst wird. Wir alle kennen das Phänomen der Regeneration bei Pflanzen. Wenn wir einen kleinen Teil einer Pflanze abschneiden und diesen in die Erde geben, entwickelt er sich zu einer kompletten neuen Pflanze. Aus einem Teil entsteht ein neues Ganzes, das somit mehr als die Summe seiner Teile ist.

Man geht davon aus, dass zu jedem System (Organismus), ähnlich wie beim Magnetfeld, ein spezifisches morphogenetisches Feld gehört, das selbst dann noch unversehrt weiterexistiert, wenn das System beschädigt wird. Viele Wissenschaftler sind der Auffassung, dass es sich bei den morphogenetischen Feldern um Archetypen, nur um metaphysische Realitäten handelt. Sheldrake vertritt hingegen die Auffassung, dass solche Felder tatsächlich existieren. Jedes Feld erhalte seine Struktur aus der Form früherer Vertreter einer bestimmten Spezies. So sei z. B. das Feld, das einer Katze ihre Form gebe, ein katzen-morphogenetisches Feld. Es stelle so etwas wie eine Zusammenfassung der tatsächlichen Formen früherer Katzen dar. Dieses beeinflusse die sich entwickelnde Katze durch Fernwirkung über Zeit und Raum hinweg. Das Feld wäre demnach mit einem kollektiven Gedächtnis vergleichbar. Jeder Vertreter einer bestimmten Spezies würde, gemäß Sheldrake, durch das spezifische morphogenetische Feld seiner Art geformt. Umgekehrt beeinflusse auch die individuelle Form das Feld, wirke auf dieses zurück und forme dadurch zukünftige Angehörige derselben Art.

Der Einfluss der morphogenetischen Felder wird über die Zeit kumulativ stärker, weil immer mehr vergangene Formen eine neue Form prägen. Wächst die Zahl der Angehörigen einer Spezies, wird auch das spezifische morphogenetische Feld stärker. Je öfter etwas Bestimmtes geschähe, umso wahrscheinlicher würde es sich immer wieder ereignen.

Formative (morphogenetische) Felder beeinflussen auch das ererbte Verhalten von Tieren. Ihre Instinkte kommen durch die
gleiche Art von Einfluss aus der Vergangenheit zustande, durch
den Prozess der Einwirkung von Gleichem auf Gleiches, den
Sheldrake als »morphische Resonanz« bezeichnet. Wenn man in
einem Teil der Welt Tieren etwas Neues beibringe, sollte es für
Tiere dieser Art infolge morphischer Resonanz leichter werden,
die gleiche Fertigkeit schneller zu lernen.

*Wie man sich an Sheldrakes weltweitem »Sieben-Experimente-
Projekt« beteiligen kann*

Dr. Rupert Sheldrake wünscht sich, zur Bestätigung und weiteren Absicherung seiner morphogenetischen Konzeption, eine
möglichst umfassende Mitarbeit breiter Bevölkerungsschichten
mit Tiererfahrungen. Wenn Leser im Verhalten ihrer Tiere etwas Ungewöhnliches entdecken, sollten sie dies den nachfol-
gend genannten Koordinierungsstellen formlos mitteilen und,
für den Fall, dass Rückfragen erforderlich sind, ihre Adresse, Te-
lefon-/Fax-Nummer sowie E-Mail-Adresse angeben.
Es interessieren vor allem:
– Evtl. telepathische Reaktionen ihrer Haustiere wie in den
  vorangegangenen Kapiteln beschrieben;
– Erfahrungen mit dem Orientierungssinn der Tiere;
– Anzeichen für ein ungewöhnliches Verhalten von Reptilien,
  Amphibien, Fischen, Insekten und anderen wirbellosen Tie-
  ren;
– Erfahrungen mit dem antizipativen Verhalten von Haustieren
  – ihre Gewohnheit, vor der Heimkehr ihres Besitzers eine be-
  stimmte Warteposition einzunehmen;
– Die Fähigkeit eines Tieres, über große Entfernungen seine
  Besitzer wiederzufinden bzw. diese aufzuspüren, selbst wenn
  ihm das neue Domizil nicht bekannt ist;
– Das Gefühl, von Tieren angestarrt zu werden und umgekehrt;
– Tierreaktionen (Warnungen) vor epileptischen Anfällen;
– Tierwarnungen vor bevorstehenden Gefahren, Katastrophen
  (z. B. Erdbeben) oder Todesfällen

Die Leser werden gebeten, ihre Erlebnisse/Erfahrungen zu berichten an:

(In Deutsch:) Koordinierungsstelle »Sieben-Experimente-Projekt«
Waldstr. 14
D-22926 Ahrensburg
E-Mail: siebenex@sheldrake.org

(In Englisch:) BM Experiments
London WC1 N3XX, UK
E-Mail: pam@sheldrake.org

8.4 Indizien für das »Übersinnliche«

Wer glaubt, dass mit Psi-Trailing, dem Heimfindevermögen und mit telepathischer Kommunikation das Repertoire der Tiere an ungewöhnlichen Fähigkeiten erschöpft sei, unterliegt einem gewaltigen Irrtum. Viele Tiere verfügen z. B. über die Gabe, sich anbahnendes, nicht durch äußere Einflüsse (wie bei Erdbeben) erkennbares dramatisches Geschehen voraus zu »fühlen«, was in der Parapsychologie als *Präkognition* bezeichnet wird. Immer wieder wird über Fälle berichtet, in denen Haustiere, denen man ein besonders inniges Verhältnis zu ihren Besitzern nachsagt, im Voraus zu wissen scheinen, dass es zu Unfällen oder anderweitig nicht vorhersehbaren Katastrophen kommt. Eine deutsche Stiftung, die sich unter anderem auch mit einschlägigen Erlebnisschilderungen befasst, berichtet über einen tragischen Unfall, den ein Vierbeiner unmittelbar vor dem Ereigniseintritt »gespürt« haben muss.

Der Freund eines tödlich Verunfallten berichtet: »Es war einer der heißesten Sommertage des Jahres 1926. Nur mit einer Badehose bekleidet stand ich im Vorraum des Gasthofes ›Grenzacher Horn‹, der sich an der Straße von Basel nach Grenzach befindet, und wartete auf meinen Freund Hermann, mit dem ich mich zum Schwimmen im Rhein verabredet hatte. Neben mir stand der große rauhaarige ›Harro‹, dem ich, während ich wartete, das Fell kraulte. Als Hermann die Treppe herunterkam, riss sich der Hund plötzlich von mir los und wich mit gesträubten Haaren vor ihm zurück. Mein Freund rief: ›Was ist denn mit dem Hund los, sieht der in mir ein Gespenst? Er ist doch sonst immer lieb zu mir.‹ Auch ich war über das Verhalten des Hundes erschrocken.«

Der Leser berichtete weiter, wie er und sein Freund in den Rhein stiegen, der dort so schnell floss, dass man beim Schwimmen weit stromabwärts getrieben wurde. Der damals Achtzehnjährige warnte seinen Freund noch vor ufernahen Wirbeln, verlor ihn dann aber aus den Augen und stieg ein Stück stromab wieder aus dem Wasser. »Ich kletterte das Ufer zur Straße hoch, sah aber von meinem Freund keine Spur. In der Annahme, dass er wahrscheinlich nicht so weit geschwommen war wie ich, ging ich auf der Landstraße zur Grenze zurück. Am deutschen Zollhaus traf ich auf einige aufgeregte Menschen, denen ein Lachsfischer erzählt hatte, dass mein Freund offenbar ertrunken sei. Er selbst vermochte ihm nicht zu helfen, da er nicht schwimmen konnte … Zwei Tage später fischte man Hermann beim französischen Hüningen tot aus dem Rhein. Der Hund hatte den Tod meines Freundes gespürt – eine Viertelstunde, bevor er ertrank.«

Man fragt sich, was Harro beim Erscheinen des Freundes am »Grenzacher Horn« denn nun wirklich gesehen hatte, um derart verschreckt zu reagieren. War es vielleicht zeitversetzt das Psychodouble seines ertrunkenen Freundes, die vorweggenommene Szene des Unfalls, der schreckliche Todeskampf eines Ertrinkenden?

In einem anderen Fall glaubt eine Cordula P. dank ihres Hundes »Chico« vor einem drohenden Unfall bewahrt worden zu sein: »Vergangenes Jahr im April machte ich zusammen mit meiner Mutter im Auto einen Kurztrip in den Schwarzwald. Unser Hund Chico, ein Pudel-Dackel-Mischling, war mit von der Partie. Als wir an einer Autobahnraststätte nach einer Pause wieder ins Auto einsteigen wollten, war der Hund nicht dazu zu bewegen, ebenfalls Platz zu nehmen. So gingen doch zwei bis drei Minuten verloren, bis ich ihn selbst ins Auto setzte. Nach nur zwei Kilometer Fahrt hatte sich vor uns eine große Massenkarambolage ereignet. Vier Hubschrauber, mehrere Feuerwehrfahrzeuge, Spezialeinheiten usw. kamen zum Einsatz. Hätten wir den Hund meiner Mutter nicht dabei gehabt, wären wir womöglich mittendrin ums Leben gekommen.«

Rupert Sheldrake erzählt in seinem Beitrag »Das Psi der Tiere« von einer präkognitiv veranlagten Katze in seiner Heimatstadt Newark, Grafschaft Nottinghamshire (England): »Eine Nachbarin von mir, eine Witwe, hatte einen Sohn, der zur See fuhr. Er informierte sie nie, wann er sie daheim besuchen würde, weil es immer sein konnte, dass sein Schiff Verspätung haben würde. Er wollte vermeiden, dass sie sich Sorge um ihn machte. Dennoch wusste sie immer, wann ihr Sohn nach Hause kommen würde, denn die Katze pflegte dann besonders aufgeregt zu sein. Sie setzte sich auf die Fußmatte vor der Tür, und zwar etwa drei Stunden vor seiner Rückkehr. So hatte die Frau genügend Zeit, das Bett ihres Sohnes frisch zu überziehen. Sie erzählte mir das alles, als ginge es um das Selbstverständlichste von der Welt. Aber ich war absolut erstaunt. Ich wusste auch nicht recht, ob ich ihr glauben sollte. Dann begann ich mit anderen Leuten zu sprechen und fand heraus, dass Geschichten dieser Art sehr verbreitet sind. Viele Hunde und Katzen wissen offenbar längere Zeit im Voraus, wann ihre Besitzer nach Hause kommen.«

Fälle wie diese animieren natürlich Wissenschaftler, sich mit dem antizipativen Verhalten auch anderer Tiere unter Laborbedingungen zu befassen. Dr. Robert Monroe, ein früherer Mitarbeiter der Psychical Research Foundation in Durham, North Carolina, hatte sich in den achtziger Jahren ein einfaches Experiment zur Ermittlung etwaiger präkognitiver Fähigkeiten von Fischen ausgedacht. Als Verhaltensforscher war ihm nicht entgangen, dass sich Fische immer dann aufgeregt verhalten, wenn sie mit einer bedrohlichen Situation konfrontiert werden. Monroe setzte drei Goldfische in ein Aquarium, das er eine Zeit lang von einem Assistenten überwachen ließ. Dieser hatte die Aufgabe, festzustellen, welcher der Fische plötzlich erregt reagierte, d. h. ausgesprochen hektisch im Becken herumschwamm. Nach erfolgter Beobachtung, fing Morris einen der Fische mit einem kleinen Netz, das er anschließend über das Becken hielt – für den Fisch sicher ein dramatisches Erlebnis. Die Wahl des über das Wasser gehaltenen Fisches erfolgte nach dem Zufallsprinzip, d. h. »blind«. Bei dem, den er eingefangen hatte, handelte es sich oft, d. h. »überzufällig«, um den Goldfisch, den Monroes Mitarbeiter als auffällig, als besonders aufgeregt, bezeichnet hatte. Die Experimente mit Goldfischen wurden später eingestellt, da sie sich als nicht ausreichend reproduzierbar erwiesen.

Wesentlich aufschlussreicher war da schon ein einfaches Präkognitionsexperiment mit Mäusen, das zwei französische Wissenschaftler – Pierre Duval und Evelyn Montredon – an der Pariser Sorbonne-Universität durchführten. Sie benutzten einen in der Mitte durch eine niedrige Barriere geteilten Käfig, auf dessen Boden man ein elektrisch leitendes Gitternetz ausgelegt hatte, das mit einer durch einen Zufallsgenerator gesteuerten Stromquelle verbunden war. Jede Minute bzw. innerhalb eines anderen Zeitintervalls wurde nach dem Zufallsprinzip die eine oder andere Hälfte des Käfigbodens mit einer Serie von Stromstößen beaufschlagt. Da Tiere (wie Menschen) eine Aversion gegen Elektroschocks entwickelt haben, wollten die Wissenschaftler dies nutzen, um festzustellen, ob die Mäuse im Voraus ahnen können, welche Seite des Käfigs Stromstöße erhalten wird, ob Präkognition mit im Spiel sei. In diesem Fall würden sie sich durch einen Sprung über die Barriere auf die stromfreie Seite retten. Natürlich sprangen die Tiere immer dann über die Barriere, wenn sie einen Schock erhielten – eine ganz normale Reaktion auf physiologisches Unbehagen, das Stromstöße nun eben einmal auslösen. Besonders aufmerksam registriert wurden die Fälle, in denen die Mäuse scheinbar grundlos die Barriere übersprangen, als die Schocksequenz auf der Seite ihres momentanen Aufenthalts noch gar nicht eingesetzt hatte. Nachdem die Wissenschaftler das Verhalten der Tiere immer und immer wieder getestet hatten, stellte es sich heraus, dass die Mäuse stets dann zum Überspringen der Barriere ansetzten, wenn die Seite, auf der sie sich gerade befanden, Stromstöße erhalten sollte. Die Verhaltenstendenz war zu konsistent, um als Zufall gewertet zu werden. Die Mäuse schienen tatsächlich zu wissen, wann gesprungen werden musste, um dem Schock zu entgehen.

Duval und Montredon führten zahlreiche Versuchsreihen durch, bevor sie ihre Forschungsergebnisse dem »Journal of Parapsychology« vorlegten. Amerikanische Wissenschaftler in Durham zeigten an dieser Methode großes Interesse, weil sie zuverlässige, konstante Ergebnisse verhieß. Da sie jedoch aufgrund der erteilten Schocks auf eine Bestrafung, eine wenn auch milde Form der Quälerei der Tiere hinauslief, versuchte man sie in einen Belohnungsprozess umzuwandeln. Diesbezügliche Bemühungen führten schließlich zu dem bereits erwähnten (vgl. Kapitel 8.3) Experiment des Holländers Sybo Schouten an der Universität Utrecht, mit dem sowohl telepathische als auch präkognitive Fähigkeiten von Mäusen nachgewiesen wurden.

Eine andere extreme Form tierischen Wahrnehmungsvermögens ist die Fähigkeit, auf die Anwesenheit nichtmaterieller Existenzen zu reagieren. Wenn man davon ausgeht, dass emotionsauslösende Aktivitäten wie z. B. Mord oder ähnliche Gewaltverbrechen morphische Spuren hinterlassen und – wie in zahllosen Publikationen dargelegt – beim körperlichen Tod die geistige Komponente des Menschen oder Tieres fortbesteht (vgl. das Buch »Wir alle sind unsterblich – Der Irrtum mit dem Tod«, Langen Müller 1997; Weltbild 2001/2), verwundert es nicht, dass die von störenden Alltagseinflüssen weniger abgelenkten Tiere für das Erkennen solcher Manifestationen geradezu prädestiniert sind.

Dr. Robert L. Morris, Forschungskoordinator an der Psychical Research Foundation in Durham berichtete in einer informellen Studie von einem Freund, der verschiedene Tiere – einen Hund, eine Katze, Ratte und Klapperschlange – in ein von außergewöhnlichen psychischen Vorfällen heimgesuchtes

Haus mitgenommen hatte. Ihre Reaktion war verblüffend: Als man sie in einen der zwei besonders auffällig gewordenen Räume, in dem sich ein Mord zugetragen hatte, einsperrte, reagierten der Hund, die Katze und Schlange so, als ob sie von irgendetwas bedroht würden; nur die Ratte verhielt sich ruhig. In den anderen Räumen des Hauses verhielten sich alle Tiere normal. Interessant ist auch die Reaktion der Personen, die sich in dem Raum, in dem das Verbrechen geschehen war, eine Zeit lang aufhielten. Sie alle hatten den Eindruck, dass es im besagten Raum wesentlich kühler als in anderen Bereichen des Hauses war. Das Empfinden war allerdings rein subjektiv, da ein mitgeführtes Thermometer keinen Temperaturabfall anzeigte.

Vielleicht ist es das beim Tod eines Menschen freigesetzte geistige Etwas, das physikalisch nicht messbare Bewusstsein, das die Tiere spüren, besonders, wenn die Loslösung unter dramatischen Umständen erfolgte. Einer meiner Geschäftsfreunde erzählte mir vor einiger Zeit von seinem Großvater, der die Gewohnheit hatte, zusammen mit seinem Hund auf einer Eckbank in der Küche sitzend, sein allmorgendliches Frühstück einzunehmen. Nach dem Ableben des Großvaters war der Hund nicht mehr dazu zu bewegen, seinen gewohnten Platz auf der Bank einzunehmen. Ängstlich hielt er sich von seinem früheren Stammplatz fern. Irgendetwas schien ihm nicht geheuer zu sein.

Es gibt zahllose, oft bewegende Fälle, die den Schluss nahe legen, dass Tiere den Tod ihres Besitzers auch aus der Ferne spüren und darauf reagieren. Don Repo, Zweiter Offizier bei dem amerikanischen Flugunternehmen Eastern Airlines, war ein Vogelnarr. Jeden Morgen, wenn er dienstfrei zu Hause weilte, beobachtete er beim Kaffeetrinken auf der Terrasse das geschäftige Treiben seiner Lieblinge im angrenzenden Garten. Manchmal verirrten sich zwei, drei Vögel durch die leicht geöffnete Terrassentür ins Hausinnere, aus dem sie von seiner Frau Alice mit Hilfe eines Besens behutsam nach draußen dirigiert wurden. Als am 29. Dezember 1972 beim Absturz eines Lockheed-*Tristar*-Jet (Flug 401) der Eastern Airlines in die sumpfigen Everglades hundert Passagiere den Tod fanden und der schwer verletzte Don Repo 30 Stunden später im Krankenhaus seinen Verletzungen erlag, erschienen, nach Angaben seiner Witwe, mehr als 30 Vögel auf der Terrasse, wo sie eine Zeit lang aufgeregt umher flatterten. Dann entfernten sie sich durch eine kleine Öffnung, ohne dass es der »Nachhilfe« durch Alice bedurft hätte.

Die Wurzeln unserer subtilen Wesensverwandtschaft mit allen Kreaturen erstrecken sich bis in die fernste Vergangenheit – eine Zeit, zu der viele Tiere, unter ihnen die Vorläufer des Menschen, einander benötigten, um den permanenten Attacken einer feindlichen Umwelt zu widerstehen, um zu überleben. Die Verbundenheit zwischen den einzelnen Spezies muss damals sehr eng gewesen sein, Sinne und Fähigkeiten hervorgebracht haben, die uns schon vor langer Zeit abhanden gekommen sind.

Mit der Entdeckung und Beherrschung des Feuers begann die eigentliche Trennung zwischen Mensch und Tier. Der Mensch organisierte sich in Gruppen, Sippen und Volksstämmen, und das Verwandtschaftsverhältnis zum Tier setzte sich symbolisch im Totemismus fort – in der gefühlsmäßigen oder auf eine mythische Abstammung zurückzuführende Bindung an bestimmte Tier- und Pflanzenarten bzw. Naturphänomene. Totemismus als effektive psychische Kraft existiert unter primitiven Naturvölkern auch heute noch. In seinem Buch »Africa Dances« vermittelt der bekannte Anthropologe Geoffrey Gorer interessante Beweise für die geistige Verbundenheit zwischen westafrikanischen Stämmen und ihren tierischen Mitkreaturen. So hat sich z. B. zwischen den Stämmen rund um den Nyazana-See und den dort vorkommenden Krokodilen eine Verbundenheit entwickelt, die darin gipfelt, dass Angehörige des Krokodiltotems im Schutz eines gekenterten Bootes unbehelligt langsam durch krokodilverseuchte Gewässer schwimmen können, während Stammesfremde den ständigen Attacken der gefährlichen Reptilien ausgesetzt sind.

Mit dem Entstehen der einzelnen Kulturen verlor der

Mensch den Kontakt zur Natur und seinen tierischen Mitkreaturen. Er büßte seine mystischen Kräfte ein, die er einst zum Überleben gebraucht hatte und schuf dafür eine künstliche zivilisatorische Umgebung, in der diese nicht mehr benötigt wurden. Heute steht der Mensch abseits der natürlichen Welt und die Kluft zwischen uns und dem übrigen Leben ist tief und breit.

Vielleicht hat sich, trotz widriger Umstände, der Totemismus in einigen wenigen Gegenden unserer »modernen« Welt dennoch gehalten, vielleicht erklärt er auch das Geheimnis der »trauernden Füchse der Gormanstowns«. Die Gormanstown-Familie zählt zu den zweitältesten Viscounts Irlands. Ihr Adelstitel (er rangiert zwischen dem eines Grafen und eines Baron) reicht bis ins Jahr 1478 zurück. Und mit ihm verbindet sich, der Überlieferung nach, die Geschichte, dass, Stunden bevor das Oberhaupt der Familie stirbt, alle Füchse aus der Umgebung zu deren Anwesen kommen und dort so lange verweilen, bis die Bestattungszeremonie zu Ende ist. Das Landgut der Gormanstowns grenzt an die nördlich von Dublin gelegene Grafschaft Meath, die durch die dort alljährlich veranstalteten Fuchsjagden und hierauf spezialisierten Jagdhunderudel zweifelhaften Ruf erworben hat. Der Earl of Fingall, als »Master of the Meath« für den Einsatz der Hundemeute zuständig, wusste gegenüber dem Autor Gerald Heard über einen merkwürdigen Vorfall zu berichten, der mit der behaupteten »Fuchstrauer« in Verbindung zu stehen scheint. Als Lord Gormanstown ausgerechnet während der Jagdsaison starb, gaben die Jäger dem Earl zu verstehen, dass es üblich sei, die Jagd bis nach dessen Bestattung auszusetzen, um den Füchsen Gelegenheit zum »Trauern« zu geben. Der Earl wertete den Einwand seiner Jäger als blanken Unsinn, als puren Aberglauben. Als hoher katholischer Würdenträger war er jedoch verpflichtet, an der Trauerfeier in der kleinen Familienkapelle der Gormanstowns teilzunehmen, am Sarg des Verblichenen zu beten. Gerade wollte er bei Dämmerung die Kapelle betreten, sah er auf den Treppenstufen vor dem Portal zwei Füchse sitzen. Sie zeigten keinerlei Furcht und wichen lediglich zur Seite, um dem Earl Durchlass zu gewähren. Dieses Erlebnis soll ihn von der Stimmigkeit der Überlieferung überzeugt haben.

Ähnliche Beispiele von Tieren, denen, wie auch immer, der Tod ihres Besitzers bewusst wird, gibt es zur Genüge, seien es Katzen, Hunde, Vögel oder sogar Bienen. Sie spiegeln die morphische Verbundenheit zwischen Mensch und Tier wider, die offenbar weit über den physischen Tod hinausreicht.

Interessanter noch als der psychische Kontakt Mensch/Tier ist die augenfällige, d. h. statistisch registrierbare Einflussnahme tierischen Bewusstseins auf materielle Objekte, die in der Parapsychologie als *Psychokinese* (PK) bezeichnet wird. Mit tierischer Psychokinese befasste sich vorzugsweise der in den USA lebende deutsche Physiker Helmut Schmidt, der anfänglich in Seattle bei den Boeing Laboratories beschäftigt war, später aber, wegen seines Interesses für Psiphänomene, zum Institute for Parapsychology überwechselte. Die Fachwelt wurde erstmals auf Schmidts PK-Versuche aufmerksam, als er mit Küchenschaben experimentierte. Er platzierte die Tiere in einem Kasten auf ein metallisches Gitternetz, das an einen Stromerzeuger angeschlossen war. Durch einen zwischengeschalteten Zufallsgenerator wurde das Netz entweder elektrisch aufgeladen oder stromlos gehalten. Bei jeder Testreihe stand es normalerweise also 50 Prozent der Zeit unter Strom. Schmidt vermutete, dass, wenn Schaben über psychokinetische Fähigkeiten verfügten, sie in die inneren Abläufe des Zufallsgenerators eingreifen und durch etwaige Funktionsstörungen in weniger als 50 Prozent der Zeit elektrische Schocks auslösen könnten. Im Verlauf zahlreicher Tests mit unterschiedlichen Schaben machte er die erstaunliche Feststellung, dass die Tiere *mehr* Schocks als erwartet (> 50 Prozent der Zeit) auslösten. Dieses überzufällige Ergebnis ließ ihn zunächst vermuten, dass Schaben schocksüchtig sind, dass sie Schocks zur Stimulation benötigen. Dann aber spekulierte er, die psychokinetische Beeinflussung könne womöglich von ihm selbst verursacht worden sein, was darauf zurückzuführen wäre, dass er Schaben verabscheue und infolgedessen unbewusst deren Schockbestrafung provoziere. Er musste daher bei künftigen PK-Experimenten sicherstellen, dass diese generell ohne die Anwesenheit jedweder Personen stattfinden.

Als neues »Versuchsobjekt« diente ihm seine eigene Katze. Er verband einen extern aufgestellten Zufallsgenerator mit einer in einem Schuppen aufgestellten Heizlampe. Der Strom wurde durch den Generator in völlig willkürlichen Zeitabständen ein- und ausgeschaltet. Wenn der Schuppen leer stand, arbeitete der Zufallsgenerator ganz normal, d.h., die Lampe brannte genau während der Hälfte der Zeit. Als man die Katze bei kaltem Wetter in den Schuppen sperrte, ließ der Zufallsgenerator die Lampe wesentlich länger brennen, als allein nach dem Zufallsprinzip zu erwarten gewesen wäre. Demnach muss die Anwesenheit der Katze einen Einfluss auf die Brenndauer der Lampe ausgeübt haben. Es besteht somit zwischen dem Anwesenden (dem Beobachter; hier die Katze) und Objekt (hier Lampe und Zufallsgenerator) eine gegenseitige Wechselwirkung, die in der Quantenphysik als *Beobachtereffekt* bezeichnet wird. Der Akt des Beobachtens, die Art und Weise, in der die Beobachtung durchgeführt wird, verändert die Natur dessen, was man beobachtet (hier die Einschalthäufigkeit). Beim Beobachten kommt es entsprechend quantenphysikalischen Gesetzmäßigkeiten zum Zusammenbruch der *Wahrscheinlichkeitswelle*. Hierbei wird aus der statistischen Wahrscheinlichkeit, dass etwas eintritt, beobachtbare Realität.

Skeptiker spekulierten damals, dass Schmidt selbst auf Distanz unbewusst am Experiment beteiligt war und somit auf die Resultate Einfluss genommen habe. Als dann aber die Ergebnisse immer noch überzufällig ausfielen, auch wenn er gar nicht wusste, dass sich die Katze im Schuppen aufhielt, musste man davon ausgehen, dass das Tier die Wärmeverhältnisse im Schuppen zumindest bis zu einem gewissen Grad selbst beeinflusste.

Im »Journal of Scientific Exploration« berichtete der Franzose René Peoc'k über den psychokinetischen Einfluss von bis zu sieben Tage alten Küken auf eine Robot-»Glucke«. Bei diesem Gerät, dem so genannten *Tychoskop* (griech. »tukh« = Zufall, »skopein« = prüfen) handelt es sich um einen kleinen Roboter mit Eigenantrieb, der von einem externen Zufallsgenerator gesteuert wird und sich auf ebener Fläche über zufällig zustande kommende Längen und Richtungen bewegt. Mit einem angeschlossenen Kurvenschreiber werden sämtliche Bewegungen des Roboters aufgezeichnet, die sich später in einer Grafik anschaulich darstellen lassen.

Nach dem Ausschlüpfen halten viele Küken das erste bewegliche Objekt in ihrer Nähe für ihre Mutter. Die Wissenschaftler konditionierten die von ihnen benutzten Küken darauf, das Tychoskop als ihre Mutter anzusehen, indem sie diese nach dem Schlüpfen sechs Tage hintereinander für jeweils eine Stunde vor den bewegten Roboter setzten. Nach dem Konditionieren wurden die Küken in einen transparenten Käfig gesetzt, von dem aus sie den in gleicher Höhe auf dem Boden bewegten Roboter sehen konnten. Zweck dieses Experiments war es, zu ermitteln, ob sich der Roboter nach einem zu erwartenden Zufallsmuster bewegt oder mehr in Richtung der Küken tendiert, d. h. von diesen psychokinetisch beeinflusst wird. Bei diesem Versuch hielt sich das bewegte Tychoskop 2,5 Minuten länger in der Laufflächenhälfte näher zu den Küken auf, als bei unbeschicktem Käfig, verhielt sich also eindeutig überzufällig. Normales Zufallsverhalten des Roboters war auch bei Versuchen mit nichtkonditionierten Küken zu beobachten, was die Psychokinesehypothese weiter erhärten dürfte.

An 80 Gruppen von jeweils 15 Küken wurden in einem abgedunkelten Raum PK-Versuche mit einem zufallsgesteuerten Roboter durchgeführt, der mit einer brennenden Kerze ausgestattet war. Die Wissenschaftler wollten herausfinden, ob Küken, die in völliger Dunkelheit aufgezogen worden waren, das kerzenbeleuchtete Tychoskop psychokinetisch zu sich hinzuziehen versuchen würden, um durch mehr Helligkeit der künstlich verursachten Dunkelheit bei Tage zu entgehen. In 71

Prozent aller Fälle hielt sich der Roboter längere Zeit in Nähe der Küken auf, wohingegen er in deren Abwesenheit nur das statistisch zu erwartende Zufallsverhalten zeigte. Das Gesamtergebnis wurde als statistisch signifikant gewertet.

Tiere verfügen nach vollzogener Konditionierung innerhalb ihrer gewohnten Umgebung durchaus über psychokinetische Fähigkeiten, die sie entsprechend ihren Erfordernissen einsetzen. Psychokinese bedingt das Vorhandensein eines geistigen Prinzips, eines Bewusstseins, was darauf hindeutet, dass selbst Tiere – wie zuvor mehrfach angedeutet – bewusst zu handeln vermögen. Sie sind auch in dieser Hinsicht dem Menschen ebenbürtig und bedürfen deshalb unseres besonderen Schutzes.

9 Stumme Freunde – Tiere als Retter, Warner und Helfer

- *Tiere retten Menschen aus höchster Lebensgefahr.*
- *Aufgrund ihrer hoch entwickelten und /oder speziellen Sinnesorgane reagieren viele Tiere auf Unwetter und andere Katastrophen lange vor ihrem Eintritt.*
- *Tiergestützte Therapien fördern Heilungs- und Genesungsprozesse auf natürliche Weise.*
- *Einfluss von Haustieren auf Gesundheit und Lebenserwartung älterer Menschen.*
- *Anwendungsspektrum tiergestützter Therapien.*
- *Unterwassergeburten in Anwesenheit von Delphinen.*
- *Tiere warnen vor bevorstehenden epileptischen Anfällen und dem Abfall des Blutzuckerspiegels.*
- *Biomimetik als ökonomische und ökologische Art des »Nach«-Erfindens durch Beobachten tierischen Verhaltens.*
- *Entwicklung von Lauf- und Flugrobotern nach tierischen »Vorbildern«.*
- *Internationaler Katalog der nach tierischen »Vorlagen« entwickelten Roboter (FZI, Forschungsbereich »Interaktive Diagnose- und Servicesysteme«).*
- *Einsatzgebiete biologisch inspirierter Kleinroboter.*

9.1 Tiere mit »Schutzengel«-Funktion

In den vorangegangenen Kapiteln wurde in vielfältiger Weise dargelegt, dass Tiere über ein ihren unmittelbaren Bedürfnissen angepasstes Denk- und Folgerungsvermögen, über Arbeitsintelligenz, Gefühle, ja sogar über so etwas wie ein rudimentäres Bewusstsein verfügen. Hinzu kommen zahlreiche artspezifische Sinne, die Tiere uns gegenüber häufig überlegen erscheinen lassen. Dies allein wäre schon Grund genug, um unsere heutige Einstellung zu Tieren grundlegend zu revidieren, sie nicht länger als unseren unumschränkten »Besitz« zu betrachten, mit dem wir, wie mit Sachen, beliebig umgehen können. Tiere sind Lebewesen wie wir, die, wenn nicht gerade vom Menschen zu Kampfmaschinen ausgebildet, uns durchweg friedfertig und liebevoll begegnen, sich in lebensbedrohlichen Situationen oft als Retter erweisen ... auch – und dies ist wohl das Erstaunlichste – ohne hierzu angehalten worden zu sein. Gerade diese selbstlose Hilfsbereitschaft zeugt von deren Fähigkeit, Gefahrensituationen richtig einschätzen, d.h. logisch denken und konsequent handeln zu können und lässt vermuten, dass viele hoch entwickelte Spezies dem Menschen sogar Sympathie entgegenbringen. Zu den Nicht-Haustieren, denen man uns gegenüber eine ausgeprägte Zuneigung nachsagt, gehören die Delphine. Jedes Jahr wird über Personen berichtet, die von diesen intelligenten Meeressäugern vor dem Ertrinken gerettet bzw. vor Haiattacken beschützt werden.

Am Morgen des 6. Januar 1988 war Peter Stock mit seinen beiden Freunden Roger Hilligan und Terry MacDonald bei herrlichem Wetter und leichtem Wind auf einem Katamaran zu einer Segeltörn an der südafrikanischen Ostküste aufgebrochen. Als gegen Mittag der Wind auffrischte, gerieten die mit Doppelrumpfbooten noch unerfahrenen Segler in Schwierigkeiten. Eine heftige Bö brachte ihr Boot plötzlich zum Kentern, zwei Seemeilen vor der Küste, in haiverseuchtem Gewässer. Schon wenige Minuten nach ihrer Havarie umkreisten zwei ausgewachsene Haifische die Männer, die sich schwimmend zum fernen Ufer zu retten versuchten. Die Kreise wurden von Minute zu Minute immer enger, ihre Lage immer bedrohlicher, zumal sie nichts bei sich hatten, um die Angreifer abzuwehren.

Plötzlich vernahmen die Schiffbrüchigen vertraute Pfeifgeräusche. Etwa ein Dutzend Delphine eilten den verzweifelt um ihr Leben Schwimmenden zur Hilfe, schirmten sie vor dem Zugriff der auf leichte Beute hoffenden Haie ab. Einer der Haie, der direkt auf Stock zuschwamm, ihn frontal zu fassen versuchte, wurde von zwei Delphinen gleichzeitig mit der Nase weggestoßen, kam vom Kurs ab und verfehlte so sein Ziel. Als die Kräfte der Männer allmählich nachließen, weil die See zunehmend rauer wurde, die Wellen immer höher schlugen und sie sich nur noch im Wasser treiben ließen, wurden sie von den Delphinen in Richtung Ufer vorwärts gestoßen, zum Weiterschwimmen animiert. Unter dem Schutz ihrer maritimen Eskorte erreichten die Drei schließlich das Ufer. Erst, als sie an Land gekrochen, der Gefahr entronnen waren, drehte das Rudel Delphine ab, hatten die hilfsbereiten Tiere ihre Mission erfüllt.

Eine ähnliche Erfahrung machte der Engländer Martin Richardson, der im Juli 1997 beim Schwimmen im Roten Meer vor der Sinai-Halbinsel von einem Hai angegriffen und durch einen Biss in den Oberschenkel schwer verletzt worden war. Nachdem der Hai noch ein Stück seines Arms abgebissen hatte und der geschwächte Richardson kaum noch schwimmen konnte, näherten sich ihm drei Flaschennasendelphine. Sie umkreisten den Verwundeten und wehrten den Angreifer durch permanentes Flossenschlagen ab, bis Rettung nahte und Richardson aus dem Wasser gezogen werden konnte.

Dass Berichte über dramatische Rettungsaktionen seitens der Waltiere nicht aus der Luft gegriffen sind, dass sie ihre erkrankten oder verwundeten, schwimmbehinderten Artgenossen, aber auch vom Ertrinken bedrohte Menschen behutsam zur Wasseroberfläche schieben oder heben, ist eine wissenschaftlich recherchierte Tatsache, die von dem angesehenen Biologen und Verhaltensforscher Professor Donald R. Griffin ausführlich dokumentiert wurde.

Auf diese Weise rettete vor zwei Jahren der vor der süditalienischen Stadt Manfredonia beheimatete Delphin »Filippo« dem damals 14-jährigen Davide Cece das Leben. Der Junge war unbemerkt aus dem Boot seines Vaters gefallen, und, des Schwimmens unkundig, sofort untergegangen. Filippo, der seit Mai 1998 in Hafennähe lebt und dem der Zwischenfall nicht entgangen war, schob sich unter den sinkenden Körper des Jungen, um ihn anzuheben. Davide bekam die Schwanzflosse des drei Meter langen Tieres zu fassen, das ihn binnen weniger Sekunden zur Wasseroberfläche transportierte, wo er von seinem besorgten Vater an Deck gezogen wurde.

Landtiere, vor allem Hunde und Katzen, sollen, nach landläufiger Meinung, ein angeborenes Gefühl für Gefahrensituationen besitzen, wie z. B. »Peggy«, der pechschwarze Pudel der pensionierten Gymnastiklehrerin Olli Nimitz. Es war im November 1982 gegen 23 Uhr, als Frau Nimitz ihren vor sich hindösenden Hund anstupste, ihn zum Gassigehen bewegen wollte. Peggy, der sonst auf diese Aufforderung freudig reagierte, blieb diesmal regungslos liegen, sah seine Besitzerin schräg von unten an und jaulte leise vor sich hin. Zehn Jahre war Peggy bei Frau Nimitz, und es war dies das erste Mal, dass ihr der Hund die Gefolgschaft verweigerte. Sie konnte sich sein seltsames Verhalten nicht erklären. Doch das Tier musste vor dem Einschlafen unbedingt noch einmal »sein Geschäft verrichten«, weshalb sie ihn mit sanfter Gewalt nach unten bugsierte. Doch vor der Tür, die zum Garten führt, war Peggy nicht länger zum Weitergehen zu bewegen. Er knurrte bösartig und sträubte sich mit allen vieren. Als Frau Nimitz die Tür öffnete, riss er sich los, raste er wie von Furien gehetzt, zur Wohnung zurück. Schimpfend lief seine Herrin hinterher. Als sie auf halbem Weg nach oben war, vernahm sie aus dem Garten ein ohrenbetäubendes Krachen. Eine 200 Jahre alte Buche, die offenbar morsch gewesen war, stürzte plötzlich um. Ihre gewaltige Krone knallte gegen das Haus, zertrümmerte Mauerwerk und Fenster. Einer der Äste, so dick wie eine Eisenbahnschwelle, zerschlug die Gartentür, durch die Peggy hatte gehen sollen. Durch seine konsequente Weigerung hatte er nicht nur sein Leben, sondern auch das von Frau Nimitz gerettet.

Die Amerikanerin Welcome Lewis aus San Francisco verdankt ihr Leben ebenfalls dem antizipativen Verhalten ihres Hundes. Im dortigen Lafayette-Park weigerte sich ihr Boxer nach dem Einparken auszusteigen, mit seinem Frauchen spazieren zu gehen. Verärgert räumte Frau Lewis den zuvor ergatterten Parkplatz, um ihn einem anderen Autofahrer zu überlassen. Wenige Augenblicke später wurde dessen Wagen von einem umstürzenden Baum zertrümmert. Auch in diesem Fall musste der Hund die drohende Gefahr irgendwie gespürt haben.

Bei ganz plötzlich hereinbrechenden, nicht witterungsbedingten Katastrophen dürfte das antizipative Verhalten der Tiere kaum mit Sinneswahrnehmungen zu erklären sein. Während der schweren Luftangriffe auf Berlin im November 1944 rettete ein Hund seinem Herrchen dadurch das Leben, dass er ihn kurzerhand aus dem eigenen Luftschutzkeller über die Straße in eine andere Schutzunterkunft zerrte, gerade noch rechtzeitig bevor ein Volltreffer das gerade verlassene Haus in einen Trümmerhaufen verwandelte und alle anderen Hausbewohner tötete. Niemals zuvor hatte der Hund in ähnlicher Weise auf Bedrohungen aus der Luft reagiert.

Eine Londoner Katze, die die komische Angewohnheit hatte, auf dem Fernsehgerät zu schlafen, verließ eines Abends fluchtartig ihr Ruheplätzchen, das ihr bis dahin niemand streitig gemacht hatte. Minutenlang starrte sie den Apparat unentwegt an, um kurz darauf den Raum zu verlassen und erst dann ins Wohnzimmer zurückzukehren, als der Fernseher ausgeschaltet worden war. Während der darauf folgenden Tage wiederholte sich das seltsame Schauspiel. Immer, wenn die Familie den Fernseher einschaltete, verließ die Katze das Wohnzimmer. Als dann am dritten Tag das Gerät mit einem Mal implodierte, gab es drei Verletzte. Die Katze aber lag indes unbehelligt in der Küche. Wie wir bereits wissen, sind Tiere Vibrationen und schwachen Energiefeldern gegenüber wesentlich empfindlicher als Menschen. Deshalb nehmen sie auch sehr feine, für uns nicht spürbare Veränderungen in ihrer Umgebung wahr und reagieren darauf. Hätte besagte Familie das merkwürdige Verhalten ihres Haustieres als Warnung vor einem Gerätedefekt verstanden und den Fernseher überprüfen lassen, wäre der Unfall womöglich vermieden worden.

In manchen unerklärlichen Fällen scheinen Tiere die Schutzbedürftigkeit von Menschen zu erahnen. Sie bieten unaufgefordert ihre Hilfe – z.B. ihre Begleitung – an, um, nach erfolgtem Beistand, nach überstandener Gefahr, auf ebenso mysteriöse Weise in der Anonymität des Alltags unterzutauchen, so, als ob es sie nie gegeben hätte.

C.G. Jung stellte in seinem bedeutenden Werk »Die Dynamik des Unbewussten« eine enge Beziehung zwischen Instinkt und Archetypus (Urbild) her, die der Schlüssel für bislang noch unverständliche Verhaltensweisen von Mensch und Tier sein könnte: »Trotz oder vielleicht gerade wegen der Verwandtschaft mit dem Instinkte stellt der Archetypus das eigentliche Element des Geistes dar; aber eines Geistes, welcher nicht mit dem Verstande des Menschen identisch ist, sondern eher dessen *spiritus rector* (treibender Geist).« Hier haben wir es: Archetypisches Verhalten beruht letztlich auf einem geistig-seelischen Prinzip, baut auf psychische Strukturen auf, die zwar in ferner Vergangenheit ihren Ursprung nahmen, indes aber in der Gegenwart wirksam werden. Die Kette schließt sich ... das psychische Element gewinnt im Bereich des Kreatürlichen wieder mehr an Bedeutung, nachdem es jahrhundertlang sträflich vernachlässig wurde.

Über einen Fall, in dem ein wildfremder Hund den Schutz einer Frau übernahm, die jeden Tag eine unsichere Gegend zu passieren hatte, berichtete Louise Rucks in der Rubrik *Hound Hill* der Zeitung »Oklahoman and Times«: »Während wir vor 15 Jahren in Baltimore lebten und mein Mann mit Leukämie im dortigen Marinehospital lag, hatte ich ein seltsames Erlebnis mit einem großen schwarzen Hund. Zu jener Zeit ereigneten sich dort bei Tag und Nacht zahlreiche Raubüberfälle und andere kriminelle Delikte. Wir sorgten uns sehr, da ich von meiner Mietwohnung zum Hospital an drei finsteren Straßenblöcken vorbei musste. In der zweiten Nacht erschreckte mich ein großer schwarzer Hund, der aus einer dunklen Hecke hervorsprang, fast zu Tode. Er begleitete mich wie selbstverständlich zum Krankenhaus und wartete, bis ich wieder den Rückweg antrat. Immer lief er auf dem Bürgersteig neben mir her, ohne seine Augen von mir abzuwenden, bis ich die Tür zum Apartmenthaus geöffnet hatte. Ich blieb zwei Wochen in Baltimore, und jede Nacht begleitete mich jener wunderbare Hund zum Krankenhaus und zurück. Er wich nicht eher von meiner Seite, bis dass er mich in Sicherheit wusste. Das letzte Mal, dass ich ihn sah, war, als ich nach Hause fahren durfte. Er brachte mich noch einmal zum Krankenhaus, nicht aber zu meiner Wohnung zurück, da an jenem Abend mein Mann entlassen wurde und wir den Heimweg gemeinsam antreten konnten.«

Akribische Beobachtungen von Forstbehörden bestätigen immer wieder, dass Tiere extrem wetterfühlig sind, aufgrund ihrer äußerst sensiblen Sinne selbst minimale Veränderungen des Luftdrucks und der Luftfeuchtigkeit spüren, lange bevor diese für meteorologische Mess-Stationen auffällig werden. Würde der Mensch die von Tieren antizipativ wahrgenommenen meteorologischen Situationen korrekt erfassen, könnte er sie in korrespondierende, elektronisch verarbeitbare Daten umsetzen, ließen sich zwar keine witterungsbedingten Katastrophen vermeiden, wohl aber, in Verbindung mit einem Vorwarnsystem, Menschenleben retten.

Im Gegensatz zu unseren Vorfahren, die noch einen engen Bezug zu allen Naturerscheinungen hatten, deren Geruchssinn stärker ausgeprägt war und die noch so schwache Geräusche zu unterscheiden vermochten, sind wir gefühllose, »grobschlächtige« Wesen, abhängig von meteorologischen Vorhersagen, die meist nicht einmal genau eintreffen. Hingegen irren sich Tiere mit ihrer Wetterfühligkeit fast nie. Bevor unsere technisch hoch entwickelten meteorologischen Geräte – elektronische Satellitenkameras mit hochauflösender Bilderfassung und Supercomputer – reagieren, wissen Tiere schon längst, aus welcher Richtung und mit welcher Stärke ein Orkan zuschlagen wird. Cairnterrier *Dany* galt lange Zeit als bester »Meteorologe« von Ehestorf bei Hamburg. Viele Stunden vor jedem Unwetter, lange bevor sich der Himmel zuzog und fernes Donnergrollen zu hören war, verkroch sich der kleine Kerl mit eingezogenem Schwanz unter dem Schreibtisch des Hausherrn, warnte er die Familie vor einem aufziehenden Unwetter.

Tiere, die im Freien leben, dürften ein noch besseres Gespür für drohende Gefahren entwickelt haben. Der verheerende Herbststurm im Jahr 1972, der zahlreiche Wälder Norddeutschlands verwüstet hatte, fügte dem Wildbestand keine nennenswerten Schäden zu. Am 13. November tobte ein Orkan mit Windgeschwindigkeiten bis zu 170 Stundenkilometer über Nordniedersachsen und schlug eine fast 100 Kilometer breite Schneise der Zerstörung. Zwischen 50 und 60 Millionen Bäume – so die Schätzung von Fachleuten – stürzten unter der unvorstellbaren Wucht des Sturms um oder zerbarsten. Eigentlich hätte eine riesige Anzahl der im Wald lebenden Tiere Opfer der Katastrophe werden müssen. Doch es kamen auf mehr als 200 000 Hektar Waldfläche gerade einmal drei Stück Rotwild, zwölf Stück Damwild, drei Wildschweine, siebzehn Rehe, ein Hase und ein Dachs ums Leben. Das meiste Wild hatte sich nämlich rechtzeitig in Sicherheit gebracht. Und dies schon zu einem Zeitpunkt, als die Meteorologen weder an einen Sturm, geschweige an einen Jahrhundertorkan dachten.

Oberforstmeister Dr. Dietrich Stahl aus Ebstorf bei Uelzen

beschrieb das damalige Verhalten der Tiere: »Bevor das Barometer erkennbar fiel, suchte das Wild schon Freiflächen und Wege auf oder flüchtete in schützende Jungbestände, in denen keine Gefahr durch umstürzende Bäume drohte. Am Morgen bevor der Sturm losbrach, waren die Tiere alle wie toll. Überall herrschte Aufbruchstimmung. So etwas hatten wir noch nie erlebt. Denen saß der Orkan schon in den Knochen, als wir noch völlig arglos waren.« Wäre das extreme Verhalten der Wildtiere damals gleich richtig gedeutet und von einer zentralen Meldestelle erfasst worden, hätte man durch Frühwarnung vielleicht manche Schäden an Gebäuden und anderen freiliegenden Einrichtungen vermeiden können.

Blindes Vertrauen in die Unfehlbarkeit der Meteorologie und das Gefühl der Überlegenheit gegenüber Tieren haben dazu geführt, dass der Mensch das immense Potential natürlicher Indikatoren für drohende Katastrophen, zu denen auch Vulkanausbrüche, Erdbeben und Überschwemmungen gehören (vgl. Kapitel 7.3), ignoriert … sehr zu unser aller Nachteil.

9.2 Die heilenden Kräfte der Tiere – tiergestützte Therapien

»Ein kleines Lieblingstier
ist oft ein idealer Begleiter
für den Kranken.«
Florence Nightingale (1820–1910)
Britische Vorkämpferin
für moderne Krankenpflege

Der positive Einfluss, den Tiere auf kranke, alte und gestrauchelte Menschen ausüben und die aus dieser Erkenntnis hervorgegangene »Pet Therapy«, d.h. »Tiergestützte Therapie«, gehört im Prinzip zu den von der Schulmedizin auch heute noch verkannten alternativen Heilmethoden wie z.B. Akupunktur, Massagetherapie, therapeutisches Berühren, Kräuterheilkunde usw. Dennoch setzen sich diese auf Mensch/Tier-

Kontakte beruhenden Therapien weltweit immer mehr durch. Zu den wissenschaftlich nachgewiesenen positiven Effekten tiergestützter Therapien zählen u. a. die Senkung des Blutdrucks, Minderung von Depressionen bei autistisch veranlagten Kindern sowie stärkeres Reagieren auf die Außenwelt.

Eine wissenschaftliche Studie, die ursprünglich darauf angelegt war, nachzuweisen, dass Lieblingstiere (engl. »pets«) keine positiven Auswirkungen auf die Gesundheit ihrer Halter haben, kam letztlich zu einem gegenteiligen Ergebnis. Auf einer im Sommer 1992 in Montreal (Kanada) abgehaltenen Konferenz teilte Dr. Warwick Anderson vom australischen *Baker Medical Research Institute* einer erstaunten Zuhörerschaft mit, dass männliche »Pet«-Besitzer im Gegensatz zum Personenkreis ohne Lieblingstier wesentlich geringere Triglyzeride- und Cholesterinwerte sowie einen niedrigeren systolischen Blutdruck aufweisen. Unter den 5741 untersuchten Personen befanden sich 784 Besitzer eines Lieblingstiers. Menschen mit einem hohen Blutdruck und einer abnorm hohen Pulsfrequenz waren ermuntert worden, mehrmals am Tag ihren Hund oder ihre Katze zu streicheln. Die Berührung mit deren Fell soll beim Patienten eine besänftigende Wirkung, ein Gefühl des Wohlbehagens hervorrufen.

Die Lebenserwartung von in der Stadt lebenden älteren Menschen mit einem Haustier liegt nach Meinung des amerikanischen Mediziners Dr. Alan Beck um 10 bis 15 Prozent höher als die einer Vergleichsgruppe ohne Tiere. Seine These ist nicht von der Hand zu weisen, denn zahlreiche Untersuchungen zeigten, dass sich das psychische und körperliche Wohlbefinden älterer Menschen durch die Fürsorge um ein Tier signifikant verbessert, und dies deutlicher als beim Ausüben anderer Hobbys. In diesem Zusammenhang wurde, einer britischen Studie zufolge, drei Jahre lang das Verhalten von 50 Personen im Alter von 80 Jahren beobachtet. Die Hälfte kümmerte sich um ein Tier, die andere Hälfte um Pflanzen. Das Ergebnis spricht für sich: Die Tierhalter waren erheblich gesünder und pflegten deutlich mehr Kontakte zu ihrem Umfeld.

Ein wesentlicher Aspekt dieses positiven Einflusses besteht darin, dass ältere Menschen in der Fürsorge um ihr Tier Selbstvertrauen gewinnen. Sie haben eine Aufgabe, die sie ausfüllt und der sie ohne fremde Hilfe gewachsen sind. Voraussetzung ist natürlich, dass die Tierhaltung die Senioren nicht überfordert. Daher muss es nicht immer ein Hund sein. Ebenso interessant, wohltuend und anregend ist es, für Katzen, Wellensittiche, Meerschweinchen oder Fische zu sorgen. Es sind dies alles Tiere, die sich auch für Personen eignen, welche nicht mehr gut zu Fuß sind oder aus anderen Gründen mit der Haltung eines Hundes Schwierigkeiten hätten.

Viele verzweifelte, konfliktgebeutelte Menschen suchen einerseits nach emotionaler Wärme und Geborgenheit, wollen andererseits aber auch allein und unabhängig sein. Dieser Widerspruch lässt sich nach Professor Dr. Reinholt Bergler von der Universität Bonn elegant durch eine Katze lösen. Der Psychologe und sein Team befragten 150 Personen, die sich samt und sonders in einer Krisensituation befanden: Arbeitslosigkeit, Trennung vom Partner, Krankheit oder Dauerstress am Arbeitsplatz. Die eine Hälfte der Befragten hatte kein Heimtier, die andere lebte mit einer Katze zusammen. Das Ergebnis war eindeutig. 83 Prozent der Katzenhalter fühlten sich an der Seite ihres Tieres weniger verlassen und einsam, 75 Prozent erlebten die Anhänglichkeit und Treue der Katze als tröstlich und 90 Prozent betonten, dass sie im Umgang mit ihrem Tier entspannen und Stress abbauen. Die Wirkung ist erstaunlich: Fast zwei Drittel der Personen, die ohne Katze lebten, nahmen professionelle therapeutische Hilfe in Anspruch. Von den Katzenhaltern war hingegen kein Einziger in Behandlung. Die Studie erklärt dies damit, dass Katzen bei der aktiven Auseinandersetzung mit einem Problem Lebensfreude vermitteln und Trost spenden, aber auch als »Katalysator« dienen. Die Frage, ob eine enge Beziehung zu dem Tier nur eine Flucht vor der Realität sei, verneint Professor Bergler, und er meint: »Der intensive Umgang mit dem Tier bedeutet hier keinen Rückzug aus der sozialen Gemeinschaft. Er bietet vielmehr

Trost in einer Übergangssituation, die später in die Gesellschaft zurückführt.«

Die Beschäftigung mit Tieren ist auch bei lebensbedrohlichen Erkrankungen angezeigt. Die amerikanische Soziologin Erika Friedman hat an Herzinfarktpatienten festgestellt, dass Patienten mit einem Heimtier signifikant bessere Überlebenschancen haben als solche ohne Hund, Katze, Vogel oder Fisch. Schon die bloße Anwesenheit eines Tieres übe auf Kranke eine blutdrucksenkende, stressabbauende Wirkung aus. Sie will zudem herausgefunden haben, dass Kinder, die mit Haustieren aufwachsen, sich besser in ihr soziales Umfeld einfügen, kooperativer und weniger aggressiv als andere Jugendliche sind.

Anfang der achtziger Jahre führten die englischen Psychologen Mugford und McComsky an Menschen zwischen 75 und 81 Jahren ein Experiment durch, das über den Einfluss von Tieren und Pflanzen auf ältere Personen Aufschluss geben sollte. Zwölf von ihnen bekamen je einen Wellensittich und weitere zwölf Begonien zur Pflege. Eine dritte Gruppe erhielt keines von beiden. Nach wenigen Monaten zeigten sich die Besitzer der Sittiche gesünder und glücklicher als zuvor. Sie waren auch aufgeschlossener und hielten mehr Kontakte zu ihren Nachbarn als die anderen. Bei den Betreuern der Blumen konnte, verglichen mit der tier- und pflanzenlosen Gruppe, zumindest ein besseres Sozialverhalten festgestellt werden.

Dr. phil. Carola Otterstedt, die sich intensiv mit tiergestützten Therapien befasst, meint, dass der Mensch aus seiner Evolutionsgeschichte heraus gewohnt sei, mit Tieren zusammen zu leben, dass sich hieraus eine tiefe, gegenseitig emotionale Vertrautheit entwickelte, die allerdings unter den zahlreichen Ablenkungen der modernen Gesellschaft gelitten habe. Sie glaubt jedoch, dass der Kontakt mit Tieren eine Initialwirkung besitzen und Menschen erneut mit ihrer Umwelt in Verbindung treten lassen kann. Sie erlebt dies immer wieder im Rahmen der Altenbegleitung und bei der Betreuung von Personen im Koma sowie Patienten mit psychischen Leiden. Dr. Otterstedt will durch regelmäßige Tierbesuche soziale Kontakte fördern und

Menschen aus einer pozentiellen Isolation herausholen. Sie argumentiert: »Menschen werden im Umgang mit Tieren körperlich, geistig und seelisch gefordert und erleben aktiver ihre physischen, psychischen und mentalen Fähigkeiten. Im Gespräch mit ihren Mitmenschen werden vor, während und nach einem Tierkontakt Erinnerungen, Gedanken und Gefühle ausgetauscht und führen so auch zu einer sozialen Kontaktaufnahme zwischen vormals Fremden.«

Mit der tiergestützten Therapie bewirkt man aufgrund tiertypischer Stimuli u. a. die Bildung von Gefühlsbrücken zu kontaktgestörten Menschen, die Förderung sozialer Kompetenzen, eine Abnahme von Depressivität und Suizidalität sowie einen positiven Einfluss auf Hyperaktivität, Aufmerksamkeit und Konzentrationsfähigkeit.

Zu den Menschen, die mit Erfolg von Tieren begleitet werden, gehören:

Im Alltag:
- Gesunde Menschen, die für neue (z. B. soziale) Impulse durch ein Tier aufgeschlossen sind;
- Menschen, die ihre körperlichen, geistigen und seelischen Kräfte stärken möchten;
- Kinder, Jugendliche und Senioren;
- Menschen mit eingeschränkter Seh-, Hörfähigkeit und Motorik, Rollstuhlfahrer, Epilepsie-, Diabetes-, Parkinson-Betroffene.

In pädagogischen Projekten:
- Kinder und Jugendliche (z. B. auch in Integrativen Kindergärten, Schulen für Behinderte);
- Kinder, Jugendliche und Erwachsene in verhaltenstherapeutischen oder sozialen Projekten.

In heilpädagogischen Einrichtungen, Heimen und bei betreutem Wohnen:
- Kinder und Jugendliche;
- Bewohner von Senioren- und Pflegeheimen;
- Menschen mit einer körperlichen, geistigen oder seelischen Erkrankung bzw. Behinderung.

In Kliniken, Reha-Einrichtungen, medizinischen, psychiatrischen, ergo-, psychotherapeutischen und logopädischen Praxen, in stationären und ambulanten Hospizen, Tageskliniken, Sozialstationen u. a.:

- Menschen mit einer zu behandelnden Erkrankung oder Behinderung;
- Menschen mit chronischen Erkrankungen oder langwierigen medizinischen Therapien;
- Komapatienten;
- Menschen mit chronischen Schmerzen;
- Personen mit einer psychosomatischen oder psychiatrischen Erkrankung;
- Menschen mit einer lebensbedrohlichen Erkrankung, Krebs- und HIV/Aids-Betroffene;
- Menschen mit einer geistigen oder Mehrfachbehinderung;
- Menschen mit einer Demenz, mit Alzheimer oder gerontopsychiatrischen Erkrankung;
- Menschen in der letzten Lebensphase.

Dr. Jerry Solfvin, Experte für mentales Heilen an der *Rosebridge Graduate School of Integrative Psychology* in Concord, Kalifornien, verfolgt seit einigen Jahren ein tiergestütztes Projekt, das sich mit der Wiederherstellung komatöser Patienten befasst. In einigen Fällen gelang es ihm, Komapatienten in Gegenwart von Hunden oder anderen Tieren zum Aufwachen zu bringen. Solche Patienten befinden sich im Zustand eines reduzierten bzw. minimalen sensorischen Bewusstseins, oft begleitet von einer neurologischen Organstörung. Sobald ein Komapatient in einer der von Dr. Solfvin betreuten Intensivstationen in San Francisco eingeliefert wird, versuchen seine Mitarbeiter von der Krankenhausleitung und den Angehörigen eine Besuchserlaubnis zu erwirken. Ist diese erteilt, besucht das Team mit einem Hund ein- oder zweimal am Tag den Patienten. Die Besuche dauern meist nur jeweils 20 Minuten, und sie werden alle mit einem Videogerät aufgezeichnet. Ein Vergleich mit den medizinischen Daten gibt Aufschluss darüber, ob im Zustand des Patienten eine Veränderung eingetreten ist.

Die Therapeuten setzen bei ihren Besuchen meist einen kleinen Hund auf das Bett des Patienten und fordern ihn auf, mit dem Tier zu interagieren. Dann ergreift einer der Anwesenden die Hand des Patienten, um mit dieser das Fell des Hundes sanft zu streicheln und dabei die Reaktion des Kranken zu beobachten. Diese oft über Monate fortgeführte Behandlung führte bei einigen Patienten zum Aufwachen aus dem Koma, zum Öffnen der Augen und sogar zum selbstständigen Bewegen der Hände.

Tiergestützte Therapien gibt es auch im Umgang mit Meerestieren. Durch Schwimmen mit Delphinen wollen Personen mit unheilbaren Krankheiten oder verminderter sensorischer Wahrnehmung ihren gesundheitlichen Zustand mitunter erheblich verbessert haben. In ihrem Buch »Dolphins and Their Power to Heal« (Delphine und ihre Kraft zu heilen) haben Amanda Cochrane und Karena Callen zahlreiche interessante Fälle gelungener Delphintherapien aufgezählt. Hier wird auch von Experimenten in Eilat (Israel) berichtet, schmerzfreie Unterwassergeburten in Anwesenheit von Delphinen durchzuführen. Frauen kamen während der letzten Wochen ihrer Schwangerschaft täglich zum »Delphin-Riff« – ein privater Badestrand –, um dort mit zahmen Delphinen zu schwimmen. Die Pläne des englischen Gynäkologen Dr. Gowri Motha, Spezialist für Unterwassergeburten, und der französischen Therapeutin Marie Helene Roussel wurden seinerzeit von den israelischen Gesundheitsbehörden missbilligt, da sie in einer nicht zugelassenen Anlage durchgeführt werden sollten. Daher erfolgte die Entbindung letztlich nicht im direkten Umfeld der Delphine am Riff, sondern unter Tauchbedingungen im Eilat's Yosef-Tal-Hospital.

Eine weitere Anwendung der Delphintherapie sieht der Engländer Dr. Horace Dobbs in der Behandlung depressiver Menschen. Im Schwimmbecken will er die besänftigenden Gesänge von Delphinen vom Tonband auf Depressive einwirken lassen. Er hält das Abspielen der Gesänge frei lebender Delphine, die mit Menschen interagieren möchten, für weitaus wirkungsvoller, als die »musikalischen Darbietungen« von in Gefangenschaft gehaltenen Tieren.

Im Kapitel »Frühwarnung – Ein Gespür für Katastrophen« (vgl. Kapitel 7.3) wurde dargelegt, wie sich Tiere vor Naturkatastrophen verhalten und wie der Mensch sich diese Fähigkeiten zunutze machen kann. Warnfunktionen persönlicher Art üben Hunde aus, die z. B. ihren Besitzern bevorstehende epileptische Anfälle bzw. hypoglykämische Schocks (Unterzuckerung) signalisieren, so dass die Betroffenen entsprechende Gegenmaßnahmen ergreifen können. Dr. Elizabeth Rudy, Tierärztin in Seattle (USA), ist Epileptikerin. Immer wenn in ihrer Wohnung ein Anfall zu erwarten ist, kommt ihr Golden Retriever »Ribbon« zu ihr, leckt ihr die Hände, schaut sie unentwegt an und winselt. Wenn der Hund angeleint mit Frauchen unterwegs ist, hält er vor einem Anfall unvermittelt an, lässt er die Ohren nach unten hängen, so dass Frau Rudy rechtzeitig nach einer Sitzgelegenheit Ausschau halten kann.

Bellt ihr Golden-Retriever-Rüde »Rupert« anders als sonst, weiß die Engländerin Tony Brown-Griffin sofort, dass es Zeit ist, sich an einen ruhigen Ort zu begeben, um den epileptischen Anfall vorbeigehen zu lassen. Die Warnung erfolgt meist bis zu 40 Minuten vor der Attacke. Der Hund war von der britischen Organisation »*Support Dogs*« als »Krankenhelfer« ausgebildet worden und sollte eigentlich nur bellen, wenn es Frau Brown-Griffin schlecht geht, um die Aufmerksamkeit von Helfern zu erregen.

Nach einiger Zeit begann er jedoch, immer früher anzuschlagen, sich lange vor einem Anfall bemerkbar zu machen. Natürlich versuchten Tier- und Humanmediziner herauszufinden, wie der Hund den sich anbahnenden Anfall erkennt. Einige Wissenschaftler vermuten, dass er vor dem Anfall kleine Abweichungen im Verhalten der Epileptikerin bzw. eine mit Messgeräten nicht registrierbare Veränderung der Hirnströme oder bioelektrische Störungen registriert. Es könnten aber auch feinste, apparativ nicht feststellbare Nuancen in den Körpergerüchen (Pheromonen) der Patientin sein, die sich vor dem Anfall bemerkbar machen, die von der höchst sensitiven Hundenase aufgespürt werden.

Geruchsbedingte (olfaktorische) Parameter könnten Hunden auch den jähen Abfall des Blutzuckerspiegels eines Diabetikers signalisieren, so dass dieser – von seiner vierbeinigen Begleitung alarmiert – rechtzeitig Kohlehydrate zu sich nehmen und das Abgleiten in ein hypoglykämisches Koma vermeiden kann. Hunde in unmittelbarer Nähe zum Patienten könnten einen bevorstehenden hypoglykämischen Anfall auch aufgrund einer Veränderung der Körpertemperatur ihres Halters registrieren.

Dem Einsatz von Tieren in Prophylaxe und Heilung sind praktisch keine Grenzen gesetzt. Ständig werden neue tiergestützte Therapien entdeckt, zum Schutz und Wohl kranker Menschen genutzt. Doch damit nicht genug. Auch die Hochtechnologie profitiert in zunehmendem Maße von der Beobachtung tierischer Lebensformen, von der Auswertung ihrer Verhaltensweisen. Die Natur verfügt über einen reichen Fundus an über Jahrmillionen zusammengetragenen wertvollen Informationen, die, bei geringen Entwicklungskosten, Wissenschaftler und Ingenieure zum »Nacherfinden« anregen. Im letzten Kapitel wollen wir uns daher mit einigen dieser High-Tech-Anregungen aus dem Tierreich befassen.

9.3 Biomimetik – von Tieren lernen

Beim »Blättern« durchs Internet fand ich sie: Die Beschreibung des von einem Dr. James DeLaurier an der Universität von Toronto (Kanada) entwickelten, dem Vogelflug nachempfundenen *Flatterflugzeugs* »Ornithopter«, das weder über Propeller, noch über Triebwerke verfügt. Seine flügelähnlichen Tragflächen sind rumpfseitig an Scharnieren aufgehängt, die sich um 55 Grad nach oben und unten ausschwenken lassen. Die aus einem Kohlefaser-Epoxidharz-Komposit gefertigten Flügel sind als Antriebsaggregat (!) äußerst leicht und bei extremer Festigkeit hochelastisch.

Werden beim Starten die beiden je fünf Meter langen Flügel rasch auf und ab geschlagen, nimmt der Unterdruck an den Vorderkanten, der das Fluggerät auch ohne Propeller nach vorn zieht, allmählich zu. Mit steigender Flattergeschwindigkeit erzeugen die Flügel wie beim Vogelflug einen immer stärkeren Auftrieb, bis die Maschine schließlich abhebt.

Wenngleich dieser Vogelflug-Nachbau wohl mehr der Freude am Experimentieren dienen dürfte, gibt es doch eine ganze Reihe anderer interessanter, der Tierwelt abgeschauter »Neuentwicklungen«, die uns im ausgereiften, erprobten Zustand beachtliche Nutzen bescheren dürften.

Über Jahrmillionen durch natürliche Auslese, aber auch durch sanfte Kommunikation und Kooperation (sog. K^2-Idee) zustande gekommene, ideal angepasste Körperformen und physische Fähigkeiten vieler Tiere nötigen uns Respekt ab, laden Wissenschaftler und Ingenieure in zunehmendem Maße zum »Nacherfinden« ein. Längst hat sich für diese ökonomische und vielfach auch ökologische Form des »Erfindens« – sollte man hier nicht besser von »kopieren« oder »mimen« (?) sprechen – der Terminus *Biomimetik* herausgebildet. Biomimese bedeutet soviel wie »das Leben nachahmen« oder »biologische Systeme imitieren«. Die Biomimetik befasst sich gewissermaßen mit dem »Funktionieren« der Tiere. Diese neue Wissenschaftsdisziplin versucht zu ergründen, wie Tiere auf unterschiedliche Situationen reagieren, um die gewonnenen Informationen zum »Nacherfinden« nutzbringender Dinge auszuwerten.

Viele Erfindungen, die unser Leben bereichern und unsere Sicherheit erhöhen, verdanken wir im Ansatz tierischen Lebensformen und Verhaltensweisen, sei es die Ultraschallortung der Fledermäuse und Delphine (Sonarprinzip) oder die gedächtnisgespeicherten »Landkarten« der Bienen (GPS). Gerade die Kleinsten der Kreaturen verdienen unsere ungeteilte Aufmerksamkeit, weil sie uns, was Brand- und Erdbebensicherheit, hoch empfindliche, über große Entfernungen funktionierende Sensoren und Detektoren, Klimatisierung, aerodynamische Perfektion im Mikromaßstab usw. betrifft, eine Fülle nützlicher Anregungen zu bieten haben.

Durch Analysieren tierischer Konfigurationen und Bewegungsabläufe, durch minutiöses Beobachten des Funktionierens einzelner Körpersegmente und Organe – Federn, Flügel, Flossen, (Muschel-)Gehäuse, Beine, Muskeln, Sehnen, Augen, Sensoren usw. wollen Wissenschaftler herausfinden, welche Einflüsse und Wirkfaktoren den in den vorangegangenen Kapiteln beschriebenen Höchst- und Sonderleistungen der Tiere zugrunde liegen, um die gesammelten Informationen zu nutzen, z. B. für

– wendige maritime Bauformen für Rettungsschiffe, die selbst bei rauer See eine hohe Stabilität besitzen;

– neue, effiziente Tarnsysteme und geräuscharme Hochleistungsflugzeuge, wobei z. B. bestimmte Schmetterlings- und Eulenflügel als »Muster« dienen könnten;

– hochleistungsfähige, wendige Kunstfluggeräte, durch messtechnisches Auswerten des Flugverhaltens von Fliegen;

– bessere Hörhilfen, durch Analysieren einer Fliegenart, deren Ohren sich auf der Brust befinden;

– noch zuverlässigere Brandmelder, durch Untersuchen einer Käferspezies, die Lichtquellen noch aus einer Entfernung von 80 Kilometer erkennen kann;

– hoch empfindliche Sensoren, wenn man herausfindet, warum die Sinne mancher Tiere viel subtiler als die unsrigen reagieren;

– neue Methoden zum Beseitigen von Blindheit bei erkrankten/beschädigten Augen. Es wurde festgestellt, dass die Retina von Goldfischen mit zunehmendem Alter mitwächst, wohingegen die Neuronen oder Nervenzellen beim Menschen nicht nachwachsen. Wissenschaftler wollen herausfinden, wie Goldfische ihre Stammzellen einsetzen, um die Retina nachwachsen zu lassen, um diese Methode auch bei erblindeten Menschen anwenden zu können.

Aus der Verbindung von Biologie und (Mikro-)Technik entsteht eine völlig neue Generation von Robotern, die wie Käfer krabbeln, wie Spinnen einherstelzen, wie Fische schwimmen und wie Fliegen bzw. Bienen umherschwirren können. Ihre Einsatzmöglichkeiten sind derzeit nicht einmal ansatzweise vorhersehbar.

Die in Jahrmillionen zustande gekommenen, bewährten Fortbewegungsmöglichkeiten der Natur werden heute von Experten in aller Welt messtechnisch ausgewertet und in Machbarkeitsstudien als Modelle »nachempfunden« (imitiert). Baupläne der Natur sollen helfen, Maschinen (Roboter) mit technisch anspruchsvollen Eigenschaften zu entwickeln. Das Ziel der heutigen Forschung ist die Schaffung autonom funktionierender Roboter, die auf zwei oder mehr Beinen selbstständig ihren Weg finden. Sie sollen unwegsames Gelände auf der Erde erforschen und sogar auf fremden Planeten aktiv werden. Dabei bieten Mehrbeiner große Vorteile: Sie können dank ihrer Flexibilität Gelände bewältigen, das für Fahrzeuge, die sich auf Rädern oder Ketten fortbewegen, nicht zugänglich wäre.

Die Geschwindigkeit der Fortbewegung ist von der Beinmechanik abhängig. Zu den Schnell-Läufern der Insektenwelt gehören die gewöhnlichen Küchenschaben. Forscher des *Center for Design Research* der Stanford University (USA) haben sie sich genau angeschaut und nach ihrem Vorbild die so genannten »*Sprawl*«-Roboter (Krabbelroboter) entwickelt. Der nach dem SDM-Verfahren (Shape Deposition Manufacturing; neue Technologie zur schnellen Herstellung von Prototypen) gefertigte Prototyp »*Sprawlita*« vermag Hindernisse in »Hüfthöhe« zu bewältigen. Zur *Sprawl*-Miniroboter-Familie gehören noch die »*Sprawlettes*« (Schaltplatine und Druckluftverteiler integriert) sowie »*Mini-Sprawl*«, ein handtellergroßer Laufroboter.

Unter den von Dr. Karsten Berns, FZI-Forschungsbereich *Interaktive Diagnose- und* Servicesysteme (IDS), Karlsruhe, in einem übersichtlichen, internationalen Katalog erfassten rd. 165 Laufrobotern (im Internet unter: http://www.fzi.de/ids)

führen allein 24 dieser Maschinen Tiernamen. Bezeichnungen wie *Airbug, Baby Beetle, Caterpillar, Lobster Robot, Robotic Spider, Scorpion, Spring Flamingo usw.* sollen andeuten, dass sie zumindest in ihrem Roboterverhalten besagten Kreaturen ähneln.

Unter Einsatz flexibler Fluidaktoren (Wandler auf Flüssigkeitsbasis) wurde vom Forschungszentrum Karlsruhe ein neuartiger Inspektions- und Serviceroboter *Black Spider* (Schwarze Witwe) entwickelt – eine kompakte, pneumatische, achtbeinige Laufmaschine; an der autonomen Versorgung mit Druckluft und elektrischer Energie wird noch gearbeitet. Das Funktionsprinzip der Antriebselemente orientiert sich am biologischen Vorbild der Vogelspinne, die zum Strecken der Beine ein Fluidum in ihre Gelenke »pumpt«. Dafür wurden insgesamt 48 flexible Fluidaktoren in die Beine integriert, die ein aktives Heben und Senken sowie Vor- und Rückwärtsbewegungen der Beine ermöglichen. Dieser Laufroboter kann heute schon preiswert in Serie gefertigt werden, da einfache, robuste Elemente zum Einsatz kommen.

Aufsehen erregte die an der University of California in Berkeley entwickelte *RoboFly* (Miniroboterfliege). Der Flug von Insekten gibt uns schon seit langem Rätsel auf, da deren kleine, unscheinbare Flügel unter aerodynamischen Gesichtspunkten eigentlich nicht genug Auftrieb erzeugen, um den im Verhältnis hierzu unförmig großen Körper in der Luft zu halten. Anhand von Flügelmodellen wurde das Wirkungsprinzip des Insektenflugs untersucht, wobei man herausgefunden hat, dass die fliegenden Winzlinge ihre Flügel hauptsächlich nach vorn und hinten bewegen und den Auftrieb durch Wirbel an den Flügelenden erzeugen. Ziel der Forscher ist es, ein mikromechanisches Fluginsekt (Micromechanical Flying Insect, MFI) mit einer Gesamtflügelspannweite von nur 25 Millimeter zu bauen, das völlig autark zu fliegen vermag. Die nach dem biomimetischen Prinzip konstruierte Roboterfliege mit einem hoch effizienten Kleinstmotor und einem sehr flinken Kontrollsystem ist mit integrierten visuellen und Trägheitssensoren

ausgestattet. Piezoelektrische Stellglieder und flexible Thorax-
systeme dürften die notwendige Leistungsdichte und den für
den Auftrieb erforderlichen Flügelschlag sicherstellen. Als
Energiequelle will man Lithiumbatterien benutzen, die von So-
larzellen aufgeladen werden.

Die praktischen Einsatzmöglichkeiten solcher biologisch
inspirierter Kleinstroboter dürften nach ihrer Perfektion und
kritischen Erprobung schier unbegrenzt sein. Ob im Haushalt,
z. B. für Reinigungsaufgaben, im industriellen Bereich für
Überwachungs- / Kontrollzwecke, im Rettungswesen, z. B. bei
der Ortung verschütteter Erdbebenopfer, für Sport- und Un-
terhaltungszwecke, für polizeiliche Schutz- und Sicherheits-
aufgaben oder auch für Spionageaktivitäten – überall könnten
sich die flexiblen, wartungsfrei operierenden, tierischen »Vorlagen« nachempfundenen Minroboter als äußerst nützlich erweisen. Der Phantasie sind keine Grenzen gesetzt.

*Sechs Uhr früh, ich werde langsam wach. Mein Blick fällt auf
die Dachschräge des Nachbarhauses wo eine Ringeltaube Platz
genommen hat. Sie putzt sich ausgiebig, scheint ihre luftige
Position, die ersten Sonnenstrahlen zu genießen. Mit einem Mal
hebt sie ab, um mühelos im eleganten Flug die paar Meter zu
unserem Dachgebälk herüberzugleiten. Der Ortswechsel geschieht, wie fast alles in der Natur, völlig lautlos, undramatisch,
unkompliziert. Tiere scheinen sich in ihr viel leichter, unge-
zwungener als wir zu bewegen. Welchen Aufwand müssen wir
betreiben, um uns fortzubewegen oder gar in die Luft zu erheben, um von A nach B zu gelangen? Ohne aufwendige technische Hilfsmittel ein Ding der Unmöglichkeit. Das alles brauchen Tiere nicht. Und es sind beileibe nicht nur Vögel, die für
ihr Tun einfachste, ökonomische Lösungen parat haben.*

*Wenn wir das naturkonforme Verhalten unserer animali-
schen Umwelt aufmerksam studieren und dieses in unsere künftigen Technologien einfließen lassen, würde sich zwangsläufig
auch ein besseres Verständnis für unsere Mitkreaturen einstellen. Die kreatürliche Welt vollbringt, wenn es um Präzision,*

Sammlung, Konzentration, um Kraftentfaltung und Transformation geht, Spitzenleistungen. Alle diese Qualitäten sind Ausdruck der Verbundenheit mit dem universellen Leben, aus dem sie stammen und aus dem auch der Mensch seinen Ursprung nahm. Der Mensch kann an Tieren die Qualitäten studieren, die das kreatürliche Leben bietet. Wenn er es wieder lernt, mit Tieren zu kooperieren, lernt er durch sie auch die Schöpfung genauer kennen, mit ihr in Harmonie zu leben. Der erste Schritt hin zur Kooperation liegt im unverfälschten Wahrnehmen der eigenen Umwelt. Es bedarf schon eines langen Trainings, um unsere anerzogenen falschen Vorstellungen vom Leben der Tiere zu revidieren und um wahrzuhaben, mit welchem Gegenüber wir es wirklich zu tun haben. Sollte uns dies gelingen, werden wir fortan im Einklang mit der Schöpfung glücklicher, unbeschwerter leben.

10 Partner fürs Leben

Kürzlich wollen Wissenschaftler der Universität New York im Rahmen einer groß angelegten Studie herausgefunden haben, dass Haustiere bessere »Lebenspartner« als Eheleute oder vergleichbare Lebensgemeinschaften sind. Die Gegenwart eines Hundes oder einer Katze sei – so die Psychologen – für viele Menschen beruhigender als die ihres jeweiligen Lebensgefährten. Selbst enge Freunde hätten in kritischen Situationen nicht den gleichen mässigenden, besänftigenden Effekt wie Haustiere. Das New Yorker Team hatte die Reaktion von 240 Ehepaaren in ganz unterschiedlichen Stress-Situationen untersucht und dabei festgestellt, dass Tiereigener auf Stress am gelassensten reagieren, sich von einem solchen am schnellsten erholen.

Segensreich erweist sich auch der Einsatz von Haustieren bei Schulstress. Besonders im Grundschulalter sind Kinder großen Belastungen ausgesetzt, sind zahlreiche Krisensituationen zu bewältigen: regelmäßiges Lernen, Einordnen in den Klassenverband, Umstellung auf einen anderen Tagesablauf, neue Autoritäten in Gestalt von Lehrern usw. Dazu kommen meist noch Leistungserwartungen seitens der Eltern und Großeltern sowie Versagensängste. Psychologen haben ermittelt, dass sich Schulstress in Gegenwart von Tieren zwanglos abbauen lässt. Psychischer Druck, der durch die neu erfahrene Situation auf dem Schüler lastet, kann schon durch die bloße Anwesenheit eines Haustieres aufgehoben werden – eine Vertrauensgrundlage, aus der nicht selten jahrelange Freundschaften zwischen Mensch und Mitkreatur erwachsen.

Eine ähnlich interkreatürliche Verbundenheit kann auch bei älteren Menschen beobachtet werden. Für allein stehende Personen – ganz gleich, ob sie isoliert oder betreut in Seniorenheimen leben – sind Tiere so etwas wie unverzichtbare Begleiter und Beschützer, angenehme Weggefährten. Ihre Tiere haben immer Zeit für sie, hören ihnen geduldig zu, wenn sie ihnen ihr Leid klagen und gehen meist ohne Zaudern auf die Wünsche ihrer Betreuer ein. Sie vermitteln Liebe und soziale Stimuli, fördern das wechselseitige Aufeinanderzugehen und ermöglichen mit etwas Phantasie eine angeregte nonverbale Kommunikation.

Die heilsame Wirkung einer tierischen Präsenz – auf sie wurde bereits im vorangegangenen Kapitel 9.2 ausführlich hingewiesen – ist unbestritten, denn Mensch und Tier sind keine voneinander unabhängige Wesen. Tiere werden im häuslichen Umfeld von Menschen und, umgekehrt, Menschen in ihrem Verhalten auch von ihren tierischen Partnern geprägt und verändert. So wurden denn Haustiere im Laufe der Jahrtausende begehrte Begleiter des Menschen, zu einem wesentlichen Bestandteil seines Lebens und seiner Lebensqualität. Dieser Umstand, der mit Erfolg in der modernen Therapie genutzt wird, um kranken, bedürftigen, gestrauchelten und benachteiligten Menschen zu helfen, setzt sich aufgrund guter Erfahrungen in den USA und jetzt immer mehr auch in Deutschland und den benachbarten Ländern durch. Hier vermittelt der *Verein »Tiere helfen Menschen« e.V.* therapeutische Maßnahmen, um Menschen durch Kontakt mit Tieren den Ausbruch aus ihrer Isolation zu ermöglichen. Tiere fragen nicht nach Behinderungen oder sozialen Problemen. Sie beantworten die Liebe und Fürsorge, die ihnen entgegengebracht wird, direkt. Der unkomplizierte Kontakt zu einem Tier, die Fürsorge für ein Lebewesen mit dem Gefühl, gebraucht zu werden, die Lebensfreude und die nicht an irgendwelche Bedingungen geknüpfte Liebe des Tieres geben vielen Menschen wieder Mut, ihr Leben aktiv und zuversichtlich in die Hand zu nehmen.

Die Zuneigung, die Menschen der Tierwelt entgegenbringen, beschränkt sich nicht nur auf Haustiere, sondern kann auch bei frei lebenden Spezies – Vögel und Wild – beobachtet werden. Gerade im Winter wächst unser Bedürfnis, Wildvögel und andere Tiere artgerecht zu füttern oder anderweitig zu unterstützen. Nicht selten entwickelt sich aus dieser losen, ungezwungenen Bekanntschaft mit der belebten Natur ein inniges Vertrauensverhältnis, das stärker als menschliche Bande sein kann.

Wer nie die Freuden und Wunder der Bekanntschaft mit Tieren erfahren durfte, nie die Ausgelassenheit und Lebensfreude eines Hündchens erlebte, nie neben einem Katzenkörbchen mit Mutter und einem Wurf Jungen kniete, nie dem emsigen Treiben nestbauender Schwalben und dem majestätischen Flug abziehender Wildgänse zuschaute, wer nie allein unter einem prachtvollen Sternenhimmel schlief oder dem nächtlichen Debüt tierischer Solisten lauschte, wem nie die Liebe und bedingungslose Treue eines Haustieres zuteil wurde und wer nie Tränen vergoß, wenn sich sein alter, müde gewordener vierpfotiger Lebensgefährte für immer verabschiedete ..., hat unendlich viel versäumt.

Menschen, die hingegen ihr Leben mit einem jener hier beschriebenen Wesen teilten, werden beipflichten, dass Tiere wunderbare Partner und Lehrer sind. Für all jene, die diese persönlichen Erfahrungen nicht sammeln konnten, dürfte das in diesem Buch vermittelte Wissen bei der Neubewertung ihrer Einstellung zur Tierwelt hilfreich sein.

Begriffserläuterungen

Adenin: Natürliche Purinbase; Baustein des Nukleotids Adenosin (Nukleinsäure).

Aerosol: Dispersionssystem in Gasen feinst verteilter fester /flüssiger Teilchen (z. B. Rauch, Nebel usw.).

Aktionspotenzial: Elektrische Spannungsänderung mit Aktionsströmen bei Nerven- und Muskelerregung.

Alarmpheromon: Geruchsstoff, der von Ameisen bei der Aggression durch feindliche Ameisenvölker bzw. bei Nestbeschädigung durch Unwetter freigesetzt wird.

»Ameisenbrot«: Getreidekörner werden von Ameisen so lange gekaut, bis ihr Speichel die Stärke in Zucker umgewandelt hat. Das Produkt wird entweder gleich verfüttert oder in Kammern direkt unter der Erdoberfläche »gebacken«.

»Ameisen-Kohlrabi«: Blattschneiderameisen gewinnen aus den Spitzen der von ihnen angebauten Pilze weiße Knollen – sog. »Ameisen-Kohlrabi«. Durch den Stoffwechsel in den Pilzzellen wird unverdauliche Zellulose der gesammelten Blätter in Zucker umgewandelt.

Ameslan (American Sign Language): Abk. für die amerikanische Taubstummensprache. Diese Handzeichensprache wird u. a. für Dialoge mit Menschenaffen benutzt.

Amygdala (Mandelkern): Sie sitzt an einem Ende der Hirnstruktur. Hier laufen die Sinneseindrücke aus allen Teilen des Großhirns zusammen und werden mit Gefühlen »getränkt«.

Anthropomorphismus: Hier: Übertragung menschlicher Empfindungen auf nichtmenschliche Wesen.

»Anwendung, im neuen (anderen) Kontext«: Mit dieser »Erklärung« will man eigene bewusste Denkansätze von Tieren auf vorangegangene Beobachtungen oder Eigenerfahrungen herunterstufen, um autonome Denkprozesse auszuschließen. Aber auch beim Menschen gibt es »Anwendungen im neuen (anderen) Kontext«, z. B. bei der Weiterentwicklung von Erfindungen.

Arbeitsintelligenz: Um tierische von menschlicher Intelligenz zu unterscheiden, haben Verhaltensforscher hierfür den Terminus »Arbeitsintelligenz« geprägt.

»Außersinnliche« Wahrnehmung (ASW): Eine nicht durch die bekannten Sinne vermittelte Wahrnehmung (sog. Psiphänomene).

Behaviorismus: (Aus dem Englischen »behavior« = Verhalten) Behavioristen halten Tiere für lernfähige Superautomaten, bei denen nur das äußere Verhalten ausschlaggebend ist. Psychische Zustände wie Gedanken, Gefühle und Bewusstsein sind ihrer Meinung nach bei Tieren nicht objektiv beobachtbar/messbar und können daher nicht zur Erklärung ihres Verhaltens herangezogen werden. Behavioristen werden in neurer Zeit immer mehr ad absurdum geführt.

Bells Theorem (von Alan Aspect bestätigt): Es zeigt, dass es Verbindungen bzw. Zusammenhänge zwischen räumlich weit entfernten Systemen geben kann, die nicht durch Wechselwirkungen (Kräfte) erklärt werden können. Fazit: Eine Ganzheit kann überhaupt keine Teile haben.

Belohnungsprinzip: Ein bestimmtes tierisches Verhalten durch Verabreichen von Belohnungen erreichen.

Beobachtereffekt: Begriff aus der Quantenphysik. Von ihm hängt ab, wann ein subatomares Objekt ein festes Teilchen und wann es eine Welle wird. Die Beobachtung verändert die Natur dessen, was man beobachtet. Beim Beobachten kommt es zum Zusammenbruch der sog. *Wahrscheinlichkeitswelle:* ein Teilchen erscheint.

Biomimese: Biologische Systeme imitieren oder kopieren. Die Biomimetik befasst sich mit dem »Funktionieren« der Tiere, um gewisse tierische Fähigkeiten nutzbringend »nachzuerfinden«.

Chromosomen: Träger des Erbguts. In jedem Zellkern in artspezifischer Art und Gestalt vorhanden; das Erbgut tragende fadenförmige Gebilde, Kernschleifen.

Chronobiologie: Sie erforscht die zeitlichen Gesetzmäßigkeiten im Ablauf von Lebensvorgängen.

Cytosin: In der Natur weit verbreiteter Bestandteil von Nukleinsäuren (Spaltprodukt des natürlichen Zellkern-Eiweißstoffs).

Deltawellen (Gehirnwellen): Beim orthodoxen Schlaf produziert das Gehirn große, langsame Deltawellen (Frequenz unter 4 Hz).

»Denken, unbenanntes«: Vogelexperimente des Ethologen Otto

Köhler: Die Vögel hatten Aufgaben zu lösen, die »unbenanntes Denken« bedingen, d. h., sie mussten über Gegenstände und Verbindungen nachdenken, ohne sich zu artikulieren.

DNA (DNS): Desoxyribonukleinsäure (A engl. acid = Säure).

Dome: Aus zahllosen Kammern bestehende Ameisenbauten, die durch Tunnel und Kreuzungen miteinander verbunden sind.

Dopamin: Wirkt als Neurotransmitter im Zentralnervensystem.

Dressieren: Durch Belohnen oder Bestrafen Tiere dazu bringen, sich bestimmte Verhaltensweisen anzueignen.

Duft-»Eigennamen« (Duftmarken): Menschen und Tiere verfügen über bestimmte Duftmarken, die sie kennzeichnen. Hunde erkennen an ihnen ihre Besitzer oder Artgenossen.

Duftschreie: Alarmpheromone, die Ameisen »ausstoßen«, wenn sie von feindlichen Ameisenvölkern überfallen werden oder wenn es unwetterbedingt zu Nestbeschädigungen kommt.

Echopeilung: Orientierung mittels Ultraschall (Ultraschall-Echoortung). Fledermäuse stoßen bis zu 170-mal/Sek. für uns nicht vernehmbare Ultraschallwellen-Signale von 30 000 bis 70 000 Hz aus und fangen die durch Hindernisse reflektierten Schallwellen auf; anhand der so erzeugten »Hörbilder« orientieren sie sich in der Dunkelheit.

Effektoren: Es sind dies Körperorgane, die auf aufgenommene und weitergeleitete Reize ausführend reagieren.

Eigennamen, tierische: Sie bezeichnen Einzelwesen, die dadurch in der Masse ihrer Artgenossen kenntlich werden. Es kann sich hierbei um visuelle, akustische, olfaktorische oder andere Merkmale handeln.

»Elektro«-Fische (Elektrizitätssinn): Fische, die durch Abgabe elektrischer Signale einander erkennen und/oder miteinander kommunizieren. Man unterscheidet zwischen »Schwachstromern« und »Starkstromern« (letztere können mit starken elektrischen Impulsen sogar andere Lebewesen töten).

Endorphine: Körpereigene Peptide (Spaltprodukte des Eiweißabbaus) mit opiathaltiger Wirkung.

»Entelechie«: Eine sich im Stoff verwirklichende Form. In der Entwicklung der Materie angenommene Zielgerichtetheit.

Entomologe: Insektenforscher

Ethologie, kognitive: Erkenntnismäßige Wissenschaft vom Verhalten der Tiere.

Faraday-Käfig: Ein Behältnis aus metallischem Material, das gegen elektromagnetische Felder abschirmt.

Feindablenkung (Feindverleiten): Der Versuch eines Tieres (z. B. bestimmter Vogelarten) Nesträuber einer anderen Spezies vom eigenen Nestbereich fern zu halten.

Felder, morphogenetische (morphische): Die von Dr. Rupert Sheldrake so bezeichneten hypothetischen, übergeordneten Organisationsfelder oder formbildenden Felder. Sheldrake bezeichnet sie als transräumliche/transtemporale Verbindungsfelder – von Raum und Zeit nicht beeinflusste Gestaltungsmuster.

Feldlinien, magnetische: Kraftlinienverlauf eines Magnetfeldes.

Fernwahrnehmungsmedium: Person, die fremde Örtlichkeiten oder Vorgänge ohne Inanspruchnahme der normalen Sinnesorgane aus der Ferne wahrnimmt.

Flügel-Trick (Trick mit dem scheinbar »gebrochenen Flügel«): Feindablenkungstrick der Sandregenpfeifer. Sie simulieren gegenüber potenziellen Nesträubern einen gespreizten »gebrochenen« Flügel, um diese von der schutzlosen eigenen Brut abzulenken.

Fluginsekt, mikromechanisches (MFI): Durch Studium des Wirkprinzips des Insektenflugs entwickelt man an der Universität Berkeley (USA) eine künstliche Miniroboterfliege (Robofly) mit einer Flügelspannweite von 25 mm, die autonom fliegen soll. Man will sie z. B. bei der Bergung von Erdbebenopfern und bei Spionageoperationen einsetzen.

Funktionalismus: Funktionalisten deuten seelisch-geistige Vorgänge im Tier einzig und allein funktionell: Das Tier erinnert sich z. B. eines Schmerzerlebnisses und ergreift beim erneuten Auftreten einer ähnlichen Situation präventive Maßnahmen.

Gehirnwellen: Die mit Elektroenzephalographen (EEG-Geräten) messbaren Alpha-, Beta-, Delta- und Theta-Wellen.

Geißelbakterien (Spirochäten): Krankheitserregende Bakterien, die sich selbst bei völliger Dunkelheit nach Norden orientieren. Sie enthalten Ketten von Magnetit (Magneteisenstein) und wirken wie Kompassnadeln (sog. »Kompassbakterien«).

Genom: Einfacher Chromosomensatz einer Zelle. Die gesamte genetische Information einer Keimzelle.

Glia (Neuroglia): Das vom Ektoderm abstammende interstitielle Zellgewebe des Nervensystems, das die Räume zwischen Nervenzellen und Blutgefäßen bis auf einen 20 nm breiten Spalt ausfüllt.

Glimmentladungen: Aufgrund des Spannungsanstiegs zwischen der sog. stillen elektrischen Entladung und dem Lichtbogen beobachtbares Phänomen der Gasentladung.

Gradient des irdischen Magnetfeldes: Gefälle im irdischen Magnetfeld (gemessen in der Einheit Gauß, G).

Grubenorgan: Hier: Kleine Öffnung zwischen Augen und Nase von Grubenottern und Schlangen, die als hoch empfindlicher Detektor für Wärmestrahlen dient und selbst bei Dunkelheit ein 3-D-Infrarotbild von der Umgebung liefert.

Guanin: Bestandteil der Nukleinsäuren.

»Handeln, einsichtiges«: Um nicht zugeben zu müssen, dass Tiere auch bewusst denken (kombinieren) und von genetisch vererbten, automatisch ablaufenden Mustern abweichen können, gebrauchen orthodoxe, uneinsichtige Behavioristen für intelligente tierische Leistungen den nichtssagenden Begriff »einsichtiges Handeln«.

Heimfindevermögen (Psi-Trailing): Die nicht durch Inanspruchnahme der drei üblichen Orientierungsmöglichkeiten (Sonnen-, Sternen- und Magnet-»Kompasse«) bewirkte Fähigkeit der Tiere, ihr Zuhause zu finden, selbst, wenn es sich hierbei um ein völlig neues, ihnen bis dahin unbekanntes Domizil handelt.

Hippokampus (Ammonshorn): Längswulst am Boden des Vorderhorns des Seitenventrikels vom Gehirn.

Hufschlagcode (Scharr- oder Klopfsprache): Verständigungsmethode beim »Kluge Hans«-Phänomen (s. dort). Besagtes Pferd löste vermeintlich bestimmte Rechenaufgaben und beantwortete Fragen, indem es nach einem Code (Hufschlagalphabet) durch Klopfen mit einem Vorderhuf bestimmte Zahlen (Ergebnisse) oder Buchstaben signalisierte. Später will man herausgefunden haben, dass solche Pferde lediglich die Entspannungsreaktion umstehender Personen beobachtet und darauf korrekt reagiert haben.

Hydra: Süßwasserpolyp.

Hydrophon: Unterwasserschallempfänger.

Hyperästhesie: Überempfindlichkeit der Sinnes- und Gefühlsnerven. Eine periphere, jedoch immer noch sinnlich vermittelte Wahrnehmung.

Hyperraum: Vorerst nur mathematisch erfassbares hypothetisches Universum. Ein Gebilde jenseits unserer 4-D-Raumzeit-Welt. Wenn in der kosmischen Strahlung Mini-Schwarze-Löcher (sog.

Wurmlöcher) nachgewiesen werden sollten, gilt die Existenz über-geordneter Dimensionen (Hyperraum) als gesichert.

Ich-Bewusstsein: »Selbst«-Bewusstsein bei Tieren. Zustand, wenn sich ein Tier seiner selbst – als verschieden von anderen Wesen – bewusst ist.

Intelligenz, kollektive: Das sinnvolle, planmäßige Zusammenwirken von Insekten in einem Staatsgebilde (z. B. Ameisen, Bienen), ohne Vorhandensein eines »Befehlshabers«.

Instinktverhalten: Eine angeborene, keiner Übung bedürfende Verhaltensweise und Reaktionsbereitschaft der Triebsphäre, meist im Interesse der Selbst- und Arterhaltung (Dudendefinition). Tiere und Menschen verfügen gleichermaßen über Instinkt.

K^2-Idee: Erfolgreiche Tierformen sind nicht nur durch »natürliche Selektion«, sondern auch durch sanfte Kommunikation und Kooperation zustande gekommen.

Kaspar-Hauser-Tiere: Isoliert, aus Eiern aufgezogene Vögel, die keinerlei Gelegenheit hatten, von Artgenossen zu lernen und dennoch die gleichen Nester wie ihre frei lebenden Geschwister bauen.

Keimbahntheorie: Gene werden von den Eltern an die Nachkommen vererbt.

»Kluge Hans«-Phänomen: Dem russischen Hengst »Kluge Hans« war von seinem Besitzer, Wilhelm von Osten, eine Art Scharr- und Klopfsprache beigebracht worden, mit der er vermeintlich Rechenaufgaben lösen und Fragen beantworten konnte (Hufschlagcode). Es soll sich später herausgestellt haben, dass das Pferd lediglich das Verhalten Anwesender gut beobachten und richtig interpretieren konnte.

»Kluger Bertrand«: Dieses französische Pferd vermochte ähnliche Aufgaben wie der »Kluge Hans« zu lösen. Es war jedoch völlig blind, so dass die Ausdrucksbewegungshypothese versagte und telepathische Fähigkeiten anzunehmen sind.

»Köpfchen geben«: Bei Katzen: Mit der Übertragung ihres Duftes markieren sie die mit dieser Freundschaftsbezeigung bedachte Person als ihr Eigentum.

Koma, hypoglykämisches: Bei Diabetikern: Abgleiten des Blutzuckerspiegels unter Normalwerte.

»Kompassbakterien«: Geißelbakterien, die Ketten des stark eisenhaltigen Magnetit enthalten, wirken wie Kompassnadeln.

Konditionieren: vgl. »Dressieren«.

Kortex: Großhirnrinde.

Kybernetik: Sie stellt vergleichende Betrachtungen über Gesetzmäßigkeiten, vor allem in der Technik und Biologie, an.

Laufroboter: Roboter, die sich laufend oder kriechend auf der Erde fortbewegen.

Lebensfelder (L-Felder): Elektrodynamische Felder gem. Dr. Harold Saxton Burr.

Lichtsinn: Lichtsensible Sinneszellen vermitteln entsprechende Eindrücke aus der Umgebung. Bei Amphibien und Reptilien findet man unter der Haut ein kleines Loch in der Schädeldecke, einen mit Lichtzellen versehenen Ausläufer der Zirbeldrüse (das sog. »Dritte Auge«).

»Long call« (Langruf): Männliche Orang-Utans lassen beim Kommunizieren ein tief gezogenes Stöhnen vernehmen. Man nimmt an, dass maskuline Tiere mit diesem Ruf brünstige Weibchen anlocken und Männchen im eigenen Territorium vor dem Eindringen fremder Orang-Utans warnen wollen.

»Lorenzinische Ampullen«: Elektrisches Sinnesorgan von Raubwelsen, Rochen und Haien. Externe feine Spezialempfänger für elektrische Felder, die selbst Spannungsgefälle von einem hundertmillionstel V/cm registrieren.

Magnetit: Magneteisenerz mit starken elektrischen Eigenschaften.

»Magnetkompass«, organischer: Prof. William Keeton (USA) konnte experimentell nachweisen, dass manche Tiere (z. B. Tauben) einen Magnetsinn besitzen, und dass sie sich beim Zielflug anhand des »Sonnen«-, »Sternen«- und »Magnetkompasses« orientieren, bei Zielerkennung aber nach Sicht fliegen.

Magnetsinn: vgl. »Magnetkompass«.

Menschenaffen: Hierzu zählen u. a. Schimpansen, Zwergschimpansen, Gorillas, Orang-Utans.

»Mind uploading«: Hochladen von Bewusstseinsinhalten (z. B., um Roboter mit Eigenbewusstsein oder »Gefühlen« auszustatten (vorerst nur theoretisch).

Mutation: Genveränderung.

Myxamöben: Schleimamöben mit komplexem Fortpflanzungsmechanismus.

Nektar: Von Pflanzenblüten ausgeschiedene Zuckerlösung zum Anlocken von Insekten (Honig).

Neuronen: Nervenzellen mit Fortsätzen.

Neurotransmitter: Substanzen, die im Nervensystem auf chemischem Wege die Signal-/Informationsübertragung besorgen (chemische Boten).

Organisationsfelder, übergeordnete: Hypothetische Biofelder höherer Ordnung (höher dimensional), die jedwede biologische Prozesse und Psiphänomene organisieren sollen, z. B. Dr. Rupert Sheldrakes »morphogenetische Felder«.

Orientierung, olfaktorische: Orientierung anhand von Gerüchen.

Ornithologen: Vogelkundler.

Oxytozin (Oxytocin): Hier: Ein Hormon, das beim Entstehen von Zuneigung zum Partner und zu den Nachkommen eine wichtige Rolle spielt.

Paraphysik: Teilgebiet der Parapsychologie, das Psi-Effekte »physikalischer« Natur untersucht, z. B. Psychokinese. Sie lassen sich im Rahmen einer erweiterten, neuen Physik deuten.

Parapsychologie: Moderne Disziplin, die mit wissenschaftlichen, z.T. statistischen Methoden sog. Psiphänomene, d. h. bewusstseinsgesteuerte Phänomene (u. a. Telepathie, Präkognition, Fernwahrnehmung) untersucht.

Pet (amerik.): Bedeutet so viel wie Lieblingstier.

Pheromone (Duftstoffe): Sie gehören zu den Signalsprachen der Tiere.

Piezoelektrizität: Druckelektrizität; dadurch entstehender Spannungsanstieg hat Glimmentladungen zur Folge.

Pinealorgan: Zirbeldrüse.

Pollen: Blütenstaub.

Präkognition: Vorauswissen um zukünftige, nicht zu erwartende, durch Trendverfolgung nicht abschätzbare Ereigniseintritte. Hierdurch wird die Kausalität scheinbar aufgehoben.

Prinzip, entelechiales: Ein Feldgeschehen, das jedwede »Para«-Phänomene und Bioprozesse auslöst.

Primaten (Herrentiere): Zu ihnen zählen Halbaffen, Affen und Menschen.

Proteine: Die aus Aminosäure aufgebauten einfachen Eiweißkörper.

Psiphänomene (auch Paraphänomene): Hierzu gehören alle Spielarten der sog. »außersinnlichen Wahrnehmung«: Telepathie, Hellsehen, Fernwahrnehmung, Präkognition oder Vorauswissen usw. und die Phänomene der Paraphysik (Psychokinese, Levitation, Biegephänomene usw.). Sie sind, genau genommen, Teil einer Bewusstseinsphysik, die auf dem Einfluss des Bewusstseins auf die materielle Welt beruht (die Ursachen liegen im quantenphysikalischen Bereich).

Psi-Trailing: Heimfindevermögen von Tieren. Dr. Rupert Sheldrake vermutet, dass sich Tiere an sog. morphogenetischen Feldern orientieren (vgl. »Felder, morphogenetische«).

Psychokinese (PK): Konventionell-wissenschaftlich nicht erklärbare berührungslose Einflussnahme auf materielle Dinge, wahrscheinlich mittels des Bewusstseins (Bewusstseinsphysik).

Quantencomputer: Eine weit fortgeschrittene Computergeneration, die selbstständig optimale Entscheidungen zu treffen in der Lage ist.

Quantenphysik (Quantentheorie): Eine auf dem Strahlungsgesetz von Planck und der erweiterten Theorie von Einstein aufgebaute Physik der elementaren Gebilde, die sich mit der Wechselwirkung zwischen den Quanten und der Materie befasst (Duden).

Rapport: Hier: Unmittelbarer psychischer Kontakt zwischen Mensch und Tier (vgl. »Felder, morphogenetische«).

Reflexe: Reaktion des Organismus auf Reizung seines Nervensystems. »Konditionierte Reflexe«: Mit dieser nichtssagenden Floskel versuchen orthodoxe Behavioristen intelligente tierische Verhaltensweisen wegzuerklären.

Reflexexperimente: Experimente von Iwan Pawlow an Hunden, mit denen er nachweisen wollte, dass einfache Lernvorgänge bei Tieren stereotyp und wiederholbar ablaufen.

REM-Phase (Rapid Eye Movement = schnelle Augenbewegung): In der paradoxen Traumphase sind die Gehirnwellen schneller und die Augäpfel rollen rasch hin und her.

Rezeptoren: Empfangsorgane in der Haut/in inneren Organen zur Aufnahme von Reizen.

Ribosomen: Eiweißerzeuger der Zellen.

»RoboFly«: Miniroboterfliege, entwickelt an der University of California. Ein mikromechanisches Flugobjekt mit einer Gesamtflügelspannweite von 25 mm, das völlig autark fliegen soll.

Schlaf, orthodoxer/paradoxer: Der orthodoxe, regelrechte Schlaf wechselt im Laufe der Nacht mehrmals mit dem paradoxen Schlaf ab, während dem man träumt.

»Schrei«, chemischer: Hier: Bei knapp werdender Bakteriennahrung stoßen Myxamöben einen solchen aus, der von benachbarten Amöben »geschmeckt« und weitergegeben wird. Die Aufge-

schreckten eilen herbei und bilden um die Notleidenden einen schleimigen Haufen.

»Schwachstromer«: Schwachelektrische Meerestiere, die elektrische Felder ausschließlich zum Orten ihrer Beute benutzen (z. B. Tapirfische).

Schwänzeltanz: Tanzsprache der Honigbienen. Mit dem Schwänzeltanz zeigen sie ihren Artgenossinnen im Stock Entfernung und Richtung einer ergiebigen Futterquelle an (Sonne dient als »Kompass«).

Schwarze Löcher: Unsichtbare Gravitationsfallen im Kosmos.

Selbstlernprozess: Erfolgt durch Eigenerfahrung nach dem Prinzip von »Versuch und Irrtum«; erfordert kein Überlegen, Kombinieren und Folgern. Es wird so lange probiert, bis sich Erfolg einstellt oder Versuche misslingen.

Selektion, natürliche: Nach Darwin sind im Existenzkampf erfolgreiche Tiere nur durch »natürliche Auslese« hervorgegangen. In jüngster Zeit ist diese Hypothese allein nicht länger vertretbar (vgl. K^2-Idee).

Sexualpheromone: Duftstoffe, die bei Bienen von den zukünftigen Königinnen ausgesandt werden, um die Männchen zur Begattung anzuregen.

»Sieben-Experimente«-Projekt: Dr. Rupert Sheldrake bezieht zur weiteren Absicherung seiner morphogenetischen Feldhypothese breite Bevölkerungsschichten mit ein (vgl. Kasten, Seite 251–254).

Signalsprachen: Die Tier-»Sprachen« manifestieren sich in Lauten und Gesängen, Körperausdrücken (Gestik), Tänzen, Tast- und elektrischen Signalen, Pheromonen und Farbspielen. Sie sind Arbeitsgebiet der Zoo-Semiotik.

Sinn, »sechster«: Volkstümliche Bezeichnung für Psiphänomene (z. B. Telepathie, antizipative Fähigkeiten [Präkognition], Fernwahrnehmung usw.).

Skinner-Box: Nach Burrhus F. Skinner benannte kleine Käfige, in denen er ausgehungerte Ratten und Tauben – von äußeren Reizen bis auf die zu untersuchenden abgeschirmt – unterbrachte. Die Tiere mussten auf bestimmte Reize hin unterschiedliche Vorrichtungen betätigen.

Somnambulismus: Trancezustand.

»Sonnenkompass«: Die Fähigkeit z. B. von Vögeln, sich u. a. nach dem Sonnenstand zu orientieren.

Spiegelexperimente: Hier bei Schimpansen: Man will feststellen, ob Affen die (unter Betäubung) an ihrem Körper angebrachten Farbmarkierungen erkennen, ob sie also über ein Selbstgefühl, eine Art Ich-Bewusstsein, verfügen.

»Sternenkompass«: Orientierung von in der Nacht fliegenden Vögeln nach dem Stand der Sterne.

Synapsen: Kontaktstellen zwischen Nervenzellen bzw. zwischen diesen und dem Zellmembran anderer Zellen.

Telepathie: Eine nicht durch die uns bekannten Sinne vermittelte Erfahrung eines fremdpsychischen Vorgangs. Übertragen werden Eindrücke, Ideen, Stimmungen, Bilder, Namen usw.

Tentakel: Bewegliche Körperanhänge niederer Tiere zum Tasten oder Greifen (Fangarme).

Therapien, tiergestützte: Therapeutischer Einsatz von Tieren in der Medizin, z.B. zur Senkung des Blutdrucks, Minderung von Depressionen, zum stärkeren Reagieren auf die Außenwelt, Behandeln komatöser Zustände, in der Altenpflege usw.

Thymin: Baustein der DNA (DNS).

Todespheromon: Pheromon, das von toten Ameisen ausgeht, die von ihren lebenden Artgenossinnen »entsorgt« werden.

Totemismus: Eine auf mythische Abstammung zurückzuführende Bindung an bestimmte Tier-/Pflanzenarten oder Naturphänomene. Effekte psychischer Kräfte unter Naturvölkern.

Trophallaxis: Bei Bienen: Herauswürgen des Mageninhalts, der von anderen Artgenossinnen aufgenommen wird; dient der Verständigung und Koordinierung ihrer Aktivitäten.

Tychoskop: Kleinroboter mit Eigenantrieb, von externem Zufallsgenerator gesteuert. Dient der Ermittlung evtl. psychokinetischer Fähigkeiten von Küken (vgl. »Psychokinese«).

Ultraschallortung (Echoortung): Hier bei Fledermäusen und Delphinen: An Hindernissen reflektierte Ultraschallschwingungen lassen im Gehirn der Tiere ein »Hörbild« entstehen, nach dem sie sich selbst bei totaler Dunkelheit orientieren.

Verhalten, antizipatives: Hier: Wenn Tiere Natur- und andere Katastrophen voraus-»ahnen« oder -»fühlen« und darauf schutzsuchend reagieren. Manche Wissenschaftler vermuten dahinter weniger ein »außersinnliches« (paranormales) Wahrnehmungsvermögen, sondern mehr »Hyperästhesie« – eine Überempfindlichkeit der Sinnes- und Gefühlsnerven.

Verursachung, formbildende: Dr. Rupert Sheldrakes Konzeption: Sie untersucht die Frage, wie Tiere und Pflanzen Form und Gestalt annehmen.

Vokalisation: Stimmgebung der Tiere.

Wahrscheinlichkeitswelle: Begriff aus der Quantenphysik. Beim Zusammenbruch dieser Welle wird aus der statistischen Wahrscheinlichkeit Realität – virtuelle Objekte materialisieren (vgl. »Beobachtereffekt«).

Wettersinn: Ausgeprägte Wetterfühligkeit der Tiere.

Wurmlöcher (Mini-Schwarze-Löcher): Grundeinheiten der Vernetzung, die in der vierdimensionalen Raumzeit alles mit allem verbinden.

Zirbeldrüse: Das sog. Stirn- und Scheitelauge (das »Dritte Auge«), Teil des Zwischenhirns, bestehend aus Pineal- und Gliazellen. Bei Amphibien und Reptilien findet man unter der Haut ein kleines Loch in der Schädeldecke, einen mit Lichtzellen versehenen Ausläufer der Zirbeldrüse.

Zirkadianrhythmus: 24-Stunden-Rhythmus, entsprechend der sog. »inneren Uhr«. Er wird bei Tieren mit bis zu 20 unterschiedlichen Prozessen in Verbindung gebracht.

Zoo-Semiotik: Hier: Wissenschaft von den Signal- (Zeichen-)Sprachen im Tierreich.

Literatur

1 Tiere sind keine »Bio-Roboter«

Boden, M. A.: »Artificial intelligence and natural man«; New York 1950

Bristowe, G. W.: »The world of spiders«; London 1976

Bunge, M.: »The mind-body problem, a psychological approach«; New York 1980

Churchland, P. M.: »Matter and Consciousness«; Bradford Books, MIT Press 1983

Schul, B.: »The Psychic Power of Animals«; Greenwich 1947

Thatcher, R. W, John, R. R.: »Foundation of cognitive processes«; Hillsdale 1977

2 Sie denken anders

Barbanell, S.: »When your animal dies«; London 1955

Beck, B. B.: »Animal Tool Behaviour«; New York 1980

Dennett, D. C.: »Consciousness Explained«; New York 1991

Eccles, J. C.: »Wie das Selbst das Gehirn steuert«; Heidelberg 1994

Gould, J. L.: »Honeybee communication: The dance language controversy«; Science 189, 1975

Gould, J. L.: »Do honeybees know what they are doing?«; Nat. Hist. 1979, 88:66

Gould, J. L., Gould, C.G.: »The insect mind: Physics or Metaphysics«: Animal Mind – Human Mind, New York 1982

Gould, J. L.: »The Local Map of Honey Bees«; Science, 232, 1986

Griffin, D. R.: »Wie Tiere denken«; München, Wien, Zürich 1985

Jahn, R., Dunne, B.: »On the Quantum Mechanics of Consciousness with Application to Anomalous Phenomena«; Princeton Dez. 1983

Lorenz, K.: »Haben Tiere ein subjektives Erleben?« Jahr. Tech. Hochs., München 1963

McGonigle, B. D.: »Non-verbal thinking by animals?«; nature, vol. 325, 8. 1. 1987

Roberts, G. J.: »Apparent baiting a black kite«; Emu 82:53–54

Schleidt, W. M.: »Bewusstsein bei Tieren – Eine besondere Art der Wahrnehmung«; Das Bewusstsein, 4, Göttingen 1992

Schul, B.: »The Psychic Power of Animals«; Greenwich 1977

Van Lawick-Goodall, J.: »Tool-using in primates and other vertebrates«; Advances in the Study of Behaviour, vol. 3, New York 1980

Weinhönig, H.: »Bienen denken fast wie der Mensch«; Die Welt, Nr. 232, 4. 10. 80

Weyer, E. M.: »A Mind Concept of Consciouness«; Psychology Reviewed XVII, 1910

3 Arbeitsintelligenz – wenn die genetische Programmierung ausgetrickst wird

Birchall, A.: »Who's a clever parrot, then?«, New Scientist, 24. 2. 1990

Burton, M.: »The Sixth Sense of Animals«; New York 1973

Conly, R.: »National Geographic«; 9/1966

Fichtelius, K. E., Sjolander, S.: »Smarter Than Man?«; New York 1974

Fremlin, J. H.: »Animal intelligence«; nature, vol. 316, 29. 8. 85

Keel, J.: »Dumb Animals and smart Planets«; Fate 4/90

Lewin, R.: »Look who's talking now«; New Scientist, 27. 4. 91

Lilly, J.: »Man and Dolphin«; Garden City 1961

Rue, L. L.: »The world of the beaver«; Philadelphia 1964

Szilard, L.: »The Voice of the Dolphin and other Stories«; New York 1961

Tirala, L. G.: »Massenpsychosen in der Wissenschaft«; Grabert-Verlag 1969

Tolman, E. C.: »Purposive behavior in animals and men«; New York 1932

Tolman, E. C.: »Behavior and psychological man«; University of California 1966

Weber, N. A.: »Gardening ants, the attines«; Mem. Amer. Philos. Soc., 92:1-146, 1972

Wheeler, W. M.: »Ants, their structure, development and behavior«; New York 1910

Wilson, E. O.: »The insect societies«; Cambridge, Mass. 1971

4 Wie Tiere lernen

Bischof, M.: »Biophotonen – Das Licht in unseren Zellen«; Frankfurt 1995

Bunge, M.: »The mind-body problem, a psychological approach«, New York 1980

Fisher, J., Hinde, R. A.: »The behaviour and functions«; New York 1980

Imanishi: »Social behaviour in Japanese monkeys«; Psychologia I: 47–54, 1957

Kawamura, S.: »The process of sub-cultural propagation among Japanese monkeys«; in: Southwick: Primate Social Behaviour; Princeton 1963

Payne, R. S. »Communication and behavior of whales«; Boulder 1983

Pryor, K.: »Lads before the wind«; New York 1975

Skinner, B.: »About behaviorism«; New York 1974

Skinner, B.: »Selection by consequences«; Science 213, 1981

Tolman, E. C.: »Purposive behavior in animals and men«; New York 1932

Tsumori, A.: »Newly aquired and social interaction of Japanese monkeys«; in: Altmann: Social Communication Among Primates; University of Chicago Press 1967

Walker, S.: »Animal thought«; London 1983

5 Vom Bewusstsein zum Ich-Bewusstsein

Bunte, M.: »The mind-body problem, a psychological approach«; New York 1980

Cohen, D. B.: »Sleep and dreaming: Origins, nature, functions«; New York 1979

Crook, J. H.: »On attributing consciousness to animals«; nature, vol. 303, May 1983

Eccles, J. C.: »Bewusstsein der Tiere und Ich-Bewusstsein des Menschen«; Naturwiss. Rundschau, 35 Jg., 10/1982

Fischbein, W.: »Sleep, dreams, and memory«; New York 1991

Gallup, G. G. jr.: »Self-recognition in primates ...«; Amer. Psychol. 32, 1977

Griffin, D. R.: »Wie Tiere denken«; München 1995

Griffith, A.: »The Cow That Cried«; Fate 5/1996

Hediger, H.: »Proper names in the animal kingdom«; Experientia 32, 1976

Mead, G. H.: »Mind, Self and Society«; Chicago 1934

Meckelburg, E.: »Hyperwelt«; München 1995

Mihatove, L.: »Feline Funeral«; Fate 5/1996

Morrison, A. R.: »A window on the sleeping brain«; Sci. Amer. 248 (4)

Patterson, F.: »Self-Awareness in the Gorilla Koko«; Gorilla, Journal of the Gorilla Foundation, 14, no. 2, 1991

Popper, K. R.: »Objective knowledge«; London 1972

Schleidt, W. M.: »Bewusstsein bei Tieren – Eine besondere Art der Wahrnehmung«; Das Bewusstsein, 4, 1997

Tolman, E. C.: »Purposive Behaviour in Animals and Man«; Psychol. Rev. 55, 4, 1948

Tolman, E. C.: »Animal Consciousness«; Psychol. Today 12/1999

Watson, L.: »Geheimes Wissen«; Frankfurt 1976

Zupansic, J.: »Monkey See, Monkey React«; Fate 3/2001

6 Dialoge – Kommunikation zwischen Lebewesen

Dayton, L.: »Killer whales communicate in distinct ›dialects‹«; New Scientist, 10. 3. 1990

Gardner, R. A., Gardner, B.: »Teaching sign language to a chimpanzee«; Science 165, 1969

Gardner, R. A., Gardner, B.: »Two way communication with an infant chimpanzee«; in Schrier & Stollnitz, New York 1971

Herman, L. M.: »Cetacean behavior, mechanisms and functions«; New York 1980

Holldobler, B.: »Communication between ants and their guests«; Scientific American 224/71

Linden, E.: »Apes, Men and Language«; New York 1975

Lissmann, H. W.: »Electric Location by Fishes«; Scientific American 3/63

Miles, H. L.: »Apes and language«; New York 1983

Packard, V.: »Animal I.Q.«; New York 1950

Patterson, F. G., Linden, E.: »The education of Koko«; New York 1981

Premack, D., Premack, A. J.: »The mind of an ape«; New York 1983
Pryor, K.: »Lads before the wind«; New York 1975
Schul, B.: »The Psychic Power of Animals«; Greenwich 1977
Seyfarth, R., Cheney, D.: »Inside the mind of a monkey«; New Scientist 4. 1. 92
Small, M. F.: »Ay up, a chimp wi'an accent«; New Scientist 4. 6. 94
Wilson, E. O.: »Pheromones«; Scientific American 8/63
Terrace, H. S., Pettito, L. A., Bever, T. G.: »Can an ape create a sentence?«; Science 206/79
Tyack, P.: »Why Do Whales Sing?«; The Sciences 9/81

7 XXL – Höchstleistungen in der Tierwelt

Bradley, D., Woodbury, M., Brier, G.: »Lunar Synodical Period and Widespread Precipitation«; Science 137, 748, 1962
Brown, F. A.: »Persistant Activity Rhythm in the Oyster«; Amer. J. of Physiology,178, 510, 1954
Calder, R.: »Man and the Cosmos«; London 1970
Carson, R.: »The Sea Around Us«; London 1951
Dorst, J.: »The Migration of Birds«; News Service Feature 1971
Dröscher, V. B.: »Magie der Sinne im Tierreich«; Frankfurt 1968
Franklin, C.: »Ants are smart enough to keep appointments«; New Scientist 27. 8. 94
Fuller, C.: »Olfactory Senses«; Fate 12/83
Herman, L. M.: »Catacean behavior, mechanisms and functions«; New York 1980
Martin, C. G.: »Cat Brain«; Fate 1/93, zit. New Scientist 1992
Perdeck, A. C.: »Two Types of Orientation in Migrating Starlings«; in: Ardea, Leiden 58
Pryor, K.: »Lads before the Wind«; New York 1975
Reimann, J.: »Die Sonnenorientierung der Waldameise«; Diplomarbeit, Freiburg 1974
Roeder, K. D.: »Nerve cells and insect behavior«; Cambridge, Mass. 1967
Schmitz, E.-H.: »Das Zeit-Rätsel«; Genf 1979
Schul, B.: »The Psychic Power of Animals«; Greenwich 1972
Szilard, L.: »The Voice of the Dolphin and other Stories«; New York 1961
Watson, L.: »Geheimes Wissen«; Frankfurt 1973

Arndt, U.: »Von der Meise geküsst«; Esotera 10/95

Bärlett, J.: »He Brought a Lily«; Fate 1/91

Bauer, H. H.: »Can Animals Understand Human Speech?«; J. of Scientific Explor., Vol. 11, Spring 1997

Bonin, W. F.: »Lexikon der Parapsychologie«; München 1977

Brown, D. J., Sheldrake, R.: »Perceptive pets: A survey in north-west California«; J. of the Soc. for Psych. Res., 62, 1998

Gaddis, V. M.: »The Strange World of Animals and Pets«; New York 1970

Gaddis, V. M.: »Psychic Kinship of Man and Beast«; Fate 11/85

Graham, F. P.: »The Telepathic Dolphins«; Fate 7/78

Grimble, A.: »Migrations, Mythe and Magic from the Gilbert Islands«; London 1972

Hawkim, D. R.: »Psychoanalytic dream theory reexamined«; in: Hartmann, E. L. »Sleep and Dreaming«; Boston 1970

Janin, D.: »The Tychoscope«; JSPR, 53, 1986

Matthews, R.: »Animal magic or mysterious sixth sense?«; Sunday Telegraph 24. 4. 1997

Meckelburg, E.: »Die Psychowelt der Tiere«; esotera 10/78

Meckelburg, E.: »Psi-Agenten«; München 1994

Morris, B.: »Animals and ESP«; Psychic 10/73

Moser, F.: »Das Grosse Buch des Okkultismus«; Olten 1974

Peoc'h, R.: »Psychokinetic Action of Young Chics on the Path of an Illuminated Source«; JSE, vol. 9, Summer 1995

Pratt, J. G.: »Testing for an ESP factor in pigeon homing«; New York 1956

Rhine, J. B., Feather, S.R.: »The study of cases of psi-trailing in animals«; J. of Parapsychology, 26, 1962

Rhine, J. B.: »Psi bei Tieren«; esotera 2/94

Rogo, D. S.: »Do Animals Have ESP?«; Fate 7/86

Schaefer, M.: »Suche nach dem 6. Sinn«; esotera 9/95

Schul, B.: »The Psychic Power of Animals«; Greenwich 1977

Sheldrake, R.: »Das Psi der Tiere«; esotera 10/94

Sheldrake, R.: »Das schöpferische Universum«; Berlin 1995

Sheldrake, R., Smart, P.: »Psychic Pets: A Survey in North-West England«; J. of the Soc. for Psych. Res., vol. 61, 1997

Sheldrake, R., Smart, P.: »A dog that seems to know when its owner

is returning – Preliminary investigation«; J. of the Soc. for Psychic.
Res., vol. 62, 1998
Shouten, S. A.: »Psi in mice«; J. of Parapsychology, 36, 1972
Steiger, B.: »Achieving Telepathic Communication with your Pet«;
Fate 5/2000
Stumbough, V.: »A Homing Cow«; Fate 4/84
Watson, L.: »Der unbewusste Mensch«; Frankfurt 1979
Wilson, E. D.: »Pheromones«; Scientific American, 5/63
Wiseman, R., Smith, M., Milton, J.: »The ›psychic pet‹ phenomena: A
reply to Rupert Sheldrake«; J. of the Soc. for Psychic. Res., 64, 200

9 Stumme Freunde – Tiere als Retter, Warner und Helfer

Beetz, A., Ford, G. (Hrsg.): »Tiere als therapeutische Begleiter,
Tagungsband Stuttgart 12/2000, Würzburg, 2001 (u. a. Artikel
von Olbrich, Otterstedt, Greiffenhagen, Große-Siestrup, Peter-
mann u. Tschochner; über Verein Tiere helfen Menschen e.V.
Würzburg)
Berns, K.: »Laufmaschinenkatalog«; http://www.fzi.de/ids
Claus, A.: Tierbesuch und Tierhaltung im Krankenhaus. Promo-
tionsarbeit an der Tierärztlichen Fakultät der Ludwig-Maximilian-
Universität München
DeLaurier, J.: »Project Ornithopter«; University of Toronto, Institu-
te for Aerospace, 2001
Greiffenhagen, S.: »Tiere als Therapie, Neue Wege in Erziehung und
Heilung«; Knaur 1993
Jung, C. G.: »Die Dynamik des Unbewussten«; Freiburg 1976
Methling, W., Unselm, J. (Hrsg.): »Umwelt- und tiergerechte Haltung
von Nutz-, Heim- und Begleittieren«; Parey Verlag 2002
Olbrich, E.: »Soziale Unterstützung im Alter, Die Rolle von Mensch
und Tier«; Universität Erlangen-Nürnberg, Inst. für Psychologie
(Memorandum Nr. 50), 1987
Olbrich, E.: »Tiere in der Therapie, Zur Basis einer Beziehung und
ihrer Erklärung«; Vortrag 1998
O'Neill, T.: »Dolphin Saviors«; Fate 12/98
Otterstedt, C.: »Tiere als therapeutische Begleiter, Gesundheit und
Lebensfreude durch Tiere; eine praktische Anleitung«; Kosmos-
Verlag

Otterstedt, C.: »Diagnostik, Therapie und Begleitung mit Hilfe von Tieren«; in: Krankendienst, Kathol. Krankenhausverband Deutschlands, 11/2001

Otterstedt, C.: »Sterbenden Brücken bauen; Symbolsprache verstehen, auf Körpersignale achten«; Freiburg

Otterstedt, C.: »Der Dialog zwischen Mensch und Tier als Impuls für einen heilenden Prozess«; in: Tagungsband Tiere als Therapie; Theorie und Praxis, 1. Internat. TAT-Symposium TAT/Veterinär Universität

Otterstedt, C.: »Tiere begleiten Menschen«; in: Naturerleben, Vol. 2/2002

Otterstedt, C.: »Hunde als therapeutische Begleiter: der funktionale und der therapeutische Aspekt«; in: Unser Rassehund, 3/2002

Otterstedt, C.: »Therapie mit Tieren«; CO'MED 1/2002

Otterstedt, C.: »Tiergestützte Therapie«; CO'MED 3/2002

Rucks, L.: »Hound Hill«; Oklahoman and Times 24. 4. 1978

Schul, B.: »The Psychic Power of Animals«; Greenwich 1977

Seiler, U.: »Liebesgeschichte mit sechs Beinen«; ZeitenSchrift 8/95

Shuker, K. P. N.: »The Mystical Therapeutic Powers of Animals«; Fate 2/94

Widmung und Dank

Dieses Buch widme ich meiner tierliebenden Familie und all meinen naturverbundenen Freunden, die mir mit Auskünften und fachlichem Rat stets hilfreich zur Seite standen, vor allem Dr. Otto Beyer, der um die computergerechte Umsetzung meiner geistigen Ergüsse bemüht war.

Dank gebührt auch Dr. Karsten Berns, FZI-Forschungsbereich »Interaktive Diagnose- und Servicesysteme (IDS)«, Karlsruhe, Prof. Dr. Ronald Bryan, Department of Physics, Texas A & M University (Texas), Graham Ford, 1. Vorsitzender des Vereins *Tiere helfen Menschen*, Dr. Friedrich Itze, Tierarzt, Helmut Lasarcyk, Koordinator des »Sieben-Experimente-Projekts«, Dr. Berthold Schwarz, Facharzt für Psychiatrie (Vero Beach, USA), dem Verleger-Ehepaar B. & U. Seiler-Spielmann (CH), Herausgeber der »ZeitenSchrift«, Prof. Dr. Ernst Senkowski, Dr. Rupert Sheldrake, Biologe und Verhaltensforscher, der engagierten Tierschützerin Orith Tempelman (CH), Herausgeberin von »Wendezeit« sowie dem im Tier- und Landschaftsschutz aktiven Verleger-Ehepaar F. & J. Weber (CH), *Stiftung Franz Weber* und *Internationaler Gerichtshof für Tierrechte*.

Angesichts der großen Not unserer Tiere und der vielfältigen Verbrechen, die tagtäglich an unseren unschuldigen und hilflosen Mitkreaturen begangen werden, war die Veröffentlichung dieses Buches für mich eine zwingende Notwendigkeit. Der Autor dankt seinem Verleger, Herrn Dr. Herbert Fleissner und seiner Verlagsleiterin Frau Dr. Brigitte Sinhuber für deren verlegerisches Engagement, trotz schwieriger Marktlage ein brisantes Thema beherzt aufzugreifen. An dieser Stelle möchte ich auch meinem Lektor Hermann Hemminger dafür danken, dass er mich mit seinen wertvollen Erfahrungen hilfreich durch die Untiefen des modernen Buchgestaltens lotste.

Register